RIVADÁVIA DRUMMOND
FAZENDO A INOVAÇÃO ACONTECER

UM GUIA PRÁTICO PARA VOCÊ LIDERAR
O CRESCIMENTO SUSTENTÁVEL
DA SUA ORGANIZAÇÃO

Planeta ESTRATÉGIA

Copyright © Rivadávia Drummond, 2018
Copyright © Editora Planeta do Brasil, 2018
Todos os direitos reservados.

Preparação: Andréa Bruno
Revisão: Juliana Rodrigues e Maria Aiko Nishijima
Diagramação: Abreu's System
Infográficos: Eduardo Borges
Capa: Tereza Bettinardi

Dados Internacionais de Catalogação na Publicação (CIP)
Angélica Ilacqua CRB-8/7057

Drummond, Rivadávia
  Fazendo a inovação acontecer : um guia prático para você liderar o crescimento sustentável da sua organização / Rivadávia Drummond. – São Paulo : Planeta, 2018.
  256 p.
  ISBN: 978-85-422-1401-7
  1. Empreendedorismo 2. Sucesso nos negócios 3. Administração de empresas 4. Estratégia I. Título

18-1236 CDD 658.421

2018
Todos os direitos desta edição reservados à
EDITORA PLANETA DO BRASIL LTDA.
Rua Padre João Manuel, 100 – 21º andar
Ed. Horsa II – Cerqueira César
01411-000 – São Paulo-SP
www.planetadelivros.com.br
atendimento@editoraplaneta.com.br

Um livro maravilhoso impregnado pelos anos do autor como professor e com insights sobre como as empresas podem transformar inovação de aspiração em realidade. O livro em si é inovador ao apresentar de forma clara e persuasiva ideias provocantes e práticas de uma forma que executivos estudantes vão verdadeiramente aproveitar.

Chun Wei Choo, Professor da Universidade de Toronto, Canadá

Sempre entendi que escrever um livro é "dar a cara para bater", pois nele vão os registros das ideias. Sou apaixonado pela audácia e obstinação do Rivadávia há longos anos. Muito embora ele estivesse resistente a escrever, este livro é ousado e expõe suas melhores opiniões sobre o processo de inovar nas organizações: os conceitos tiram o leitor da zona de conforto e as mensagens são imediatas assim como o sentimento de culpa por não ter sabido disso antes! Ótimo para ser lido, facil de ser compreendido e principalmente de conteúdo provocador, instigante. O livro é de uma inspiração de fazer inveja!

Pedro Mandelli, professor da Fundação Dom Cabral

Rivadávia é uma das pessoas mais inteligentes que tive o privilégio de conhecer e conviver. É brilhante, inquieto e busca a perfeição em tudo que faz, seja como professor, pesquisador, palestrante, consultor e escritor. Seu novo livro, agora sobre inovação, é mais uma excepcional contribuição à gestão de empresas e instituições e certamente será mais um sucesso em sua vitoriosa carreira.

Wagner Veloso, ex-presidente executivo
e membro do Conselho Curador da Fundação Dom Cabral

Esse Rivadávia anda dando muita trela... Ainda bem! Com este guia prático (nem todos o são), ganhamos uma linha, um fio da meada, uma trilha, para inovar sem exaurir e nem esgotar as rotas das perenidades sustentáveis. Grande conversador (perito em prestar atenção e, por isso, aprendedor que ensina bem), sabe que trela não apenas é sinônimo de conversa boa como, ademais, também significa guia, na acepção de correia que orienta e dirige algum movimento para impedir que se perca ou desvie do caminho desejado. É isso que Rivadávia quer (e consegue): deixar a trela em nossas mãos, depois de nos ter ajudado a usá-la com autonomia e consciência!

Mario Sergio Cortella, filósofo, educador e escritor

> Eu sou apenas um rapaz latino americano,
> sem dinheiro no banco,
> sem parentes importantes
> e vindo do interior
> BELCHIOR

> Life is what happens to you while you're busy making other plans.
> JOHN LENNON

> What is hip?
> If you was really hip
> The passing years would show
> What is hip today,
> Might become passé
> EMILIO CASTILLO, JOHN DAVID GARIBALDI, STEPHEN M. KUPKA

> Viver é melhor que sonhar
> E eu sei que o amor é uma coisa boa
> BELCHIOR

SUMÁRIO

Prefácio   11
Apresentação   15

1. Introdução   23
    1.1. Perguntas complexas e difíceis   24
       1.1.1. Grandes perguntas   24
       1.1.2. Qual é o valor da inovação?   32
       1.1.3. Que mundo é este em que estamos vivendo?   36
       1.1.4. É fácil inovar – e empreender – no Brasil?   44
    1.2. O que é inovação?   52
       1.2.1. Miopia em marketing   53
       1.2.2. Inovação: qual é o problema a ser resolvido?   55

2. Modelo de inovação estratégica   63
    2.1. O que são modelos? Construa seu próprio modelo!   64
    2.2. Estratégia   75
       2.2.1. O que é estratégia? – Estratégias deliberadas e emergentes em dez escolas de pensamento estratégico   77
       2.2.2. *Sensemaking*: a construção de sentido nas organizações   84

	2.2.3.	Inovação: criação de valor na interface entre tecnologia e modelos de negócios	94
	2.2.4.	Dê-me uma alavanca e moverei o mundo!	97
		2.2.4.1. Alavancas da inovação	97
		2.2.4.2. Matriz da inovação	103
		2.2.4.3. Portfólio de inovação e (outros) conceitos emergentes	110
2.3.	Execução		120
	2.3.1.	Implementação/execução de estratégias genéricas	121
	2.3.2.	Fatores dificultadores da execução/implementação da inovação estratégica nas organizações	125
	2.3.3.	Muito além do "Ba": criando contextos capacitantes em organizações do conhecimento	132
2.4.	Ferramentas		145
	2.4.1.	Considerações sobre "ferramentas": 101 ferramentas, 80 desafios de design e o *Maker Manifesto*	151
	2.4.2.	Ferramentas para a inovação no modelo de negócios	164
		2.4.2.1. *Business Model Generation*: o *canvas* (tela) do modelo de negócios	164
		2.4.2.2. Teste da narrativa (*storytelling*) e teste dos números	179
	2.4.3.	Ferramentas para a inovação na tecnologia: de processos de design thinking ao LEGO Serious Play (LSP)	183
2.5.	MIR – Métricas, Indicadores e Resultados		197

3. Considerações Finais — 207
   3.1. Síntese do modelo — 208
   3.2. O futuro começou ontem, já estamos atrasados… — 211

4. Anexos 223
    4.1. Inovação social: combinando lucro social
          com lucro empresarial 223
    4.2. Inovação na educação: o futuro da educação executiva
          e do MBA – críticas, remendos e tendências 227
    4.3. Inovação e rock'n'roll: confiança
          criativa, *design thinking* e inovação
          na colaboração interorganizacional –
          o caso Rock in Rio Academy 235

Agradecimentos 238
Referências 240
Notas 247

PREFÁCIO

Debates sobre descobertas e inovações são comuns. Embora muitos tenham se aprofundado em discussões sobre tais temas, a iniciativa de Rivadávia, ao escrever este livro, mostra que ainda há muito a ser discutido e aprendido sobre o que move milhões de pessoas a se dedicar para compreender os impulsos, a vontade e a disposição acerca dessas descobertas e inovações. Talvez a mais impactante descoberta tenha sido a produção do fogo, pois, com ele, muito do que parecia impossível passou a acontecer. Sem o fogo o mundo seria diferente e, olhando em volta, certamente não veremos nada que não tenha sido produzido ou transformado por ele!

Ao longo da história da vida humana na Terra, passamos por longos períodos de descobertas. E, mais tarde, quando se observa algum declínio desse período, é que começaram a predominar as inovações, embora saibamos que a natureza sempre nos surpreenderá! Assim, no mundo moderno, grupos ou indivíduos sempre estão produzindo inovações, algumas dramáticas, de grande impacto, e outras, em sua maioria, pelo processo que se convencionou denominar "incremental", no aperfeiçoamento do que já existe.

O resultado é que, com o mundo moderno sendo varrido por aplicativos de variadas formas, subsistem as perguntas: afinal, o que é a inovação? Ela sempre é possível? Como ocorre? Por que nos preocupamos com ela? O que nos move para buscá-la?

Ora, essas perguntas precisam ser feitas, pois todo o tempo somos "vítimas" da palavra "inovação" ou de seus resultados, que continuamente mudam a nossa vida!!!

Através deste livro, o autor procura entender o que é essa inovação e torná-la real, proporcionando oportunidades para muitos. Uma vez compreendendo a extensão da ferramenta "inovação", criar, construir e oferecer ao mundo resultados constitui a razão e a lógica do trabalho de todas as pessoas que perscrutam o futuro.

Rivadávia reúne credenciais convincentes para examinar o assunto. Dono de uma qualificação destacada e de uma vida fincada na educação, mesclada por inovações e realizações catalogadas por um currículo de reconhecida competência, é a pessoa indicada para enfrentar o desafio e procurar satisfazer seu leitor. Inovar é uma necessidade, pois, por meio dela, grupos isolados ou empresas encontram justificativas e chegam a resultados onde atuam ou onde podem atuar! E até mesmo criam novas opções comerciais, capazes de prometer competitividade, resultados e sobrevivência de empreendimentos por longos períodos de tempo.

No palco dos inovadores mundiais são as inovações que movem os consumidores. E as organizações que entendem isso ao pautar seus esforços não somente desenvolvem novas tecnologias, mas também chegam a produtos que encontram aceitação adequada em mercados atuais e futuros! O valor das inovações é reconhecido, podendo ser incrementais ou resultado de rupturas com o passado, chegando a verdadeiros milagres tecnológicos.

Todavia, riscos podem ocorrer – o que é comum quando se vai em direção a algo novo, sem experiências ou aplicações prévias – nas mais diferentes ocasiões e em qualquer horizonte, pois em novos passos residem perigos. Essa é essência do risco que pode levar cada um ao sucesso! A leitura deste livro irá ajudá-lo a lidar com os fatores que levam à linha de chegada, que, com bons resultados, fazem o trabalho e a vida valerem a pena!

As empresas sempre valorizam a inovação. Comumente as iniciativas de inovar têm um foco, seja ele a proposição de onde se quer chegar, valorizar a busca da solução ou mesmo aprimorar a qualidade técnica dos produtos. A pergunta importante é: "O que fará diferenças?". Essa parece ser a mola propulsora da pesquisa em busca de uma inovação!

Para encerrar, vamos lançar uma reflexão ou um desafio. O que podemos fazer de novo para mudar a sociedade em que estamos inseridos? As respostas podem ser complexas e difíceis, mas são os esforços que levam a elas! Mas nada pode superar sua visão e vontade, caro leitor, para visualizar alternativas. Embora essa busca possa ser trabalhosa, um dia ela terá resultado. E, quando finalmente a alcançamos, as recompensas são enormes!

Ozires Silva
Engenheiro aeronáutico, foi cofundador
e presidente da Embraer e ministro das Comunicações

APRESENTAÇÃO

Este livro é fruto de um prazeroso encontro com Aida Veiga, editora executiva da Planeta, que me foi apresentada por Diego Travez, da agência de palestras DMT. Confesso que por um longo tempo havia deixado de lado a ideia de escrever outro livro técnico-científico – a exemplo do meu primeiro livro sobre o tema da gestão do conhecimento. Eu vinha me questionando acerca do valor de escrever livros acadêmicos e artigos científicos cujos leitores, em sua maioria, são meus pares na academia, pois meu desejo sempre foi alcançar um número muito maior de leitores para além da academia, causando um impacto muito mais significativo nas mais diversas organizações.

Depois de mais de trinta anos na educação e dos últimos vinte anos na educação de executivos, passei a me interessar sobremaneira por conectar a academia a milhares de gestores, executivos e empreendedores sedentos em desbravar novos horizontes e atuar no estado da arte de suas competências. Fui descobrindo que a linguagem acadêmica com a qual fui treinado no mestrado, doutorado e pós--doutorado tinha muita valia para o diálogo na academia, mas pouca ou nenhuma quando utilizada com gestores que tinham problemas reais, atuais e imediatos em suas organizações.

O desafio era levar conhecimento de fronteira em um formato palatável e aplicável, sem nunca subestimar a inteligência desses aprendizes que carregam uma experiência profissional admirável. Logo, descobri que o desafio não era estritamente teórico, mas, sim, metodológico. Foi então que comecei a explorar novas metodologias para além de aulas expositivas, aliando inventividade à experimentação para construir ambientes de aprendizado que fossem mais estimulantes, criativos e engajadores. Eu me lembro com muita alegria de que, entre esses inúmeros experimentos, concebi uma oficina de prototipação para a disciplina de Inovação do Executive MBA da Fundação Dom Cabral, cuja coordenação executiva do programa e a equipe de apoio carinhosamente denominavam o material e a preparação da sala de aula de "kit delírio".

Depois de muitos anos de criação e experimentação na educação executiva, fui introduzido no mundo das palestras pelos colegas Pedro Mandelli e Mário Sérgio Cortella, que, por sua vez, me apresentaram ao José Paulo Furtado, da N Produções, de Brasília. José Paulo há muito realizava com sucesso um grande evento mensal na cidade chamado TOP 10 Empresarial. Minha primeira atuação como palestrante em um grande palco para mais de 2 mil pessoas não me deixou nada satisfeito. Eu estava acostumado à sala de aula de escolas de negócios, e a "embocadura" não era nada adequada para palestras com duração de 45 a 60 minutos. Aos poucos, fui dando vazão à minha frustração e comecei a realizar experimentos para novos formatos para palestras. Os espectadores ficaram mais surpresos e encantados quando, pela primeira vez, suprimi todo o texto das apresentações de PowerPoint. Circulando pelo mundo, aprendi uma técnica denominada *vivid thinking*, que combina pensamento visual com "contação de causos", o que os americanos chamam de *storytelling*. Assim, aprendi a andar sem muletas, e, por conseguinte, inúmeras outras palestras para grandes plateias vieram, culminando com a escolha de minha palestra na HSM Expomanagement 2015 entre as cinco melhores palestras de um evento que contou também com Clayton Christensen, Malcolm Gladwell e Eric Ries.

Sabendo da minha resistência em escrever mais um livro acadêmico, fui desafiado pela Aida Veiga: "Por que você não escreve um livro baseado nas suas palestras e em sua vasta experiência como consultor, conselheiro e palestrante?". A princípio, a ideia não me pareceu interessante, visto que eu não acreditava que poderia escrever no mesmo formato que fazia palestras, lecionava ou facilitava *workshops*. Eu também sou um "bicho da academia" e reconheço o grande retorno que a universidade me propiciou. Fiel à lógica de codesenvolvimento com os clientes, fui testar a ideia com interlocutores em empresas – presidentes, CEOs, diretores de RH, gestores de inovação, alunos de MBA e mestrado, e contratantes diversos – que aprovaram a ideia com grande entusiasmo sem ao menos me deixar terminar de explicá-la. Os *feedbacks* dos participantes sempre foram muito positivos em relação à clareza e à facilidade de entendimento, à didática e às metodologias utilizadas, à redescoberta do prazer de aprender e principalmente à aplicabilidade dos conceitos no dia seguinte em suas organizações.

Topei o desafio da Editora Planeta e escrevi este livro em um momento muito conturbado de minha vida pessoal e profissional com a mudança para os Estados Unidos para trabalhar na Universidade do Estado do Arizona (ASU). Também não é nada fácil escrever um livro com a curiosidade de uma menininha de 9 anos que a todo momento me pede explicações sobre o tema deste livro, os desafios do ensino fundamental e o sentido da vida.

Neste livro, você se encontrará comigo de formas diferentes, pois metade de mim está aprisionada na academia e a outra metade já há muito se encontra enraizada neste "estranho mundo" das organizações. Adianto as minhas desculpas por tal síndrome de dupla personalidade que Aida Veiga insiste em tratar pelo eufemismo de duas competências distintas. Cada capítulo se inicia com um quadro denominado "Proposta de valor para o leitor" – no qual apresento os conceitos centrais a serem discutidos e aprendidos – e se encerra com um quadro denominado "*Takeaways* do leitor", no qual sintetizo os principais conceitos aprendidos que serão levados para o seu dia a dia em sua organização de atuação profissional.

Além dos dois quadros, cada capítulo traz ao final um "Caderno de aplicação" com sugestões para colocar os aprendizados em prática. Afinal, não há nada mais prático que uma boa teoria das citações apócrifas favoritas que circulam pela internet.

Este livro está estruturado em três grandes capítulos, seguido das referências e dos anexos:

No capítulo 1, "Introdução", convido você a pensar sobre as grandes perguntas – complexas e difíceis – oriundas de várias áreas de conhecimento e dos campos de pesquisa que tiveram grande impacto no avanço científico pela proposição de novo conhecimento. Grandes perguntas abrem espaço para se aguçar a curiosidade e costumam gerar inovações extraordinárias. Seguem-se outros questionamentos acerca do valor da inovação e da dificuldade de se inovar no Brasil, não obstante a grande criatividade do povo brasileiro. O capítulo é encerrado com a apresentação do conceito – ou recorte – de inovação adotado para os propósitos deste livro.

O capítulo 2, "Modelo de inovação estratégica", introduz os conceitos de modelos e modelagens, incentivando você a criar seus próprios modelos onde trabalha. O modelo de inovação estratégica apresentado neste livro possui quatro pilares – abrangentes, embora nunca exaustivos:

(1) **Estratégia** – O que é estratégia e quais são seus conjuntos de questões relevantes? Qual é a estratégia de sua organização? Como a questão do crescimento é endereçada na estratégia? Como a inovação se conecta à estratégia? Qual é a importância dada para a inovação estratégica pela alta administração? Para responder a essas perguntas, convido-o a pensar sobre estratégias deliberadas e emergentes em 10 escolas de pensamento estratégico para, em seguida, explicar os conceitos de "organizações ambidestras" e "construção de sentido" (ou *sensemaking*) nas organizações. Este último é fundamental para se pensar a relação de uma organização com seu ambiente externo e dele se originam quatro modos de interpretação do ambiente. Entre eles os modos de "descoberta" (*discovery*) e "representação" (*enactment*) são úteis para se refletir acerca da estratégia de inovação a ser operacionalizada para a geração de crescimento sustentável e recorrente. O conceito de inovação estratégica como

a geração de mais valor na interface entre a tecnologia e o modelo de negócios é central neste livro e, a partir dele, apresento os conceitos de alavancas da inovação e matriz da inovação. Com vistas a ultrapassar as classificações tradicionais de inovação (incremental e radical), finalizo a discussão da estratégia apresentando um modelo de 10 tipos de inovação, além de questões atinentes à alocação de recursos escassos em um portfólio de inovação e conceitos emergentes como inovação aberta e *start-ups*.

(2) **Execução** – Uma vez que a organização tenha feito suas escolhas acerca da estratégia – ou da ausência dela –, é fundamental pensar a respeito dos fatores que impactarão a implementação/execução da estratégia. Que fatores dificultam a implementação da estratégia de inovação adotada? Que fatores ou conjuntos de condições podem facilitar a execução de um processo de inovação? Essa seção traz um relato de pesquisas sobre implementação de estratégias genéricas para em seguida focar os fatores – ou armadilhas – que dificultam a execução da inovação. Ao final, reproduzo um artigo publicado por mim e pelo professor Chun Wei Choo, da Universidade de Toronto, sobre a criação de contextos capacitantes (o conceito japonês do *Ba*) que favoreçam a criação de conhecimento e a inovação no contexto organizacional. Um cubo de decisão é a ferramenta disponibilizada para auxiliar inovadores e gestores do conhecimento na arquitetura do *Ba* de suas organizações.

(3) **Ferramentas** – Com o intuito de fazer a inovação acontecer, quantas ferramentas o gestor e/ou empreendedor conhecem? Quais sabem aplicar e facilitar? Como as ferramentas se conectam aos objetivos estratégicos? Há centenas de ferramentas para a inovação e é fundamental a compreensão de que a escolha de uma ferramenta deve levar em conta a estratégia delineada e os desafios de execução/implementação, além do domínio da metodologia e das técnicas de facilitação que o uso da ferramenta (ou prática de

gestão) pressupõe. O "Método do inovador" é apresentado como um metaferramenta para que você tenha uma visão ampla e sistêmica da aplicação/uso de ferramentas de inovação distribuídas ao longo de um processo de inovação. Em seguida, ferramentas existentes são sintetizadas ao mesmo tempo em que são introduzidos os fundamentos do *Maker Movement* ou "Movimento dos Fazedores/Realizadores". A apresentação das ferramentas é então categorizada nos mesmos moldes da inovação estratégica apresentada neste livro: um mergulho em algumas das ferramentas mais populares para a inovação no "Modelo de negócios" (*canvas*, teste da narrativa e teste dos números) e também em algumas ferramentas das mais utilizadas para inovação na "Tecnologia" (*design thinking* e LEGO Serious Play). Com a limitação imposta pelo número de páginas de qualquer livro, espero ao final que você compreenda que pode utilizar qualquer ferramenta que julgue conveniente, desde que ela se conecte à estratégia e que você saiba facilitar e estimular seu uso para os fins desejados.

(4) **Métricas, Indicadores e Resultados (MIR)** – Até aqui, caso tenha adotado um recorte estratégico, refletido acerca das questões de execução e escolhido ferramentas para a inovação, resta a questão sobre como medir a inovação. Não é possível medi-la apenas com métricas convencionais como Retorno Sobre o Investimento (ROI), número de patentes ou lucratividade de novos produtos. Trata-se de uma visão limitada que não faz jus às várias etapas/componentes do processo de inovação. É preciso ir além para que se leve em conta outros fatores. Sugiro a utilização de um conjunto de métricas oriundas do Marcador Balanceado (BSB), baseado nos componentes do próprio processo de inovação para que se apurem métricas de insumo, processo, produto e resultados. Tal experimento acerca das métricas pode resultar em uma cesta de indicadores ou em algum tipo de índice que melhor reflita os esforços de inovação de uma organização.

Exemplos de métricas criadas por outras organizações são apresentadas e incentivo você a criar seu próprio conjunto de indicadores e métricas para melhor capturar a natureza, a complexidade e os resultados que façam jus a seus processos de inovação estratégica.

O capítulo 3, "Considerações finais", apresenta uma síntese desta obra e traz reflexões sobre tendências e porvires. É também a expressão de minha crença que a melhor forma de prever o futuro é criá-lo, além de minha mais profunda convicção de que o futuro será muito melhor do que conseguimos imaginar.

Por último e não menos importante, apresento as referências dos inúmeros autores que me inspiraram e os anexos com três artigos sobre inovação escritos anteriormente por mim para a revista *HSM Management* sobre aplicações de inovação nos negócios sociais, educação e rock'n'roll.

Espero que o nosso diálogo não termine aqui e estimulo que você permaneça em contato comigo pelo site de minha empresa Rivadávia & Associados em www.rivadaviaeassociados.com.br

Boa leitura!

Skysong Innovation Center, Edplus/Arizona State University
Scottsdale, Arizona – 30 de abril de 2018.

1. INTRODUÇÃO

Esse é o curso de física avançada.
Isso significa que o instrutor considera o assunto confuso.
Se ele o considerasse fácil, o curso seria chamado de física elementar.
Luis Alvarez

PROPOSTA DE VALOR

– *O valor das grandes perguntas – difíceis e complexas – que insistem em desafiar a nossa "sabedoria convencional".*
– *O valor da inovação em um mundo de mudanças em ritmo alucinante: "É melhor viver dez anos a mil do que mil anos a dez".*
– *Novas empresas de um mundo cada vez mais conectado e exponencial.*
– *Os desafios de se inovar no Brasil, não obstante a grande criatividade do povo brasileiro.*
– *O conceito central de inovação adotado neste livro: "Qual é o problema a ser resolvido?".*

1.1. Perguntas complexas e difíceis

Julgue um homem por suas perguntas, não por suas respostas.
VOLTAIRE

1.1.1. Grandes perguntas

Sou fascinado por grandes perguntas. Estas mudaram o mundo, as sociedades, as organizações e a nossa vida. Também nos trouxeram até o século XXI, de onde escrevo este livro e reflito sobre temas que a poucos interessam e que insistem em me perturbar. Entenda "grandes perguntas" como questões difíceis e complexas, aquelas que demandam demasiado tempo de pesquisa, dedicação e resiliência para serem respondidas e que, como dizia meu avô Rivadávia, "não levam desaforo para casa".

Quando eu era criança, meu pai me bombardeava com todo tipo de pergunta para as quais ou eu não tinha respostas, ou respondia qualquer coisa para me livrar daquele incômodo. Por vezes, eu achava "meu Velho" chato, insuportável e crítico demais. As perguntas eram variadas, mas suficientes para me lembrar de outra fala dele, "a ignorância é atrevida, menino!".

Como funciona o rádio? Qual a velocidade do som? Por que o som e a imagem da televisão nunca estão sincronizados? O ar é matéria? O ar ocupa lugar no espaço? Por que existem muitas pessoas pobres e poucas pessoas ricas? É possível viajar no tempo? Existe vida fora do planeta Terra? Você acredita mesmo que se comer manga e beber leite irá morrer? O que há de tão letal nessa mistura e como ela o mataria? Qual é o sentido da vida? Quais serão sua missão e legado na vida já sabendo que a única certeza que você tem é a morte?

Mal sabia eu que meu pai me estimulava a pensar enquanto desenvolvia meu senso crítico, minha curiosidade, minha sensibilidade e minha honestidade intelectual nos quais eu me fiaria ao longo de toda a vida. Hoje, essas lembranças me vêm à mente com um largo sorriso no rosto e me reencontro na citação do escritor americano Mark Twain sobre seu próprio pai: "Quando eu era um garoto de

14 anos, meu pai era tão ignorante que eu mal conseguia suportar ficar perto daquele senhor. Mas, quando completei 21, fiquei estarrecido com quanto ele havia aprendido nesses 7 anos".

Retomando a discussão sobre grandes perguntas, há um dito que também aprendi com meu pai e que ele sempre fazia questão de repetir *ad nauseam*: "Para toda pergunta complexa e difícil, há sempre uma resposta rápida, fácil, simples e – normalmente – *errada*!".

Grandes perguntas emanam de várias áreas do conhecimento e inúmeros campos de pesquisa. As grandes perguntas que hoje me interessam advêm de áreas e temas dos quais me considero ignorante e curioso, como biologia evolutiva e biogeografia, economia comportamental, futuro da educação, além da tríade poder–prosperidade–pobreza.

Há outros temas que também me interessam bastante e sobre os quais me debruço há muito tempo, como sociologia organizacional, estratégia, competitividade internacional, inovação, modelos de negócios, criação de conhecimento organizacional, gestão do conhecimento, liderança e gestão da mudança, entre outros.

Premito-me compartilhar aqui grandes perguntas que muito "fizeram minha cabeça". Os autores que me fascinam são aqueles que iniciam suas obras com perguntas extraordinárias as quais eu não faço a menor ideia de como responder. Esses autores, inadvertidamente, capturam a minha atenção.

Em *Armas, germes e aço: os destinos das sociedades humanas*, o professor e biólogo evolucionário americano Jared Diamond questiona: "Por que os povos eurasianos conquistaram, desalojaram ou dizimaram nativos das Américas, Austrália e África? Por que não foram os nativos americanos, africanos e aborígenes australianos que subjugaram ou exterminaram os europeus e asiáticos?".[1]

Ao confrontar meus alunos com a pergunta de Diamond, as respostas rápidas, fáceis, simples e *erradas* giram em torno das mesmas questões de (1) racismo ("negros e indígenas seriam inferiores aos brancos") ou daquilo que alcunhei como (2) "tropicalismo folgado" ("populações dos trópicos tendem a ser mais folgadas e preguiçosas que as europeias, uma vez que estas últimas precisam desenvolver tecnologias de sobrevivência para enfrentar invernos rigorosos, ao passo que as populações dos trópicos não enfrentam inverno rigoroso, dispondo de frutas nas árvores e peixes para pescar durante todo o ano").

Ao destruir as impressões racistas e geográficas das respostas dos alunos, elucido o esforço intelectual de Diamond e apresento sua resposta: os povos eurasianos lograram êxito porque foram os primeiros a desenvolver um repertório tríplice composto de armas, germes e aço. Foi com esse repertório que os eurasianos "invadiram o mundo".*

Já a economia comportamental é uma área estimulante que coloca o estudo da economia mais perto de pessoas que nunca a estudaram. É nela que cidadãos são levados a pensar como a economia faz parte de seu dia a dia e como decisões econômicas moldam seu futuro. Em *Freakonomics: o lado oculto e inesperado de tudo que nos afeta* e *Superfreakonomics: o lado oculto do dia a dia*, os autores Steven D. Levitt e Stephen J. Dubner nos brindam com perguntas divertidas e curiosas, a saber:

> [...] Por que as prostitutas ganham mais que os arquitetos? [...] Por que os traficantes continuam morando com suas mães? [...] Por que os homens-bomba devem adquirir seguro de vida? [...] O que os professores e os lutadores de sumô têm com comum? [...] Em que a Ku Klux Klan se parece com um grupo de corretores de imóveis? O que é mais perigoso: uma arma ou uma piscina? [...] O que faz um pai ser perfeito?[2]

Levitt e Dubner[3] insistem em perguntas que desafiam a denominada "sabedoria convencional", expressão cunhada pelo economista americano John Kenneth Galbraith para explicar a mistura de "meias verdades com conveniência". Ao se utilizarem de "grandes perguntas" que questionam a "sabedoria convencional", Levitt e Dubner[4] nos

---

* É fascinante a narrativa de Diamond acerca do encontro do imperador Inca Atahualpa com o conquistador espanhol Francisco Pizarro em Cajamarca, Peru, no dia 16 novembro de 1532: Pizarro liderava um grupo de 168 "esfarrapados" soldados espanhóis e foi capaz de derrotar – com "armas, germes e aço" – o exército de 80 mil homens de Atahualpa.

ensinam que as coisas podem estar correlacionadas, mas sem nenhuma relação de causalidade. Explico, a partir de uma das perguntas supracitadas dos autores: "O que faz um pai ser perfeito?". De acordo com Levitt e Dubner:[5] pais costumam correlacionar "parentalidade" (criação de filhos) com "performance na escola"; pais acreditam que, ao *fazer* algo como "levar a criança a museus" ou "ler para a criança quase diariamente", *contribuem* decisivamente para a melhoria do desempenho da criança na escola; o que causa bom desempenho escolar é aquilo *que os pais são*, não aquilo *que os pais fazem*. Não há correlação entre bom desempenho escolar com a ação de ler para a criança diariamente ou levá-la ao museu; os pais realmente instruídos, bem-sucedidos e saudáveis tendem a ter filhos que se saem bem na escola.*

"Por que as nações fracassam?" é outra pergunta inquietante colocada pelos autores Daron Acemoglu (professor de economia do Instituto de Tecnologia de Massachusetts – MIT) e James Robinson (professor de administração pública na Universidade Harvard) para estudar as origens do poder, da prosperidade e da pobreza:

> Por que algumas nações são ricas e outras são pobres, dividas por riqueza e pobreza, saúde e doença, comida e fome? Será a cultura, o clima, a geografia? Talvez ignorância em relação às políticas certas? Não. Nenhum desses fatores é definitivo, nem implica predeterminação.[6]

Com base em quinze anos de pesquisas originais, Acemoglu e Robinson[7] explicam que são as instituições políticas e econômicas que estão por trás do êxito (ou fracasso) econômico. Importante mencionar que as teorias de Diamond são questionadas por esses autores em favor de uma explicação institucional mais ampla. O que

---

* Para os entusiastas do Freakonomics e do campo da economia comportamental, recomendo a leitura de *Everybody Lies: Big Data, New Data and what the internet can tell us about who we really are*, uma das pesquisas mais originais e criativas que li nos últimos tempos. O artigo que me levou até o autor e é intitulado "Porn, Big Data and what we search for when no one is looking", que pode ser lido em <https://www.fastcompany.com/3025904/porn-big-data-and-what-we-search-for-when-no-ones-looking>. Acesso em: 23 nov. 2017.

torna o debate entre os autores tão estimulante é o fato de que o criticado Diamond é um dos autores que celebram o livro de Acemoglu e Robinson em sua contracapa. O aprendizado aqui é que o ataque se dá sempre no campo das ideias, nunca no campo pessoal. Eis uma lição que todos precisamos aprender: duro com os problemas, suave com as pessoas.

Outra pergunta que de alguma forma ecoa a obra de Acemoglu e Robinson é "O que explica o milagre econômico de Israel?", questão central da obra de Senor e Singer,[8] nos campos da estratégia internacional e competitividade. Segundo a edição brasileira da obra, Israel é um país menor que Sergipe com uma pequena população ao redor de 8 milhões de habitantes e apenas sete décadas desde a sua criação, um território com escassos recursos naturais e que enfrenta constantes cenários de guerra. Não obstante, Israel nos trouxe inovações como o ICQ (lembra-se dele?) e o Waze (que fez tremer a indústria estabelecida do GPS), além de tantas outras inovações em segmentos de alta tecnologia como tecnologia da informação, *cleantech* e biotecnologia. Israel é um dos países com o maior número de empresas listadas na bolsa de tecnologia Nasdaq. Se você parar para pensar, por que o Brasil não consegue repetir a experiência israelense no sertão nordestino ou no norte de Minas Gerais? Não, uma imitação não nos bastaria. A inovação e o crescimento florescem em um cenário no qual as instituições econômicas e políticas são fortes, perenes e inclusivas. Há uma questão definidora no campo institucional que nós, brasileiros, ainda precisamos enfrentar como cidadãos.

Por último e não menos importante, apresento aqui uma das perguntas que mais me fascinam no campo dos estudos organizacionais. *É aqui que faço a conexão entre as grandes perguntas, a teoria das organizações e a questão central deste livro.* O que torna a pergunta ainda mais interessante é o fato de ela se concentrar no fracasso organizacional, não no sucesso. Estudos sobre fracassos organizacionais? Sim, embora raros nos métodos de estudos de casos utilizados na pesquisa acadêmica em administração, aprender com os fracassos – e com os erros! – é uma das formas mais eficazes de tentar acertar rapidamente. Quando converso com executivos e gestores envolvidos no processo de inovação em organizações, sempre digo: Erre! Não há problema algum em errar, fracassar ou incorrer em "erros honestos". Erre muito, e erre rápido! Erros honestos devem ser estimulados e recompensados, jamais punidos. Quanto mais rápido você errar, mais chances tem de acertar. Melhor ainda, quanto mais rápido, mais recursos ainda restam para se tentar novamente.*

O problema é que ninguém gosta de falar publicamente sobre seus próprios erros, seus fracassos e suas frustrações. Fomos criados em uma cultura de vencedores, heróis e grandes realizadores. Há sociedades que dividem as pessoas entre vencedores e perdedores. Existe ainda uma citação apócrifa entre desportistas brasileiros que reza que "o vice-campeão é o primeiro perdedor". É aquela velha história nos ditados populares de que "filho feio não tem pai". Ao se defrontar com uma organização ou um profissional de sucesso, saiba que ambos colecionam uma série de fracassos e erros honestos que permitiram que chegassem até o sucesso do presente. O sucesso pressupõe incontáveis horas de dedicação, renúncia, erros, fracassos, resiliência e – finalmente – acertos. Em *Fora de série (outliers)*, Malcolm Gladwell sugere que "para se alcançar o nível de excelência em qualquer atividade, são necessárias nada menos do que 10 mil horas de prática – o equivalente a três horas por dia (ou vinte horas por semana) de treinamento durante dez anos".9**

Em *O dilema da inovação: quando as novas tecnologias levam empresas ao fracasso*, Clayton M. Christensen, professor da Escola de Negócios da Universidade Harvard, apresenta sua questão seminal sobre o

---

* O prêmio Darwin é um prêmio dado àqueles que contribuíram para a humanidade ausentando-se dela. Utilize o site de forma lúdica ao discutir erros honestos e fracassos em sua organização: <http://www.darwinawards.com/>.

** Para entender mais acerca das 10 mil horas de prática citadas por Gladwell, recomendo a leitura do livro *Peak: Secrets from the New Science of Expertise*, de Anders Ericsson e Robert Pool. O capítulo introdutório apresenta a pesquisa de Ayako Sakakibara publicada na revista científica *Psychology of Music* sobre o "ouvido absoluto" do compositor Wolfgang Amadeus Mozart e sua aplicação em 24 crianças entre 2 e 6 anos de idade. Após treinamento adequado, todas as crianças desenvolveram o ouvido absoluto de Mozart e sabiam identificar – sem a necessidade de visualização! – qualquer nota ou acorde tocada em toda extensão do piano.

fracasso organizacional e o papel determinante daquilo que ele denomina "tecnologias disruptivas". Conheci Christensen quando fomos palestrantes do palco principal do evento HSM Expomanagement 2015, em São Paulo. Em uma conversa leve e divertida nos bastidores, conversamos sobre a "pergunta de Christensen" que aqui me permito reescrever com minhas próprias palavras: *Por que grandes organizações* – bem gerenciadas, líderes em seus mercados, que tomam as melhores decisões racionais, escutam ativamente seus clientes, desenvolvem as mais avançadas e melhores tecnologias na forma de produtos, serviços, processos, tecnologias capacitadoras e modelos de negócio para entregá-las a esses mesmos clientes – *fracassam, perdem a liderança e eventualmente desaparecem?* Por que empresas que fazem tudo certo e seguem todas as regras do jogo (e dos livros de negócio) deixam de existir? Por que o que é considerado "boa gestão" pode se tornar às vezes uma grande armadilha?

Christensen[10] afirma que há momentos em que uma organização (1) não deve ouvir seus clientes, (2) deve investir no desenvolvimento de produtos com menor desempenho e que prometem margens menores e (3) deve buscar mercados menores à custa daqueles aparentemente maiores e mais lucrativos. O mais interessante é que tudo isso vai contra todo o proselitismo ensinado nas escolas de negócio, envolvendo planejamento estratégico, pesquisa de mercado, processos, alocação de recursos e até mesmo tomada de decisão. Aprendi com Christensen[11] que, com o passar do tempo, nossas organizações se tornam máquinas de bom desempenho desenvolvendo três classes de fatores* que são ao mesmo tempo adequados (em contextos de tecnologias incrementais de sustentação) e inadequados (em contextos de tecnologias/inovações disruptivas):

(1) *Alocação de recursos*: recursos são pessoas, equipamentos, tecnologias, marcas, informação, dinheiro e relacionamentos. Em organizações já estabelecidas, a alocação de recursos é

---

* Em seu trabalho original, Christensen discute as capacidades organizacionais no que ele denomina *an organizational capabilities framework* (um modelo/estrutura de capacidades organizacionais).

destinada aos produtos de maior performance e que geram maiores margens. Em cenários nos quais uma organização sustenta e nutre suas tecnologias existentes, tal alocação faz sentido. A questão aqui colocada se torna problemática em cenários de novas tecnologias que passam despercebidas no processo formal de alocação de recursos por atingirem mercados pequenos (ou até inexistentes) e nada lucrativos. Em suma, não se alocam recursos em novos produtos promissores que possam sustentar novas fontes de inovação e crescimento.

(2) *Processos*: as organizações criam valor ao transformar insumos de recursos (pessoas, equipamento, tecnologia, informação, energia e dinheiro) em produtos e serviços de maior valor. Denomina-se processo os padrões de interação, coordenação, comunicação e tomada de decisão pelas quais são alcançadas essas transformações. A questão aqui aludida é que os processos são estruturados para se atingir repetição e consistência ao longo dos anos. A inovação, como veremos adiante, demanda processos mais flexíveis e menos rígidos.

(3) *Valores que guiam a tomada de decisão*: são os critérios pelos quais as prioridades de uma organização são estabelecidas ou, em outras palavras, referem-se a padrões pelos quais os colaboradores de uma organização priorizam suas decisões. É importante salientar que os valores de uma organização devem refletir sua estrutura de custos e modelos de negócios, uma vez que estes definem as regras que os colaboradores devem seguir para ganhar dinheiro. Em uma organização madura, por exemplo, a margem de contribuição em projetos existentes pode estar estabelecida em 40%. Qualquer novo projeto (ou inovação) que fuja a essa valoração tem pouca – ou nenhuma – probabilidade de ser priorizado e seguir adiante.

Em suma, organizações fracassam exatamente por fazer o que se esperam que elas façam ao crescerem e se tornarem máquinas de bom desempenho: desenvolvem processos sólidos e rígidos, uma lógica dominante de alocação de recursos e valores estabelecidos para a tomada de decisão, ao mesmo tempo em que se tornam ambientes inférteis para a inovação e novas fontes de crescimento. Isso nos ajuda a explicar a trajetória de empresas extraordinárias – que aprendemos a admirar – que perderam a liderança de mercado e a relevância e/ou simplesmente deixaram de existir. Você se lembra da Mesbla, Sears, Mappin, Kodak (que já possuía a tecnologia digital lá pelos fins da década de 1970) e até mesmo dos cursos por correspondência do Instituto Universal Brasileiro?

Como você já percebeu, a inovação é fator crítico para a geração de novas oportunidades e novas fontes de crescimento organizacional. A inovação – ou a ausência dela – determina as regras do jogo da competição, também conhecido como estratégia. A inovação costuma surgir de grandes perguntas* – aquelas complexas e difíceis, de algum problema a ser resolvido ou tarefa a ser executada, ou simplesmente acontece por serendipidade, o ato de fazer descobertas afortunadas ao acaso. Contudo, se inovação é tão importante e crucial para qualquer organização, qual é o seu valor?

1.1.2 Qual é o valor da inovação?

Procuro sempre iluminar o debate sobre o valor da inovação através de casos e relatos históricos. Sim, é claro, "quem conta um conto, aumenta um ponto", não é verdade? Os americanos denominam tal técnica de *storytelling*, mas lá nas Minas Gerais onde eu nasci nós chamamos isso de "contação de causos".

Uma das melhores formas de se inspirar e sensibilizar os membros de uma organização acerca da inovação é contar casos interessantes que envolvam protagonistas confrontados por grandes perguntas, problemas ou desafios, cujas trajetórias apresentem elementos de perseverança, fracasso, erros honestos, resiliência, realizações e lições aprendidas. Há casos (e histórias!) de inovadores extraordinários que mudaram o mundo, dos quais destaco Ignaz Phillip Semmelweis

---

* Recomendo a leitura do livro *De onde vêm as boas ideias*, de Steven Johnson.

(conhecido como o "Salvador das Mães" e o formulador da Teoria dos Germes, confirmada, anos depois de sua morte em um asilo, por Louis Pasteur), além de grandes brasileiros como Alberto Santos Dumont (que amarrava fios de náilon em seu terno para alcançar maior dirigibilidade em seus protótipos do que hoje conhecemos como avião), Carlos Chagas (o único cientista na história da medicina a descrever completamente uma doença infecciosa, doutor *honoris causa* da Universidade Harvard e da Universidade de Paris) e Oswaldo Cruz (pioneiro das moléstias tropicais e da medicina experimental no Brasil).

Cresci ouvindo muito pouco acerca dos inovadores brasileiros, em contraponto à infinidade de publicações sobre os estadunidenses. Entre os grandes inovadores norte-americanos, Thomas Edison sempre capturou a minha atenção. Edison me fascinava não só por sua ousadia e perseverança, mas também por ser um inovador que não admitia sequer imaginar o alcance de suas próprias ideias e invenções. Há inúmeras biografias sobre Edison e acredito ter lido boa parte delas.

Thomas Edison é um dos precursores da revolução tecnológica do século XX. Conhecido como o Feiticeiro de Menlo Park, é famoso por milhares de patentes e invenções como a lâmpada, a câmera cinematográfica e o fonógrafo. Há passagens em suas biografias que ilustram sua obsessão inovadora, como sua disputa com Nikola Tesla acerca do debate sobre corrente alternada *versus* corrente contínua. O que pouco se conta é que Edison fracassou comercialmente em várias frentes, como ao abandonar a indústria fonográfica por sua aposta equivocada em um modelo de negócio fechado: os "Discos Edison" seriam desenhados/fabricados para funcionar apenas nos "Fonógrafos Edison". O fonógrafo inventado por Edison fez parte da minha infância, visto que na fazenda dos meus avós em Santa Maria do Itabira, MG, havia um objeto de luxo para a época denominado "gramofone", cuja história me encanta até os dias de hoje.

O fonógrafo (*fono* + *grafo*, "gravar a voz") foi talvez a criação mais original de Thomas Edison. O primeiro fonógrafo Edison data de 1877 e, como veremos a seguir, nem o próprio inventor poderia imaginar o alcance de sua invenção. Importante ressaltar que o fonógrafo de Edison foi a primeiro a gravar e reproduzir som, já que outros inventores da época criaram dispositivos que podiam apenas gravar sons. De acordo com Diamond,

> [...] um bom exemplo é a história do fonógrafo de Thomas Edison, a criação mais original do maior inventor dos tempos modernos. Quando Edison construiu seu primeiro fonógrafo em 1877, publicou um artigo sugerindo dez utilizações possíveis para a sua invenção. Entre elas estavam: preservar as últimas palavras de pessoas no leito de morte, gravar livros para deficientes visuais ouvirem, informar a hora e ensinar ortografia. A reprodução de música não estava entre as maiores prioridades da lista de Edison. Alguns anos depois, ele disse a seu assistente que sua invenção não tinha nenhum valor comercial. Poucos anos depois, Edison mudou de ideia e passou a vender fonógrafos – mas para serem usados como máquinas para ditar textos em escritórios. Quando outros empresários criaram as vitrolas automáticas ao fazerem com que um fonógrafo tocasse música popular quando caía uma moeda, Edison fez objeções a este aviltamento, que parecia depreciar a utilização séria de sua invenção. Só depois de aproximadamente vinte anos, Edison admitiu com relutância que a principal utilidade de seu fonógrafo era gravar e tocar música."[12]

Convido você a pensar sobre o valor da inovação, com as devidas inferências à citação de Diamond (1997):

- ✓ Thomas Edison foi – inadvertida, e não intencionalmente – o criador do audiolivro, uma indústria com ganhos em torno de 2 bilhões de dólares nos Estados Unidos em 2016.*
- ✓ Edison, inicialmente, via pouca utilização do fonógrafo para tocar música, e considerava tal uso depreciativo. Quando tentou explorar comercialmente seu fonógrafo, ele o fez com um

---

* Dados coletados em 15 dez. 2017 em <https://www.statista.com/topics/3296/audiobooks/>.

modelo de negócios equivocado e já era tarde demais, visto que outros concorrentes já haviam dominado o mercado. Até os dias de hoje, a indústria de LPs, K7s, DVDs, Blu-Ray, MP3 e demais formatos é denominada "indústria fonográfica".

✓ Observe que, nos tempos atuais, a indústria fonográfica padece dos grandes impactos da internet e das novas tecnologias, uma vez que o modo pelo qual passamos a produzir, consumir e compartilhar músicas alterou radicalmente a forma como essa indústria era organizada e operava como boa máquina de desempenho. O surgimento do Napster em 1999, e sua consequente popularidade, permitia aos usuários compartilhar suas coleções de música e baixar novos arquivos MP3 diretamente dos computadores de outros usuários. O Napster foi fechado em 2001 por não resistir a uma série de ações legais, e seus servidores foram desligados depois de uma batalha judicial com a Recording Industry Association of America [Associação da Indústria de Gravadoras da América]. Lars Ulrich, baterista da banda Metallica tomou a frente das acusações, movendo ações legais contra o Napster.[13]

✓ O resto é história: a combinação Napster e MP3 se constituiu como a precursora da revolução digital que mudou inexoravelmente a indústria musical. Alguns leitores dirão que o Napster não sobreviveu ou não é mais relevante, e eu concordo com ambas as afirmações. Contudo, foi o Napster que pavimentou o caminhou para a Apple inovar ao iniciar a venda de música em formato digital pela Itunes Music Store. A combinação entre o tocador de músicas iPod (uma inovação tecnológica de produto) e o formato de distribuição e venda de músicas pela Itunes Store (uma inovação no modelo de negócio via cadeia de suprimentos) redefiniu a indústria da música. Na minha adolescência eu frequentava inúmeras lojas de discos e tinha o prazer de ler os encartes dos vinis de gravadoras como Sony, Som Livre, EMI-Odeon e BMG Ariola. As lojas de discos que frequentei naquela época não mais existem, nem no Brasil nem nos Estados Unidos.

Grant[14] observa que, apesar de suas 1.093 patentes, as grandes inovações de Edison podem ser contadas nos dedos de uma mão. O site da Biblioteca do Congresso Norte-Americano lista as invenções de Edison que fracassaram e nunca foram adiante.[15] Ainda de acordo com Grant, há um *trade-off* – ou custo de oportunidade – entre quantidade e qualidade. Contudo, isso não é verdade quando o assunto é geração de ideias. Ao conduzir inúmeros workshops e oficinas de inovação em grandes organizações pelo Brasil, insisto com os participantes que quanto mais ideias gerarem, melhor será o resultado que se espera alcançar. Quantidade é o caminho mais previsível para qualidade. Robert Sutton, professor da Universidade Stanford, sugere que "os pensadores originais gerarão muitas ideias que são estranhas mutações, becos sem saída e falhas absurdas. O custo vale a pena porque eles também geram um conjunto maior de ideias, especialmente ideias novas".[16]

O valor da inovação reside na geração de novas fontes de crescimento e/ou na melhoria contínua do conjunto de fatores existentes que ainda são as fontes primordiais de crescimento em organizações. Ao pensar no valor da inovação e como ele nos trouxe até aqui, faço a seguinte pergunta: em que mundo vivemos hoje?

1.1.3 Que mundo é este em que estamos vivendo?

Essa é a pergunta que eu sempre me faço: que mundo é este em que vivemos hoje? Qual é a velocidade das mudanças nos tempos atuais? Quais são os impactos das inovações que essas mudanças nos trazem? Alguns autores se propuseram a pensar sobre as grandes tendências da nova economia já na década de 1990. Um desses autores é Don Tapscott, que captou, sistematizou e descreveu as doze grandes tendências da chamada nova economia. Observe o conhecimento e a inovação no rol das megatendências como fatores-chave para mudanças significativas, duradouras e diferenciadoras em termos de competitividade de organizações e nações. O Quadro 1 resume os 12 temas da nova economia e suas principais características na ótica de Tapscott:[17]

QUADRO 1 – Doze temas da nova economia e suas características

CONHECIMENTO: Na economia baseada no conhecimento, a geração de valor não depende tanto do produto físico em si, mas do conteúdo de conhecimento que ele carrega, da participação crescente da criatividade humana na geração de valor, dos produtos e serviços intensivos em conhecimento.

CONVERGÊNCIA: Tendência à convergência de múltiplas tecnologias em um único aparelho ou sistema, como a telefonia celular, a máquina fotográfica, a filmadora, o computador pessoal e a "televisão interativa".

DIGITALIZAÇÃO: Tendência à digitalização de todas as informações em outros suportes: mais qualidade, maior facilidade de recuperação, transmissão, disseminação seletiva e reprodução.

INOVAÇÃO: Necessidade precípua de inovações, redução do ciclo de vida de produtos, redução do *time to market* (redução do tempo de entrega e soluções ao mercado), "torne seu produto obsoleto antes que o seu concorrente o faça!".

VIRTUALIZAÇÃO: Tendência à existência no "mundo virtual" em detrimento do mundo físico: lojas virtuais, escritórios e bancos virtuais, escolas virtuais e até mesmo empresas estrangeiras virtuais.

PRODUCONSUMO: Inexistência de separação entre produção e consumo, que passam a ser concomitantes. Em comunidades virtuais na internet, o mesmo usuário que produz conteúdos consome conteúdos enviados por outros membros; participação do consumidor no processo criativo e produtivo; elo com a tendência de "molecularização".

MOLECULARIZAÇÃO: Contraste à produção em massa, customização, personalização, micromarketing ou marketing individual.

IMEDIATISMO: Conceito de operação em tempo real, *on demand, just in time*. Atendimento instantâneo; usuário de sistemas de informação e comunicações móveis não toleram a paralisação de seus sistemas ou a falta de informação em tempo real.

INTEGRAÇÃO: As tecnologias de informação e comunicação propiciam a integração de negócios em grandes redes de parceria; formação de *clusters*, estruturas em rede, eliminação de distância, instantaneidade, *presence awareness*.

GLOBALIZAÇÃO: Quebra de barreiras de tempo e espaço; conceito de mercado anacrônico; compras virtuais de produtos tangíveis e intangíveis produzidos em qualquer parte do planeta; países em desenvolvimento questionam o processo de globalização adotando posturas críticas.

DESINTERMEDIAÇÃO: Eliminação de intermediários, já observáveis em setores como aviação civil e hotelaria. O intermediário que não agrega valor à cadeia de negócios e geração de mais valor para o cliente será substituído por sistemas de informação.

DISCORDÂNCIA: Trabalhadores do conhecimento (*knowledge workers*) recebem ou têm acesso a um volume maior de informações: questões de inclusão, inclusão digital, participação social, direitos humanos; postura menos passiva e mais crítica, inquisitiva e contestadora; movimentos sociais organizados e dirigidos pela sociedade civil organizada, organizações não governamentais, organizações da sociedade civil de interesse público.

Fonte: adaptado de Tapscott, 1997.

Dezenove anos depois da publicação de Tapscott, outros autores também se lançaram a pensar sobre as tendências da denominada nova economia digital, mas como um roteiro ou mapa de percurso intitulado "os 6 Ds da disrupção tecnológica":* "os seis Ds são uma reação em cadeia da progressão tecnológica, um roteiro de desenvolvimento rápido que sempre leva a enormes transtornos e oportunidades".[18]

O Quadro 2 apresenta uma síntese dos "6 Ds da Disrupção Tecnológica":

QUADRO 2 – Os 6 Ds da disrupção tecnológica: um guia para a economia digital

DIGITALIZAÇÃO: Tudo o que se torna digitalizado entra no mesmo crescimento exponencial que observamos na computação. A informação digital é facilmente acessada, compartilhada e distribuída. Uma vez que alguma coisa pode ser representada como zeros e uns – da música à biotecnologia –, esta se torna tecnologia baseada na informação e incorre em crescimento exponencial.	DECEPÇÃO: Depois da digitalização, o período inicial de crescimento é decepcionante, visto que tendências exponenciais não parecem crescer muito rapidamente em sua infância. O crescimento exponencial realmente decola quando supera a barreira do número inteiro: 2 rapidamente se torna 32, que por sua vez se torna 32.000 antes que você perceba.	DISRUPÇÃO: O mercado existente para um produto ou serviço sofre disrupção pelo novo mercado que a tecnologia exponencial cria, visto que tecnologias digitais são superiores em custos e eficácia. Uma vez que você pode tocar músicas e tirar fotos no seu smartphone, por que comprar CDs, máquinas fotográficas e filme?
DESMONETIZAÇÃO: O dinheiro é crescentemente removido da equação à medida que a tecnologia se torna mais barata, até o ponto de ser gratuita. Software é mais barato de se produzir do que hardware e as cópias são virtualmente gratuitas. Você pode fazer o download de quaisquer quantidades de aplicativos para seu smartphone que lhe permitem acesso a terabytes de informação e uma multiplicidade de serviços a custos próximos de zero.	DESMATERIALIZAÇÃO: Produtos físicos separados (independentes) são também removidos da equação. Tecnologias caras e volumosas – rádio, câmera, GPS, vídeo, telefones, mapas – agora estão todas integradas e embutidas em um smartphone que cabe no seu bolso.	DEMOCRATIZAÇÃO: A partir da digitalização de algo, mais pessoas podem ter acesso a esse algo. Tecnologias poderosas deixam de ser apenas para governos, grandes organizações ou pessoas ricas.

Fonte: adaptado de Diamandis e Kotler, 2016.

---

* Há uma versão compacta dos 6 Ds disponível em: <https://singularityhub.com/2016/11/22/the-6-ds-of-tech-disruption-a-guide-to-the-digital-economy/#sm.0001u4xu4ecaoe9gqnh104ozow2t5>. Acesso em: jan. 2017.

Observe as semelhanças nos Quadros 1 e 2, formulados com um hiato de quase vinte anos. É fato que nessa nova economia a mudança acontece muito mais rápido. Em minhas aulas e palestras para executivos e gestores de várias partes do Brasil e do mundo, sempre lanço questionamentos acerca da importância da mudança e sobre como conduzir o processo de gestão dessas mudanças em organizações. Eis as perguntas formuladas: "Quem aqui acredita que a mudança é bem-vinda e necessária em sua organização? Quem aqui tem a gestão da mudança como condição indispensável para o crescimento de sua organização?".

Todos levantam a mão e em uníssono dizem "Eu", então imediatamente replico: "Não, parem de mentir, desistam desse autoengano. Uma coisa é falar sobre a mudança, outra coisa é fazê-la acontecer. Há aqui uma diferença entre saber e fazer. Quantos vezes vocês já se propuseram a iniciar um regime para perder peso na segunda-feira e desistiram na terça?".

Quando fui reitor do Centro Universitário de Belo Horizonte (UniBH), sempre provocava o corpo docente dizendo que todo professor que conheci era a favor da inovação e da mudança, desde que ambos não chegassem às suas salas de aula. O mesmo se repetia quando eu era contratado para conversar com professores espalhados nos quatro cantos do Brasil. Mudar não é tarefa fácil nem trivial, uma vez que implica mudança de hábitos e comportamentos adquiridos por profissionais em décadas de aprendizado. Significa estar à disposição para aprender algo novo, abandonando – parcial ou totalmente – aquilo que se fazia antes. A questão que aqui discuto é que esses processos acontecerão, quer você queira ou não. Pense nas centenas de novas empresas das quais você provavelmente já deve ser cliente e que trouxeram uma série de mudanças e inovações aos indivíduo, às organizações, à sociedade e às nações do planeta.

A Uber – a maior empresa de táxis do mundo – não possui táxi algum e alterou radicalmente uma indústria já há muito consolidada. Eu sempre me lembro com alegria da Uber ao pousar no aeroporto Santos Dumont no Rio de Janeiro e deparar com um motorista de táxi no aeroporto recusando uma viagem curta para o centro do Rio. A Uber se tornou também um desafio para legisladores na maior parte do mundo e é bem provável que em pouco tempo seus carros autônomos estejam conduzindo-nos – com mais segurança e menos fatalidades – para algum destino. Note que essa empresa vem expandindo seu portfólio de negócios não apenas *para* carros sem motoristas mas também para helicópteros, compartilhamento de viagens (uberPOOL) e entrega de comida (Uber Eats). Por um outro lado, pense também como a Uber destruiu riqueza em vários cantos do planeta – antes nas mãos de famílias de taxistas e empresas de táxi – e a transferiu para o Vale do Silício.

O Airbnb – a maior rede de hotéis do mundo – não possui hotel algum. Eu já me hospedei pelo Airbnb em vários lugares e encontrei opções melhores e mais baratas do que as cadeias tradicionais de hotéis como Marriott e Hilton. Melhor ainda, o Airbnb me permitiu conhecer pessoas interessantes nas localidades que visitei, que, por sua vez, me propiciaram conexões e contatos que tornaram a minha viagem mais prazerosa.

O Zipcar alterou a forma tradicional de aluguel de carros, permitindo aos seus clientes pagar por hora de utilização e retirar/devolver em várias partes das cidades. Eu sempre detestei a forma como as locadoras de automóveis impunham o seguro ao cliente, através de ameaças, chantagem e medo. Com o Zipcar, o processo de aluguel foi redesenhado e simplificado em favor do cliente: (1) inscreva-se, (2) reserve, (3) utilize seu cartão para abrir o carro e (4) dirija. Eis um ótimo exemplo de redefinição da experiência do cliente, não?

Amazon e Alibaba, os maiores varejistas do planeta, não possuem estoque algum. A proposta de valor é genial: compre qualquer coisa que imaginar e receba em sua casa no prazo acordado. Nos Estados Unidos, tenho utilizado a Amazon para comprar roupas, sapatos e até itens de supermercado, como água, sucos, frutas e outros itens do dia a dia.

O Intellectual Ventures é um dos maiores proprietários de patentes dos Estados Unidos, e seu modelo de negócios é a compra de patentes para agregá-las a um grande portfólio de patentes para licenciamento destas para terceiros. Um de seus fundadores é Nathan Myhrvold, ex-diretor de tecnologia da Microsoft, que uniu forças ao biofísico Edward Jung, também ex-arquiteto de software da Microsoft. A empresa é citada por Levitt e Dubner[19], que a consideram o primeiro mercado de massa para propriedade intelectual.

Sugiro ainda que você visite os seguintes sites para descobrir uma gama de novas organizações possibilitadas pelo advento da internet:

- ✓ Patients Like Me <https://www.patientslikeme.com/>, que funciona como uma plataforma de pacientes e pesquisa em tempo real, além de proporcionar aos pacientes protagonismo nas questões relacionadas à sua própria saúde.
- ✓ Consumer Financial Protection Bureau <https://www.consumerfinance.gov/>, o gabinete de proteção financeira do consumidor, uma agência federal do governo americano criada durante a presidência de Barack Obama como *start-up* na área pública.
- ✓ A página da prefeitura de Curitiba no Facebook, <https://www.facebook.com/PrefsCuritiba/>, exemplo de uso inovador e criativo de comunicação com a população da cidade via mídias sociais.

Há muitos *posts* em blogs na internet afirmando que o sucesso dessas empresas está no fato de que elas simplesmente conectam as pessoas. O argumento é o seguinte: "A Uber conecta as pessoas com os motoristas"; "A Amazon conecta as pessoas com os varejistas"; "O Airbnb conecta as pessoas com os provedores de acomodações".

Concordo parcialmente com a questão da conexão, mas afirmo que é preciso ir além. Essas companhias tornam a vida de seus clientes mais fácil, rápida, simples e conveniente. Pense em algo corriqueiro como pegar um táxi: com a Uber você (1) não precisa mais ir para a rua ou ligar para chamar um táxi, (2) sabe de onde seu motorista vem, (3) em quanto tempo ele chegará e qual o trajeto deverá percorrer, (4) sabe que o motorista está devidamente identificado e, ao final da viagem, (5) não precisa se preocupar com pagamento e gorjetas.

Uma das empresas que questionaram a sabedoria convencional de seus próprios processos foi a InnoCentive que tem entre suas empresas fundadoras a Eli Lilly, uma das empresas farmacêuticas que aterrorizaram a infância de muita gente com um produto denominado Mertiolate. A ideia para a criação de InnoCentive foi de Alpheus Bingham e Aaton Schacht em 1998, quando ambos trabalhavam juntos na Eli Lilly. A InnoCentive é uma empresa de inovação aberta e *crowdsourcing** que possibilita a qualquer organização postar seus problemas de P&D (pesquisa e desenvolvimento) e inovação para que uma multidão possa resolvê-los a um dado prêmio, normalmente em dinheiro. O problema é denominado *challenge* [desafio] e a multidão pode ser externa (a rede de mais de 380 mil solucionadores de problemas da InnoCentive) ou interna (os colaboradores de uma organização, parceiros ou clientes). Premiações, normalmente em dinheiro, são dadas àqueles que conseguem alcançar uma solução satisfatória. A premiação média paga em dinheiro é de 20 mil dólares, podendo chegar a mais de 100 mil.[20]

Há pouco tempo, a ideia de terceirização dos processos de P&D de uma organização era impensável, que não atenderia aos interesses de proteção dos ativos estratégicos da companhia. Quando atuei em empresas de alta tecnologia e indústria farmacêutica, aprendi que o desenvolvimento de um novo produto ou molécula poderia alcançar milhões de dólares sem a garantia de resultados promissores e/ou aplicação em escala. A terceirização de P&D e inovação na InnoCentive parte da premissa de que "alguém em algum lugar do mundo já resolveu esse problema antes" e/ou "minha organização terá acesso de baixo custo a uma rede mundial de expertos que me ajudarão a acelerar o tempo de entrega de soluções ao mercado e reduzirão o meu *time-to-market* no ciclo de desenvolvimento de novos produtos". Ao acessar o site da InnoCentive, o leitor depara com um menu onde deve escolher seu caminho. Na plataforma, opta-se entre "resolvedor de problemas" ou "buscador de soluções".

---

* Termo em inglês que significa colaboração coletiva, implicando a utilização do conhecimento de milhares de pessoas para a resolução de um dado problema.

A proposta de valor da InnoCentive em seu modelo de negócios é clara e cristalina:

> Inove com a InnoCentive. Seu parceiro na capacitação de mentes criativas para a resolução de problemas que importam para você. Nossa metodologia de inovação dirigida por desafios e tecnologia construída para propósitos resultam em pensamento atual e resolução de problemas de custo-benefício. Soluções de colaboração coletiva de nossa rede diversa de solucionadores de problemas de alto nível educacional ou internamente nos limites de sua organização.[21]

Em um dos meus milhares de acessos ao site da InnoCentive, encontrei um problema publicado cuja solução por meio de uma apresentação de um protótipo renderia 50 mil dólares ao solucionador. Uma empresa pecuarista demandava um dispositivo para medir o peso de animais vivos em movimento. O desafio era complexo por envolver animais em movimento e pela necessidade da escala envolvida. Na pecuária de corte, milhares de cabeças de gado precisam ser pesadas. A Figura 1 apresenta outro desafio postado no site da InnoCentive em 2017.

FIGURA 1 – Desafio postado no site da InnoCentive

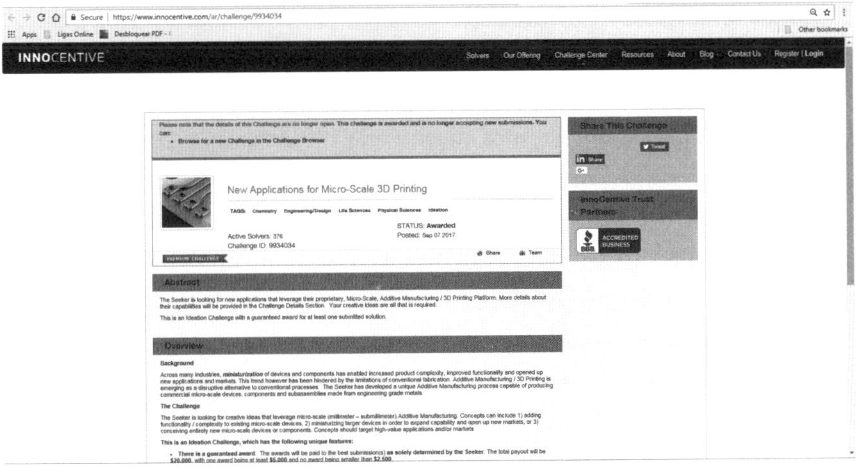

Fonte: <https://www.InnoCentive.com/ar/challenge/9934034>. Acesso em: set. 2017.

Eis este estranho mundo no qual vivemos hoje. Assim sendo, neste cenário de novas organizações exponenciais, onde situamos o Brasil? Por que essas novas organizações que estão mudando o mundo não foram criadas aqui? Estará o país preparado para ser o berço da nova safra de inovações e organizações exponenciais no nascedouro da Quarta Revolução Industrial? Então, antes de avançarmos na conceituação de inovação, pergunto: o Brasil é um bom lugar para inovar? Falamos de um país que torna a vida de seus empreendedores e inovadores mais fácil? Que atrai cérebros do mundo inteiro para suas cidades?

1.1.4 É fácil inovar – e empreender – no Brasil?

Essa é outra grande pergunta com a qual desafio as pessoas que já assistiram a minhas palestras. Lanço a pergunta e peço àqueles cuja resposta é "sim" que levantem as mãos. O resultado é que a quase maioria absoluta dos presentes levanta as mãos. Poucos são aqueles que pensam na direção oposta, ou seja, que o Brasil é um lugar difícil para empreender e inovar. Aos que respondem "sim" com um entusiasmo contagiante, respondo com bom humor: "Caros, eu acredito em Deus, mas todos os demais devem trazer dados para a discussão!".

Risadas à parte, evidencio pelo uso de fontes múltiplas que inovar e empreender no Brasil é tarefa árdua. Em primeiro lugar, citando Acemoglu e Robinson,[22] pontuo que a destruição criativa acarretada pela inovação só floresce em nações cujas instituições são fortes e perenes, e cujas instituições políticas e econômicas são pluralistas e inclusivas. A partir daí, apresento fontes diversas de evidência que contribuem para um debate estimulante e muito acalorado. Alerto que o uso de múltiplas fontes não implica nem correlação nem causalidade. Meu intuito aqui é fornecer diferentes perspectivas para avaliar o sistema de inovação em suas múltiplas facetas, como investimentos em pesquisa e desenvolvimento, educação e inovação em sala de aula (educação como prioridade nacional), índices mundiais de inovação, legislação e carga tributária, facilidade para abrir (e fechar) uma empresa etc.

A Organização para a Cooperação e o Desenvolvimento Econômico (OCDE) publica anualmente o *World of P&D* [O mundo da

P&D]. Em um dos estudos que investigam os recursos humanos e financeiros destinados à P&D no mundo, compara-se o número de pesquisadores de um país para cada mil pessoas empregadas com os gastos domésticos em P&D como um percentual do produto interno bruto (PIB). Outra variante dessa pesquisa compara também o número conjunto de pesquisadores e engenheiros de um dado país. A posição do Brasil é sempre insatisfatória (ausente na Figura 2), mas observe Israel, Coreia do Sul, Japão, Estados Unidos e países escandinavos nas posições de melhor desempenho:

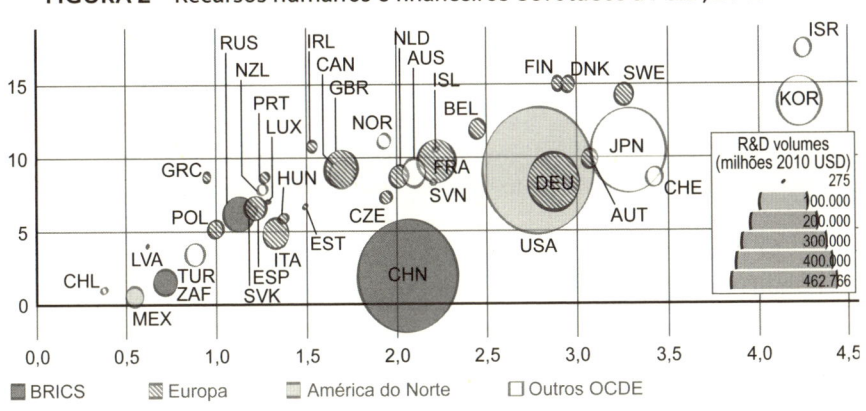

FIGURA 2 – Recursos humanos e financeiros devotados à P&D, 2015

Fonte: <http://www.oecd.org/sti/inno/researchanddevelopmentstatisticsrds.htm>. Acesso em: set. 2017.

Já o Índice Global de Inovação (GII – sigla em inglês), publicado anualmente pela Universidade Cornell, o Instituto Europeu de Administração de Empresas (INSEAD) e a Organização Mundial de Propriedade Intelectual (OMPI), inclui dados objetivos e subjetivos oriundos de diversas fontes, como o Banco Mundial e o Fórum Econômico Mundial. O GII é muito utilizado por governos e corporações para a comparação entre países pelo seu nível de inovação, apresentando métricas detalhadas acerca da performance inovadora de 127 países e economias espalhadas pelo mundo. Seus 81 indicadores exploram uma visão ampla sobre inovação, incluindo ambiente político, educação, infraestrutura e sofisticação nos negócios. O GII 2017 discute o estado da inovação na agricultura e nos sistemas alimentares através de setores e geografias. Como toda e qualquer metodologia de pesquisa, há várias críticas ao seu método que, não obstante, não invalidam seus resultados. A Figura 3 apresenta os resultados de 2017:

FIGURA 3 – GII 2017

	Rankings Globais		
1	Suíça (nº 1 em 2016)	14	Japão (16)
2	Suécia (2)	15	França (18)
3	Países Baixos (9)	16	Hong Kong (China) (14)
4	Estados Unidos (4)	17	Israel (21)
5	Reino Unido (3)	18	Canadá (15)
6	Dinamarca (8)	19	Noruega (22)
7	Singapura (6)	20	Áustria (20)
8	Finlândia (5)	21	Nova Zelândia (17)
9	Alemanha (10)	22	China (25)
10	Irlanda (7)	23	Austrália (19)
11	Coreia do Sul (11)	24	República Checa (27)
12	Luxemburgo (12)	25	Estônia (24)
13	Islândia (13)		

Fonte: <https://www.globalinnovationindex.org/gii-2017-report>. Acesso em: set. 2017.

O Brasil ocupa a 69ª posição do ranking – atrás de países como Uruguai, Colômbia, Índia e México – com um escore de 33,10 pontos em uma escala de 100. Observe – entre as 25 primeiras posições do ranking – Suécia, Israel, Coreia do Sul, Japão, Estados Unidos e países escandinavos. Curiosamente, os mesmos países em destaque na Figura 2.

Outra forma de examinar a inovação em um país se dá pelo seu sistema educacional. Em outro estudo da OCDE, intitulado *Measuring Innovation in Education* [Medindo a inovação na educação],[23] os autores se propõem a responder às seguintes perguntas:

- ✓ Os professores inovam?
- ✓ Os professores tentam diferentes abordagens pedagógicas?
- ✓ As práticas dentro das salas de aulas e as organizações de educação estão mudando?
- ✓ Em que extensão pode a mudança estar ligada às melhorias?

Tal estudo fornece informações internacionais sobre inovação nos estilos de ensino, nas práticas instrucionais, na organização dos ambientes de aprendizado, nos métodos de avaliação, no uso de computadores em sala de aula e até nas relações externas das escolas. Ao combinar todos esses fatores, é possível apresentar um índice composto de inovação em salas de aula e escolas, conforme a Figura 4:

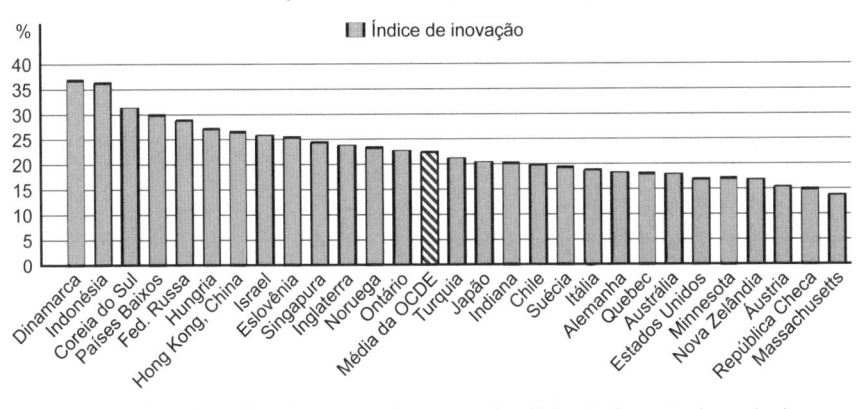

FIGURA 4 – Índice composto de inovação na educação

Fonte: <http://www.keepeek.com/Digital-Asset-Management/oecd/education/measuring-innovation-in-education/figure-17-1-overall-composite-innovation-indeces-2000-2011_9789264215696-graph248-en#.Wb98m9OGNBw#page1>. Acesso em: set. 2017.

Chamo a atenção, uma vez mais, para os países acima da média da OCDE ("OECD Mean"). Observe a ausência do Brasil no índice, cuja baixa performance de seus alunos é também confirmada pelos dados do Programa para Avaliação Internacional de Estudantes (Pisa, na sigla em inglês).[24] O Pisa avalia alunos em três aspectos: ciências, matemática e leitura. O desempenho dos alunos brasileiros em 2015 se encontra bem abaixo da média da OCDE, conforme as Figuras 5 e 6:

- ✓ Ciências – abaixo da média da OCDE, resultado estável desde 2006.
- ✓ Matemática – abaixo da média da OCDE, embora apresente melhoria desde 2006.
- ✓ Leitura – abaixo da média da OCDE, resultado estável desde 2006.

FIGURA 5 – Desempenho do Brasil no Pisa 2015

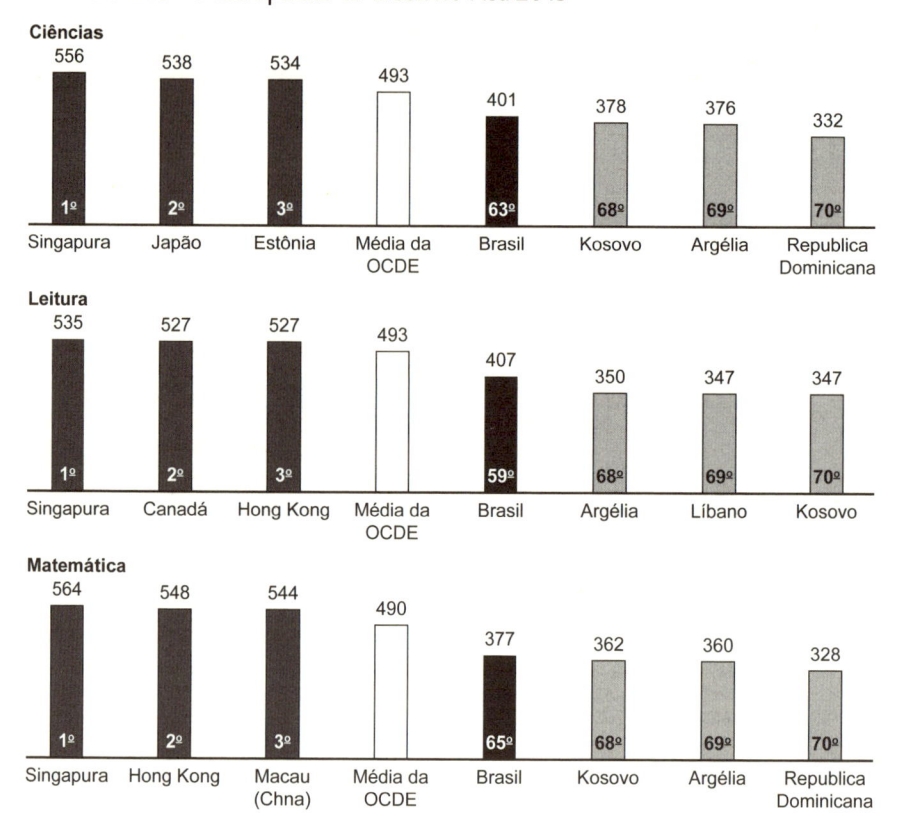

Ciências

Posição	País	Pontuação
1º	Singapura	556
2º	Japão	538
3º	Estônia	534
	Média da OCDE	493
63º	Brasil	401
68º	Kosovo	378
69º	Argélia	376
70º	Republica Dominicana	332

Leitura

Posição	País	Pontuação
1º	Singapura	535
2º	Canadá	527
3º	Hong Kong	527
	Média da OCDE	493
59º	Brasil	407
68º	Argélia	350
69º	Líbano	347
70º	Kosovo	347

Matemática

Posição	País	Pontuação
1º	Singapura	564
2º	Hong Kong	548
3º	Macau (Chna)	544
	Média da OCDE	490
65º	Brasil	377
68º	Kosovo	362
69º	Argélia	360
70º	Republica Dominicana	328

Fonte: Exame.com

FIGURA 6 – Resultados médios do Pisa 2015

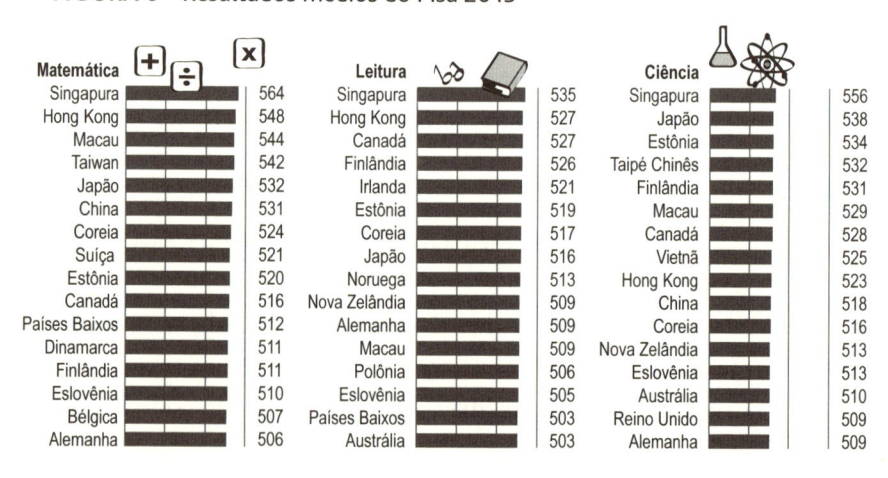

Matemática		Leitura		Ciência	
Singapura	564	Singapura	535	Singapura	556
Hong Kong	548	Hong Kong	527	Japão	538
Macau	544	Canadá	527	Estônia	534
Taiwan	542	Finlândia	526	Taipé Chinês	532
Japão	532	Irlanda	521	Finlândia	531
China	531	Estônia	519	Macau	529
Coreia	524	Coreia	517	Canadá	528
Suíça	521	Japão	516	Vietnã	525
Estônia	520	Noruega	513	Hong Kong	523
Canadá	516	Nova Zelândia	509	China	518
Países Baixos	512	Alemanha	509	Coreia	516
Dinamarca	511	Macau	509	Nova Zelândia	513
Finlândia	511	Polônia	506	Eslovênia	513
Eslovênia	510	Eslovênia	505	Austrália	510
Bélgica	507	Países Baixos	503	Reino Unido	509
Alemanha	506	Austrália	503	Alemanha	509

48 FAZENDO A INOVAÇÃO ACONTECER

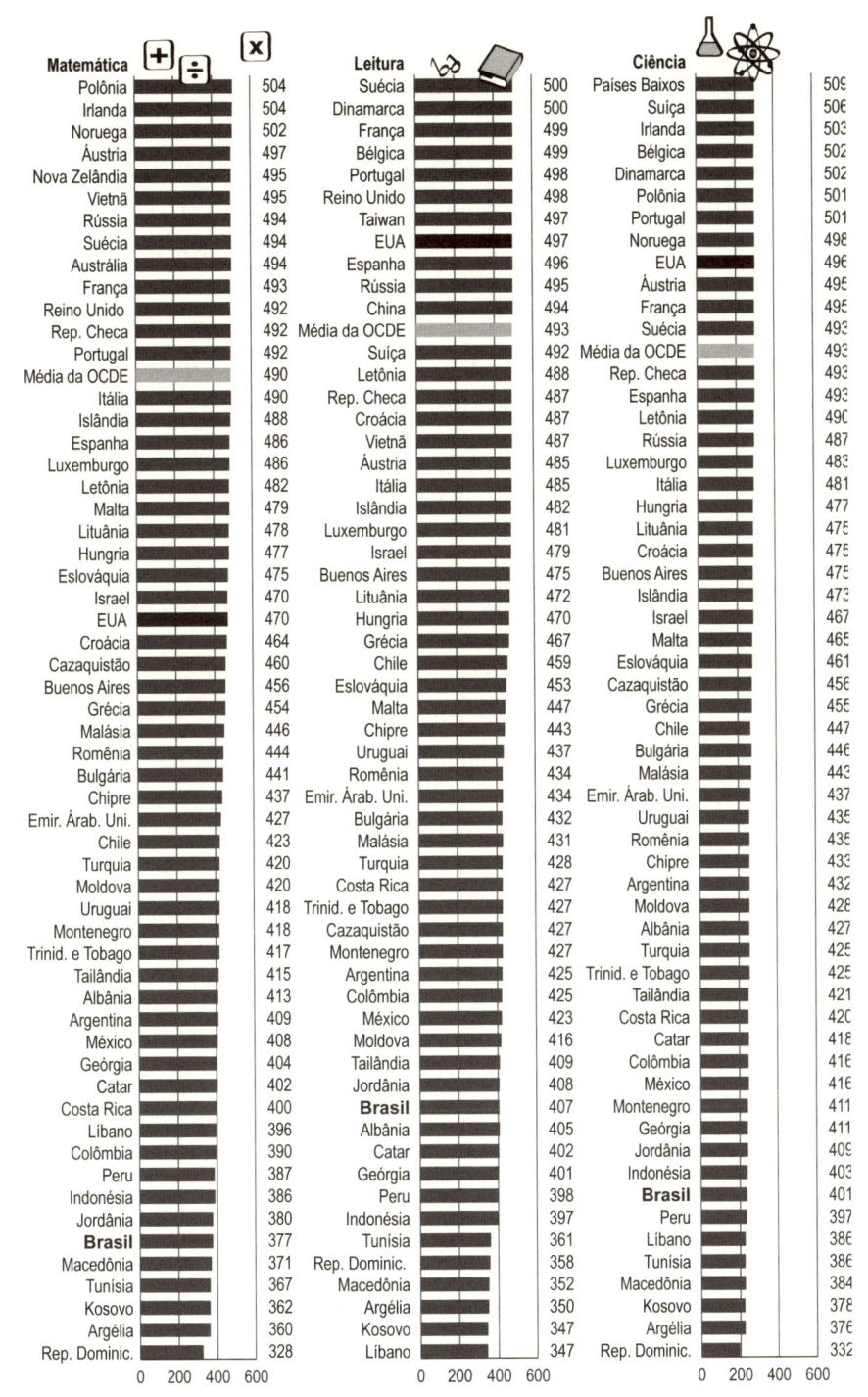

Matemática		Leitura		Ciência	
Polônia	504	Suécia	500	Países Baixos	509
Irlanda	504	Dinamarca	500	Suíça	506
Noruega	502	França	499	Irlanda	503
Áustria	497	Bélgica	499	Bélgica	502
Nova Zelândia	495	Portugal	498	Dinamarca	502
Vietnã	495	Reino Unido	498	Polônia	501
Rússia	494	Taiwan	497	Portugal	501
Suécia	494	EUA	497	Noruega	498
Austrália	494	Espanha	496	EUA	496
França	493	Rússia	495	Áustria	495
Reino Unido	492	China	494	França	495
Rep. Checa	492	Média da OCDE	493	Suécia	493
Portugal	492	Suíça	492	Média da OCDE	493
Média da OCDE	490	Letônia	488	Rep. Checa	493
Itália	490	Rep. Checa	487	Espanha	493
Islândia	488	Croácia	487	Letônia	490
Espanha	486	Vietnã	487	Rússia	487
Luxemburgo	486	Áustria	485	Luxemburgo	483
Letônia	482	Itália	485	Itália	481
Malta	479	Islândia	482	Hungria	477
Lituânia	478	Luxemburgo	481	Lituânia	475
Hungria	477	Israel	479	Croácia	475
Eslováquia	475	Buenos Aires	475	Buenos Aires	475
Israel	470	Lituânia	472	Islândia	473
EUA	470	Hungria	470	Israel	467
Croácia	464	Grécia	467	Malta	465
Cazaquistão	460	Chile	459	Eslováquia	461
Buenos Aires	456	Eslováquia	453	Cazaquistão	456
Grécia	454	Malta	447	Grécia	455
Malásia	446	Chipre	443	Chile	447
Romênia	444	Uruguai	437	Bulgária	446
Bulgária	441	Romênia	434	Malásia	443
Chipre	437	Emir. Árab. Uni.	434	Emir. Árab. Uni.	437
Emir. Árab. Uni.	427	Bulgária	432	Uruguai	435
Chile	423	Malásia	431	Romênia	435
Turquia	420	Turquia	428	Chipre	433
Moldova	420	Costa Rica	427	Argentina	432
Uruguai	418	Trinid. e Tobago	427	Moldova	428
Montenegro	418	Cazaquistão	427	Albânia	427
Trinid. e Tobago	417	Montenegro	427	Turquia	425
Tailândia	415	Argentina	425	Trinid. e Tobago	425
Albânia	413	Colômbia	425	Tailândia	421
Argentina	409	México	423	Costa Rica	420
México	408	Moldova	416	Catar	418
Geórgia	404	Tailândia	409	Colômbia	416
Catar	402	Jordânia	408	México	416
Costa Rica	400	**Brasil**	407	Montenegro	411
Líbano	396	Albânia	405	Geórgia	411
Colômbia	390	Catar	402	Jordânia	409
Peru	387	Geórgia	401	Indonésia	403
Indonésia	386	Peru	398	**Brasil**	401
Jordânia	380	Indonésia	397	Peru	397
Brasil	377	Tunísia	361	Líbano	386
Macedônia	371	Rep. Dominic.	358	Tunísia	386
Tunísia	367	Macedônia	352	Macedônia	384
Kosovo	362	Argélia	350	Kosovo	378
Argélia	360	Kosovo	347	Argélia	376
Rep. Dominic.	328	Líbano	347	Rep. Dominic.	332

Fonte: <http://www.businessinsider.com/pisa-worldwide-ranking-of-math-science-reading-skills-2016-12>. Acesso em: set. 2017.

Com a emergência de uma sociedade do conhecimento, há estudos que se propõem a medir uma série de fatores, que vão desde a quantidade de informação existente no mundo[25] até a construção de capacidades/competências digitais por nações. Em uma recente pesquisa publicada na *Harvard Business Review*, Chakravorti, Tunnard e Chatuverdi[26] se propuseram a entender para onde a economia digital se movia mais rápido e constataram que os países construíam capacidade digital a taxas desiguais. Os resultados revelaram quatro zonas de trajetórias dos países estudados:

(1) *Stand out* (destaque) – países que têm demonstrado altos níveis de desenvolvimento digital no passado e continuam em trajetória ascendente.
(2) *Stall out* (paralisados) – países que atingiram alto nível de desenvolvimento no passado, mas perdem impulso correndo o risco de ficar para trás.
(3) *Break out* (melhoria significativa) – países com alto potencial para o desenvolvimento de sólidas economias digitais. Embora seus escores sejam ainda relativamente baixos, apresentam trajetórias ascendentes e podem se destacar (*stand out*).
(4) *Watch out* (alerta) – países que enfrentam significativos desafios e oportunidades, com baixos escores atuais e de impulso para melhorias.

Embora não seja meu objetivo correlacionar nem demonstrar relações de causalidade entre as múltiplas fontes, chamo a atenção para os resultados dos países nas figuras até aqui apresentadas. Israel, Estados Unidos, Coreia do Sul, uma vez mais, encontram-se nas melhores posições das duas figuras. Brasil e México encontram-se em posições desfavoráveis.

A Figura 7 ilustra as trajetórias supracitadas:

FIGURA 7 – Escores de países com base nos quatro fatores do índice de evolução digital

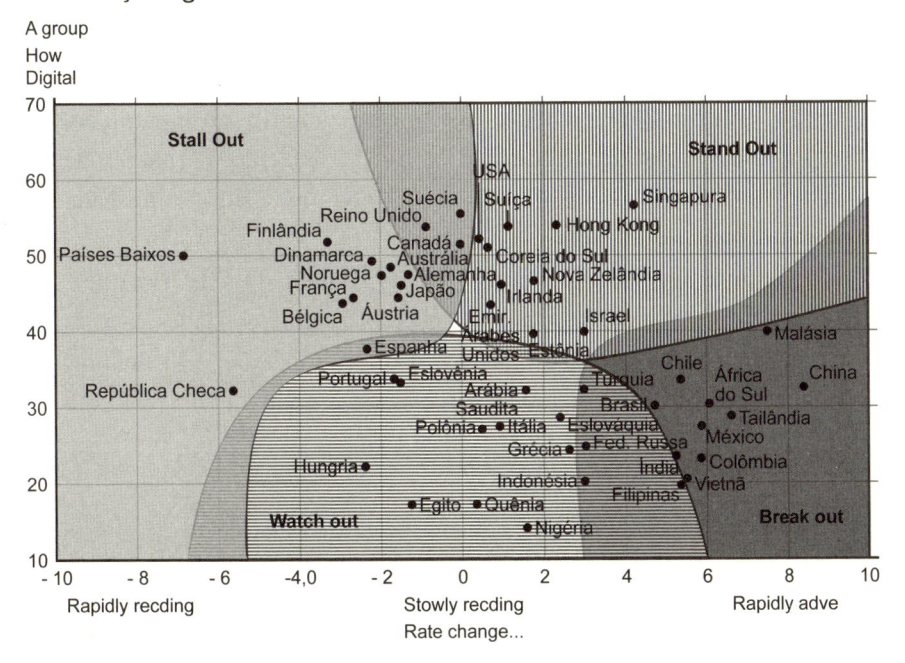

A group
How
Digital

```
70
          Stall Out                              Stand Out
60                        USA
                    Suécia    Suíça      Singapura
              Reino Unido
          Finlândia                 Hong Kong
50  Países Baixos   Dinamarca  Canadá
                    Noruega  Austrália  Coreia do Sul
                    França  Alemanha  Nova Zelândia
                           Japão    Irlanda
          Bélgica  Áustria   Emir.      Israel
40                          Árabes                       Malásia
                    Espanha Unidos Estônia
                       Eslovênia    Chile
30  República Checa  Portugal              África      China
                       Arábia   Turquia   do Sul
                       Saudita  Brasil    Tailândia
                    Polônia Itália Eslováquia
                           Grécia  Fed. Rússa  México
                                              Colômbia
20        Hungria              Índia  Vietnã
                           Indonésia  Filipinas
                    Egito  Quênia
          Watch out                              Break out
                            Nigéria
10
  -10   -8    -6   -4,0   -2    0    2    4    6    8   10
  Rapidly receding        Slowly receding      Rapidly adve
                          Rate change...
```

Fonte: <https://hbr.org/2015/02/where-the-digital-economy-is-moving-the-fastest?utm_campaign=HBR&utm_source=facebook&utm_medium=social>. Acesso em: set. 2017.

Por fim, ao analisarmos o tempo médio para abrir uma empresa (e encerrar suas atividades), bem como a complexidade tributária de um dado país, o Brasil encontra-se em posição francamente desfavorável. É importante ressaltar que o Estado possui papel fundamental na criação de condições favoráveis para o fortalecimento dos negócios, da atividade empresarial e da atração de investimentos. Várias publicações estimam que o tempo médio para abrir uma empresa no Brasil gira entre 107[27] e 119 dias[28]. Tal média é confirmada e descrita em detalhes em uma página do site do Banco Mundial denominado Doing Business.[29] O ranking 2017 do Doing Business apresenta o Brasil na posição 123 e é meticuloso ao descrever variáveis como (1) tempo para abrir um negócio, (2) tempo para autorizações de construção, (3) tempo para instalação de eletricidade e (4) acesso a crédito e pagamento de impostos, entre outros. No quesito pagamento de impostos, a posição do Brasil no ranking é a 181ª. Os números indicam impostos em torno de

24,9% sobre o lucro, 40,2% para impostos trabalhistas e outras contribuições e ainda 3,9% de outros impostos.

Todas essas questões tornam o Brasil um lugar inóspito para a inovação e o empreendedorismo. Curioso é que não nos faltam talentos, criatividade e recursos. Insisto que somente sob instituições econômicas e políticas pluralistas e inclusivas seremos capazes de criar condições mais favoráveis, mas temos uma longa caminhada como cidadãos e sociedade.

Até aqui a palavra "inovação" foi bastante citada. Observo que é um termo comum (e muitas vezes clichê) nas universidades, escolas de negócios e organizações. Afinal, o que é inovação? Ou melhor, qual é a *sua* definição de inovação?

1.2   O que é inovação?

> *A inovação só acontece porque há pessoas lá fora fazendo e tentando um monte de coisas diferentes.*
> EDWARD FELTEN

Em um trabalho que reuniu 40 executivos seniores – CEOs, vice-presidentes e diretores – de uma grande organização de classe mundial, solicitei aos participantes que definissem a palavra "inovação". O resultado se apresentou na forma de mais de 50 definições diferentes! Narro algo comum e rotineiro. Quando não possuímos o mesmo quadro de referências, dificilmente falamos a mesma língua, e a inovação na organização se perde em sua própria torre de Babel. Por que é tão difícil – até mesmo para os executivos mais experientes – liderar a inovação em uma organização? Por que as *business schools* do mundo inteiro vêm fracassando em ensinar temas como criatividade, design e inovação etc.? Por que os colaboradores de sua organização trabalham tão pouco com o lado direito do cérebro?

Conceituar "inovação" é tarefa árdua. Via de regra, esse termo mais atrapalha do que ajuda, pois é frequentemente confundido com criatividade e invenção. Invenção é a criação de algo inédito, como um produto, um serviço, um processo ou uma tecnologia. A inovação ocorre quando da aplicação comercial em escala de uma dada invenção. Os grandes casos de sucesso envolvem a busca do santo graal na forma de inovações radicais que alteram rotas tecnológicas, mudam as regras do jogo e redefinem mercados e economias. Pouquíssimo valor é conferido à inovação incremental e melhoria contínua, e pouco se comenta acerca da inovação no modelo de negócios. Por fim, inovação* envolve risco, ambiguidade e incerteza: alunos de escolas de negócios são treinados na busca frenética da única resposta certa, e executivos seniores em organizações são prisioneiros do sucesso de suas "máquinas de desempenho" na perspectiva da tríade recursos–processos–valores. E há também questões de natureza comportamental envolvidas no processo de inovação nas organizações, visto que todos nós convivemos com pessoas que acreditam saber tudo. Durante as minhas aulas nos MBA da Fundação Dom Cabral, criei a cidade imaginária de "Fodópolis" para endereçar as questões dos cidadãos "fodopolitanos". Quem nunca conheceu alguém de "Fodópolis"?

1.2.1 Miopia em marketing

Antes de avançarmos nas respostas às perguntas anteriores, penso que é fundamental para os objetivos deste livro que eu delimite meu conceito de inovação. Em um dos primeiros artigos da *Harvard Business Review* aos quais fui exposto ainda durante a graduação na Faculdade de Ciências Econômicas da UFMG, o professor Theodore Levitt discutia a "miopia em marketing". Importante dizer que a publicação do artigo se deu no século passado e conferiu a Levitt o McKinsey Award em 1960. A grande pergunta colocada por ele à época era "Em que negócio você está?".[30]

Foi pela leitura e pelo debate desse artigo que comecei a entender que problemas organizacionais não respeitam barreiras funcionais ou disciplinares. Em outras palavras, descobri que um problema

---

* Para Lastres e Albagli (1999), três características definem um conjunto de inovações que se encontram no cerne de um paradigma tecnoeconômico (PTE), a saber: (1) amplas possibilidades de aplicação, (2) demanda crescente e (3) queda persistente do seu custo unitário.

de marketing na empresa dificilmente era apenas um problema de marketing, envolvendo desdobramentos em outras questões, como recursos humanos, estratégia e finanças. Eis o valor de se mergulhar nos estudos sobre sociologia organizacional. Embora o artigo de Levitt tenha sido introduzido na disciplina de marketing do meu bacharelado, ele vai muito além disso com questões sobre estratégia, inovação, ciclos de crescimento organizacional e longevidade de empresas. Eis as linhas introdutórias do artigo de Levitt:

> [...] em algum momento do seu desenvolvimento, toda indústria (setor da economia) pode ser considerada uma indústria de crescimento, baseado na aparente superioridade de seu(s) produto(s). Contudo, caso após caso, indústrias (organizações) fracassaram à sombra da má gestão. O que normalmente é enfatizado são as vendas, enquanto o marketing se concentra nas necessidades do comprador.[31]

Nesse parágrafo, Levitt já apresenta a indissociabilidade entre os termos "estratégia" e "crescimento". Toda e qualquer estratégia – custos, diferenciação e nicho – em qualquer organização – pequena, média ou grande, pública, privada ou do terceiro setor – demanda algum tipo de crescimento. Toda organização busca, ou deveria buscar, crescimento ano após ano. Levitt é enfático em dizer que se deve entender as necessidades do cliente, deixando de lado a tecnologia embarcada no produto e seus atributos tidos como mais relevantes:

> [...] há menos de 75 anos, as estradas de ferro americanas gozavam de uma profunda lealdade de parte dos astutos frequentadores de Wall Street. Monarcas europeus nela investiam muito dinheiro. Acreditava-se que teriam eterna riqueza todos aqueles que pudessem amealhar alguns milhares de dólares para aplicá-los em ações das ferrovias. Nenhum outro meio de transporte poderia competir com as estradas de ferro em velocidade, flexibilidade, durabilidade, economia e potencial desenvolvimento.[32]

> [...] mesmo depois do advento dos automóveis, caminhões e aviões, os magnatas das estradas de ferro permaneciam imperturbavelmente seguros de si. Se há sessenta anos alguém lhes dissesse que no prazo de 30 anos estariam arruinados, sem um tostão no bolso, implorando subvenções do governo, pensariam estar falando com um louco completo. Tal futuro simplesmente não era considerado possível. Não era sequer um assunto que se pudesse discutir, uma pergunta que se pudesse fazer ou uma questão que uma pessoa em são juízo consideraria merecedora de especulação. Só pensar nisso já era uma demonstração de insanidade. Contudo, muitas ideias loucas têm agora aceitação normal, como por exemplo a de tubos de metal de 100 toneladas que se deslocam suavemente pelo ar a 3000 metros de altitude, transportando cem cidadãos de juízo perfeito, que se distraem bebendo Martini.[33]

Não custa nada lembrar, mas Levitt[34] afirma que o fracasso da indústria se deu pelo fato de que os executivos das ferrovias se viam no negócio das ferrovias, não nos negócios dos transportes. Por fim, o aprendizado fundamental é que uma organização é um processo de satisfação das necessidades de seus clientes, e não um processo de produção de bens:

> [...] um negócio começa com um cliente e suas necessidades, não com uma patente, matéria-prima ou competência em vendas. A partir das necessidades do cliente, a organização se desenvolve de trás para adiante, se concentrando na entrega física da satisfação do cliente.[35]

1.2.2 Inovação: qual é o problema a ser resolvido?

Durante muitos anos lecionando no MBA Executivo da Fundação Dom Cabral, utilizei o método de casos que conheci na Escola de Negócios de Harvard durante o Global Colloquium on Participant Centered Learning. Um dos casos que mais marcaram os participantes do MBA era o da empresa de telefonia japonesa DoCoMo.[36] Eu o utilizava para que os alunos entendessem que uma organização não é uma coleção de caixinhas como estratégia, marketing, produção, logística ou recursos humanos. Uma organização é tudo isso ao mesmo tempo e agora:

> [...] para mim [uma organização] significa ação coletiva na busca de uma missão comum, uma maneira elegante de dizer que um grupo de pessoas se juntou sob um rótulo identificável para produzir algum produto ou serviço.[37]

> [...] três definições contrastantes de organização surgiram, cada uma delas associada com uma de três perspectivas sobre organizações: a racional, a natural e a aberta. A primeira definição examina as organizações como coletividades altamente formalizadas orientadas à busca de objetivos específicos. A segunda definição examina as organizações como sistemas sociais, forjadas por consenso e conflito, buscando sobreviver. A terceira definição examina as organizações como atividades envolvendo coalisões de participantes com interesses variados inseridos em ambientes maiores. As três definições enquadram visões organizacionais – úteis embora parciais – baseadas em concepções ontológicas diferentes.[38]

O caso DoCoMo levava os alunos a pensar sobre a inter-relação entre estratégia, estrutura, fontes de crescimento, microeconomia, marketing e inovação para que pudessem assumir a responsabilidade de desenhar a estratégia de crescimento e a nova estrutura da empresa em questão. A tarefa era árdua, visto que os obrigava a colocar o chapéu do presidente/CEO da empresa e tomar decisões que significariam comprometimento com certo curso de ação e alocação de recursos. Contudo, era nesse caso que eu introduzia um conceito fundamental sobre inovação que se soma aos conceitos de Levitt já discutido aqui: "Qual é o problema que seu atual ou futuro cliente quer resolver?".

Christensen e Raynor[39] e Wunker, Wattmann e Farber[40] sugerem que clientes (ou *prospects*) compram ou empregam produtos e serviços para que realizem tarefas ou resolvam problemas em seus lugares:

> O professor Clayton Christensen popularizou o conceito de "trabalhos/tarefas a serem executados [*jobs to be done*]" como uma maneira de se incentivar a inovação, sem olhar para o que as pessoas compram, mas sim logrando entender os trabalhos subjacentes ou problemas que elas estão tentando resolver.[41]

Em um de seus exemplos mais interessantes, Christensen e Raynor[42] e Christensen et al.[43] esclarecem que consumidores de milk-shakes o fazem para resolver problemas diferentes: (1) há aqueles que dirigem sozinhos do trabalho para casa e preferem um milk-shake mais viscoso para ser consumido ao longo da viagem e (2) também há pais com filhos em restaurantes que preferem um menos viscoso para consumo rápido pelas crianças depois da refeição principal. Você pode assistir no YouTube[44] ao vídeo de uma aula do professor Christensen explicando sua teoria "Jobs to be done" e a exemplificando com o caso dos milk-shakes.

Desde que me mudei para os Estados Unidos, a responsabilidade pela limpeza e faxina da casa é minha e da minha família. Aqui não temos o "auxílio luxuoso" (nem a mão de obra barata) do rol de empregados domésticos disponíveis no Brasil. Somos nós – eu, minha esposa, Carem, e minha filha Anna Sophia – que realizamos todas as tarefas: lavar a louça, limpar os banheiros, separar e recolher o lixo, aspirar a casa, cuidar do jardim e aspirar a piscina. Confesso que uma das tarefas que mais detesto é a varrição e a aspiração da casa. A tarefa é por demais demorada, cansativa e frequentemente me causa dores nas costas. Comecei a pesquisar um produto (ou serviço) que pudesse comprar para realizar aquela tarefa em meu lugar e cheguei a duas descobertas que Nelson Rodrigues denominaria "óbvio ululante":

- ✓ Encontrei uma empresa de diaristas no bairro que cobra em média 140 dólares por quatro horas de trabalho. A matemática aqui é simples, cara e proibitiva. Além do mais, quatro horas é insuficiente para a limpeza que você gostaria, certo?

✓ Fui ao Walmart pesquisar aspiradores de pó convencionais e baratos, mas logo caí na real que apresentam o inconveniente de tubos, cabos, troca do saco de aspiração e manutenção.

Embora as duas opções minimizassem o problema, ainda não se apresentavam como a solução para o problema que eu estava interessado em resolver. Eu buscava qualquer coisa que pudesse resolver o problema da aspiração em meu lugar e que me beneficiasse dos rendimentos da lei do mínimo esforço. Quando eu era criança, um dos meus desenhos favoritos era *Os Jetsons*, um desenho animado da Hanna-Barbera que narrava as aventuras de uma típica família americana do futuro: George Jetson (o pai), Jane Jetson (a mãe), Judy e Elroy Jetson (os filhos), Astro (o cão) e Rosie (o robô humanoide que representava a empregada doméstica do futuro).

A ideia de se ter uma empregada robô era fascinante e a Rosie era não só a materialização de um sonho, mas a solução para o problema que eu queria resolver. Comecei a buscar no site da Amazon por "Rosies" que pudessem aspirar a casa no meu lugar de maneira fácil, simples, conveniente e com o menor esforço da minha parte. Encontrei a linha de robôs aspiradores de pó iRobot, da empresa Roomba. Qual era o problema que eu queria resolver? Que tarefas queria executar?

Ora, queria um aspirador de pó que fizesse tudo sem que eu precisasse nem ao menos fiscalizar. Comprei o robô aspirador de pó que faz tudo praticamente sozinho: mapeia os ambientes da casa, se autocarrega, pode ser ligado e desligado remotamente via aplicativo de smartphone ou tablet, pode ser programado para horários específicos do dia e da semana, além de muitos outros recursos. Meu único esforço é a limpeza do filtro, que acontece menos vezes se comparado à utilização de um aspirador de pó convencional. Acabei comprando mais robôs para minha casa, entre eles um que aspira a piscina e outro com o qual conversamos e atende pelo nome Alexa. Alexa é uma assistente virtual inteligente embarcada no produto Echo da

Amazon. Ela interage por voz, toca música, provê informações e controla sistemas e aparelhos inteligentes conectados. Cada vez mais, com o avanço tecnológico e a inteligência artificial, passaremos a contar com tais dispositivos em nossas casas.

Eis que apresento a **definição de inovação** para os objetivos deste livro:

> Quando o assunto é inovação, esqueça seu produto, sua tecnologia e seus demais atributos. Concentre-se em responder à seguinte pergunta: qual é o problema que seu cliente (ou *prospect*, aquele que pode vir a ser seu cliente) quer resolver? Quais tarefas ele quer executar? Como podemos ajudar esse cliente – de forma lucrativa –, tornado sua vida mais fácil, simples, barata, conveniente e produtiva?

Espero que agora você responda àquela tradicional pergunta de seu professor de marketing com outra perspectiva: "Quando uma pessoa vai ao Leroy Merlin ou ao Walmart e compra uma furadeira elétrica e um conjunto de brocas, o que ele na verdade está comprando?".

Boa parte dos colegas responderá, mesmo depois da leitura de "Miopia em marketing": "Ele não quer nem a furadeira nem as brocas. O que o cliente quer é um buraco na parede de seu apartamento".

Como você já deve saber, essa é a resposta fácil, rápida, simples e errada; ninguém quer fazer um furo na parede de casa ou no apartamento recém-comprado. O problema aqui é como afixar um quadro na parede, que hoje pode ser feito pela utilização de adesivos da empresa 3M, sem qualquer furo ou buraco. Quem sabe no futuro projetaremos hologramas na parede?

Esqueça também a tecnologia no que diz respeito à educação; ela é apenas um meio, não um fim em si própria. Nas inúmeras vezes em que fui conversar com professores pelo Brasil, afirmo categoricamente para eles que a fobia em relação à tecnologia não tem fundamento. Se assim fosse, nenhum deles teria avançado das aulas com seus retroprojetores e transparências para a ditadura do "PowerPoint conteudista". O desafio não é tecnológico, mas metodológico. O foco em sala de aula é o aluno, e a pergunta relevante é sobre como criar ambientes criativos, estimulantes e engajadores nas interações de ensino-aprendizado.

Quantas vezes ouvi dizer que os moocs* aniquilariam as universidades, que o ensino a distância tomaria o lugar da sala de aula tradicional e que nossas universidades se movem lentas demais. Todas essas informações são equivocadas, mas é fato que as novas tecnologias de informação e comunicação, aliadas à internet, causarão impactos em todos os setores da economia, inclusive a educação. Contudo, educação não é sobre conteúdo nem tecnologia. O erro é acreditar no conteúdo, e não no aprendizado. A tecnologia não pode ser desculpa para a falta de pensamento criativo acerca da arte de ensinar.

A minha crítica se dá aos professores que não se dão o trabalho de pensar acerca do que é ser professor. Ser professor não diz respeito apenas ao estado da arte no campo de pesquisa do professor, mas fundamentalmente significa um repensar inquieto das práticas de ensino-aprendizagem. Os professores precisam avançar para além do conteudismo expresso nas aulas expositivas. Conteúdo não é só o que interessa, tampouco aula expositiva é a única metodologia disponível dentro de um repertório ampliado de práticas e experiências pedagógicas que todo professor deve cultivar ao longo de sua vida. Anand complementa:

> O desafio que as salas de aula tradicionais enfrentam nada tem a ver com as tecnologias digitais. Eles são resultados do foco principal em conteúdo ao invés do aprendizado. […] você precisa compreender os aprendizes – suas motivações, habilidades, incentivos e problemas. […] criar o conteúdo, oferecer os melhores cursos, torná-los acessíveis e o resto toma conta de si próprio: isso é exatamente a armadilha do conteúdo. [..] o aprendizado não é apenas o conteúdo, mas propósito. É sobre os alunos tomando

---

* Do inglês *Massive Open Online Courses* ou cursos on-line abertos e massivos.

posse daquilo que precisam aprender. É sobre alunos tendo a iniciativa – e a vontade – de fazer as perguntas e ter a coragem de tentar respondê-las.[45]

Cumpridos os objetivos deste capítulo e apresentado o conceito de inovação que será utilizado ao longo do livro, apresentarei no Capítulo 2 o modelo de inovação estratégica que nos guiará ao longo de nossa jornada.

Takeaways do leitor

– Um mundo de mudanças exponenciais propiciadas pelas novas tecnologias de informação e comunicação trazem à tona perguntas que são complexas e difíceis. Grandes perguntas costumam originar grandes ideias e inovações.
– Embora o brasileiro seja extremamente criativo, empreender e inovar no Brasil não é tarefa trivial em virtude de inúmeros fatores, como qualidade da oferta educacional, tempo médio para abrir uma empresa e complexidade da carga tributária.

Conceito de inovação: Quando o assunto é inovação, esqueça seu produto, sua tecnologia e demais atributos. Concentre-se em responder à seguinte pergunta: qual é o problema que seu cliente (ou prospect – aquele que pode vir a ser seu cliente) quer resolver? Quais tarefas ele quer executar? Como podemos ajudar esse cliente – de forma lucrativa –, tornado sua vida mais fácil, simples, barata, conveniente e produtiva?

CADERNO DE APLICAÇÃO

Selecione um grupo de pessoas em posição de tomada de decisão em sua organização e entreviste-as procurando entender o que elas pensam sobre:

(1) a facilidade de empreender e inovar no Brasil, mergulhando nos detalhes das respostas recebidas;
(2) inovação: como definem, que conceito têm e que exemplos citam;
(3) como a inovação é conduzida/gerenciada na organização (em termos de processo/estratégia).

2. MODELO DE INOVAÇÃO ESTRATÉGICA

*A maioria de nós entende que a inovação é extremamente importante.
É o único seguro contra a irrelevância. É a única garantia de
fidelidade do cliente a longo prazo. É a única estratégia
para superar uma economia obsoleta.*

GARY HAMEL

PROPOSTA DE VALOR

– *Construa seu próprio modelo de inovação: O que são modelos?*
– *O modelo de inovação estratégica adotado neste livro possui quatro componentes, a saber: (1) estratégia, (2) execução, (3) ferramentas e (4) métricas (indicadores, resultados).*
– *Estratégia de inovação (inovação estratégica): criando valor na interface entre a tecnologia e os modelos de negócio.*
– *Execução da inovação: como evitar as armadilhas da inovação pela construção de contextos capacitantes.*
– *Ferramentas para a inovação: ferramentas para inovação nos modelos de negócios e ferramentas para a inovação tecnológica.*
– *Métricas para a inovação: métricas no contínuo insumo-processo- -produto-resultado.*

2.1. O que são modelos? Construa seu próprio modelo!

> *Criatividade é permitir-se cometer erros. Arte é saber quais manter.*
> SCOTT ADAMS

À época do meu doutorado na Escola de Ciência da Informação da UFMG, um dos meus temas favoritos era a quantidade de informações existente no mundo. Quando eu era criança, costumava ir à banca de jornal – na esquina das ruas Padre Rolim e Rio Grande do Norte no bairro dos Funcionários em Belo Horizonte – e sabia de cor boa parte das publicações existentes. Eu podia contar nos dedos as revistas existentes: *Manchete, Cruzeiro, Veja, Istoé, Status, Playboy, Ele & Ela*, além das revistinhas em quadrinhos da Disney e do Mauricio de Sousa. Eu me lembro também das palavras cruzadas das Edições de Ouro. Meu pai era colecionador de discos de música erudita e jazz vendidos nas bancas de jornal pela Editora Abril. Talvez tenha sido nas antigas bancas o início da minha paixão pela música a cada fascículo quinzenal publicado pela Editora Abril. Comecei a ouvir John Coltrane, Miles Davis, Bach e Bartok.

Fui aluno do Colégio Santo Antonio em Belo Horizonte e era frequente a necessidade de dicionários e enciclopédias. Enciclopédias na época eram um artigo de luxo para as famílias menos abastadas. A banca de jornal para mim substituía a biblioteca do bairro na década de 1970. Meu pai sugeriu que eu começasse a colecionar os fascículos da *Enciclopédia do estudante*, também da Editora Abril. Era um deleite semanal ir à banca buscar os fascículos e uma alegria ainda maior quando saía a capa dura para encadernar o volume. Eu me lembro da dificuldade de ter acesso a informações, e um dos papéis mais importantes dos professores à época era fornecer informações aos alunos. Esse papel mudou radicalmente nos dias de hoje.

Ainda jovem, comecei a estudar música e não conseguia métodos ou partituras para me aprimorar, visto que a importação naqueles tempos era proibida. Músicos mais experientes que possuíam alguns livros ou cópias de partituras se recusavam a compartilhar o pouco que tinham, visto que eram prisioneiros de suas miopias na medíocre filosofia de "informação é poder". Se você visitar hoje uma banca de jornal testemunhará a *explosão da produção de informações* disponível aos leitores. Há revistas e publicações de todo tipo, de revistas que ensinam a tocar bateria e cuidar de animais de estimação, até publicações com "os segredos do tricô e crochê".

Hoje a informação está em todo lugar, contudo Herbert Simon nos alerta para o fato de que "a riqueza da informação gera a pobreza da atenção".[1] Em outras palavras, quanto mais informação, menos atenção.

Se a explosão da produção de informação nos causa dificuldades de atenção, uma das explicações para isso se encontra em um artigo de 1956 do psicólogo George A. Miller, intitulado "O número mágico sete, mais ou menos dois: alguns limites em nossa capacidade de processar informações".[2] Nele, Miller explica que o número mágico 7 mais ou menos 2 é o número máximo de pedaços de informação que um ser humano consegue armazenar em sua memória de curto prazo. Daí nossa inclinação em agrupar coisas, itens, objetos ou categorias ao redor do número sete: os sete dias da semana, as sete cores do arco-íris, as sete notas musicais, as setes maravilhas do mundo e – como bem me lembra minha filha – os sete anões da Branca de Neve.

Se vivemos uma explosão da produção de informações no mundo e se nossa capacidade cognitiva para armazenar, processar e recuperar informações é limitada, a saída que nos resta é tentar reduzir a complexidade pela utilização de modelos, esquemas, taxonomias, classificações e categorias. De forma genérica, modelos nos permitem reduzir a complexidade existente e construir um mesmo quadro de referência para falarmos a mesma língua. Quem não se lembra de "reino, filo, classe, ordem, família, gênero e espécie" (utilizávamos o acrônimo Reficofage) nas aulas de biologia do colégio? Nós somos seres classificatórios e temos uma tendência a agrupar e/ou categorizar o que nos parece similar e separar o que nos parece diferente. Contudo, o linguista George Lakoff nos alerta:

> A visão clássica de que categorias são baseadas em propriedades compartilhadas não é inteiramente errada. Nós frequentemente categorizamos as coisas nessa base. Mas essa é apenas uma pequena

parte da história. Em anos recentes tem ficado claro que a categorização e bem mais complexa do que isso.[3]

Lakoff pesquisou linguística cognitiva e ciência cognitiva, tendo estudado tribos de aborígenes australianos cuja língua é o dyirbal. Sua pergunta de pesquisa é a seguinte: "O que as categorias de linguagem e pensamento revelam sobre a mente humana?". O dyirbal é uma língua aborígene australiana conhecida por seu sistema de classes de substantivos, totalizando quatro linhas semânticas:

(1) homens e outros objetos animados;
(2) mulheres, água, fogo, violência e animais;
(3) frutas e vegetais comestíveis;
(4) outras coisas não classificadas nas categorias anteriores.

O livro de Lakoff é intitulado *Women, Fire and Dangerous Things: What Categories Reveal about the Mind* [Mulheres, fogo e coisas perigosas: o que as categorias revelam sobre a mente]. Como se percebe, tal sistema de categorização não segue a lógica de categorização por propriedades comuns:

> A aproximação da teoria de prototipação sugere que a categorização humana é essencialmente uma questão de imaginação e experiência humana – de percepção, atividade motora e cultura de um lado, e de metáfora, metonímia e imagens mentais de outro lado.[4]

Tal constatação nos permite introduzir o conceito de ontologias, fundamental para que você entenda por que discuto aqui modelos e modelagens. Gruber[5] define ontologia como uma especificação explícita de uma conceituação. Osterwalder[6] afirma que ontologia pode ser entendida como uma descrição de conceitos e relacionamentos em um domínio específico. Meu interesse aqui se dá no campo das ontologias aplicadas a modelos e ontologias organizacionais. Baden-Fuller e Morgan[7] – com base em estudos nos campos de história e filosofia da ciência, com particular referência à extensa literatura que discute o uso de modelos na biologia e na economia – exploram a pergunta acerca da utilidade de "modelos" de negócio. A palavra "modelo", quando associada à palavra "negócio", pode significar várias formas de modelo, a saber:

(1) para prover meios de descrever e classificar "negócios";
(2) para operar como sítios de investigação científica; e
(3) *para servir de receitas para gerentes criativos.*

Baden-Fuller e Morgan vão adiante ao afirmar que modelos, modelagens e sua discussão têm uma longa história e é importante que se inclua também a administração como grande beneficiária e usuária de modelos e modelagens, componentes de um conceito mais amplo de ontologias organizacionais. É que com o uso de ontologias é possível construir modelos formativos e funcionais de sistemas, entre outros. Em um artigo da *Harvard Business Review* de 2011 intitulado "The charts that changed the world" [Os gráficos que mudaram o mundo], os autores citaram exemplos de modelo e modelagens que mudaram para melhor a compreensão de negócios por parte de gestores e executivos no mundo inteiro, com destaque para o "Modelo de cinco forças de Porter" (Figura 8), "O modelo de inovação disruptiva de Christensen" (Figura 9), "A curva de experiência", a "Matriz crescimento-participação", do Boston Consulting Group (Figura 10), e a "Pirâmide de mercado", conforme as figuras abaixo:

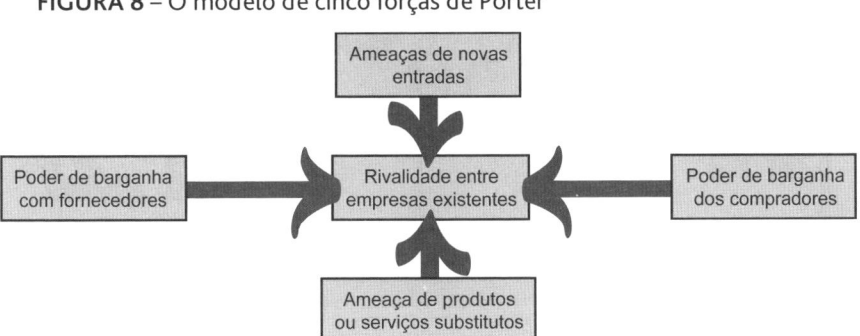

FIGURA 8 – O modelo de cinco forças de Porter

Fonte: <https://hbr.org/resources/images/article_assets/hbr/1112/F1112Z_D_LG.gif>. Acesso em: maio 2018.

FIGURA 9 – O modelo de inovação disruptiva de Christensen

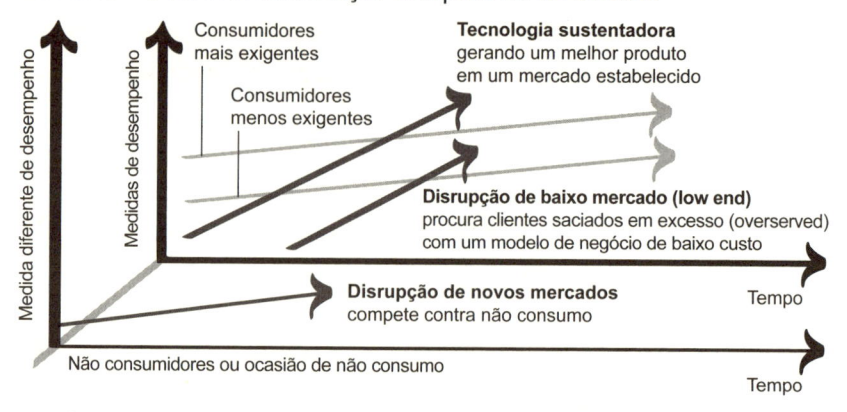

- Medida diferente de desempenho
- Medidas de desempenho
- Consumidores mais exigentes
- Consumidores menos exigentes
- **Tecnologia sustentadora** gerando um melhor produto em um mercado estabelecido
- **Disrupção de baixo mercado (low end)** procura clientes saciados em excesso (overserved) com um modelo de negócio de baixo custo
- **Disrupção de novos mercados** compete contra não consumo
- Não consumidores ou ocasião de não consumo
- Tempo

Fonte: <https://hbr.org/resources/images/article_assets/hbr/1112/F1112Z_B_LG.gif>. Acesso em: maio 2018.

FIGURA 10 – A matriz crescimento-participação

Estrela	Oportunidades ou interrogação
Vaca leiteira	Abacaxi ou cachorro

Crescimento do mercado (%) / Participação do mercado (%)

Fonte: <https://hbr.org/resources/images/article_assets/hbr/1112/F1112Z_A_LG.gif>. Acesso em: maio 2018.

A questão que aqui apresento é que – na perspectiva de modelo como receita para gerentes criativos – você é livre para criar o modelo e a modelagem que bem entender. Eu defendo modelos que não se configurem como prescrições médicas ou receita de bolos, visto que nunca fui um grande simpatizante de modelos prescritivos de tradição positivista dentro da literatura em administração e negócios. Eu defendo que você modele oferecendo ao seu leitor um cardápio ou conjunto de opções em que ele tenha liberdade de aceitar, rejeitar, acrescentar ou suprimir. Afinal, depois de publicado, seu modelo não pertence mais somente a você: caberá ao leitor e/ou usuário interpretá-lo e utilizá-lo como e para o que bem entenda.

Ao estudar "modelos" na perspectiva de "modelos de negócios", Baden-Fuller e Morgan[8] concentram seus esforços em três linhas com vistas a demonstrar como modelos e modelagens desempenham papel fundamental para o progresso do pensamento em gestão:

(1) Na comparação entre *scale model* (modelo em escala) e *role model* (modelo a ser seguido) com vistas a classificar negócios em "taxonomias" ou "tipologias". Modelos em escala são cópias de coisas, e modelos a serem seguidos são coisas a serem copiadas. Via de regra, taxonomias são definidas de baixo para cima através de trabalho empírico e observação. Já as tipologias são derivadas de cima para baixo através de trabalhos teóricos e conceituais. Os denominados "tipos ideais" de Max Weber fundem um pouco de tipologias e taxonomias.

(2) Na comparação de "modelos" de negócio com os organismos da biologia ou modelagens matemáticas da economia para demonstrar como os "modelos" de negócio se constituem na forma de instrumentos de investigação científica.

(3) Na sugestão que modelos de negócios específicos funcionam como receitas: modelos práticos de tecnologia que estão prontos para serem copiados, mas também abertos para variação e inovação.

A aplicação de ontologias organizacionais e a criação de modelos há muito se tornaram práxis nas publicações destinadas ao mundo executivo. O rigor metodológico é importante, mas insisto que o potencial criativo do autor é muito mais.

Para que você possa se situar melhor na perspectiva da criação de modelos, trago aqui um exemplo de modelo que relaciona o tema da inovação com os elementos de design organizacional. Os autores do modelo tinham o objetivo de decompor o processo de inovação em regras e aplicá-las aos elementos constituintes de qualquer organização, como estratégia, processos, indicadores, pessoas etc. (trabalharemos esses conceitos nos capítulos subsequentes deste livro). No livro *As regras da inovação:* como gerenciar, como medir e como lucrar, Davila, Epstein e Shelton propõem um conjunto de sete regras da inovação como "princípios orientadores para pôr em prática a inovação em qualquer empresa, unidade de negócios, organização sem fins lucrativos ou entidade governamental".[9]

Como dito anteriormente, eu não sou afeito à corrente prescritiva na literatura em negócios, mas reconheço que os autores tornam a obra interessante à medida em que relacionam suas sete regras da inovação aos instrumentos de gestão. Em outras palavras, os autores criaram seu próprio modelo! O que eles denominam "instrumentos de gestão" são, na verdade, elementos de design organizacional mesclados com funções organizacionais. Elaboraremos mais sobre os constituintes/elementos do design organizacional na seção 2.3 ao discutirmos os fatores que dificultam a execução/implementação.

De acordo com Davila et al.,[10] as organizações nas quais a inovação produz seus melhores resultados, sete regras de inovação são concretizadas, a saber:

(1) Exercer sólida liderança sobre os rumos e as decisões de inovação.
(2) Integrar a inovação à mentalidade do negócio.
(3) Alinhar a inovação com a estratégia da empresa.

(4) Administrar a tensão natural entre criatividade e captação de valor.
(5) Neutralizar os anticorpos organizacionais.
(6) Cultivar uma rede de inovação além dos limites da organização.
(7) Criar os indicadores de desempenho e as recompensas adequadas à inovação.

As sete regras da inovação são então relacionadas a oito componentes de design organizacional, respectivamente:

(1) Modelo de inovação.
(2) Estratégia.
(3) Organização.
(4) Processos.
(5) Indicadores de desempenho.
(6) Recompensas.
(7) Aprendizado.
(8) Pessoal e cultura.

A Figura 11 relaciona as sete regras da inovação aos oito elementos de design organizacional, servindo como um grande mapa/modelo/cardápio que permite aos líderes da inovação uma visão/reflexão mais ampla, sistêmica e consolidada da inovação em suas organizações, além da questão central de como impulsionar o crescimento da organização:

O modelo de inovação estratégica que aqui apresento é fruto não só de investigação científica acumulada ao longo de anos mas também o resultado de trabalhos empíricos e observações pelo trabalho que desenvolvo há muito com gestores e executivos de diversas organizações. Ouso avançar pelos "tipos ideais" de Weber ao transitar entre taxonomia e tipologia e apresentar um modelo que pode ser copiado e cujas variáveis podem ser suprimidas ou melhoradas, sempre aberto à variação e à inovação.

FIGURA 11 – Sete regras de inovação e 8 elementos de design organizacional

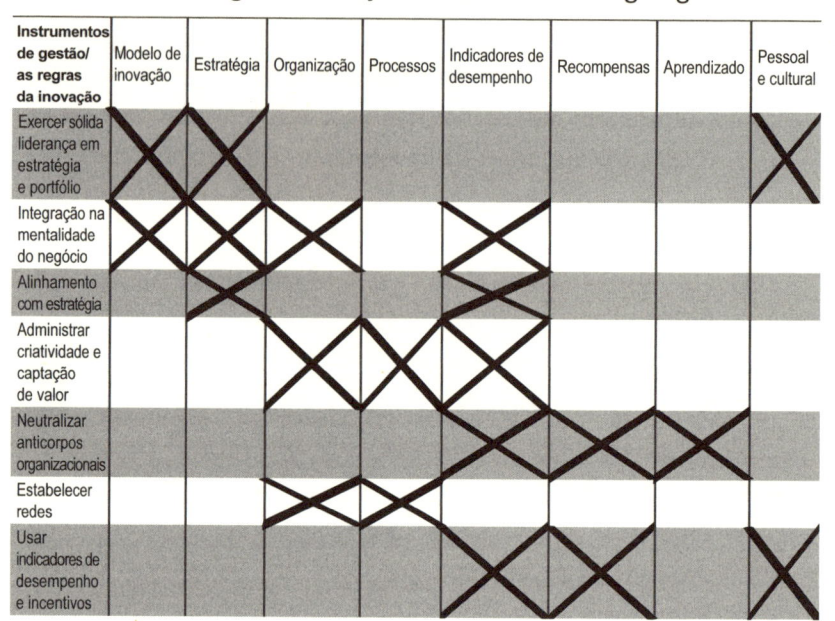

Instrumentos de gestão/ as regras da inovação	Modelo de inovação	Estratégia	Organização	Processos	Indicadores de desempenho	Recompensas	Aprendizado	Pessoal e cultural
Exercer sólida liderança em estratégia e portfólio	X	X		X				X
Integração na mentalidade do negócio	X	X	X					
Alinhamento com estratégia	X	X		X				
Administrar criatividade e captação de valor		X	X	X		X		
Neutralizar anticorpos organizacionais			X	X	X	X	X	X
Estabelecer redes			X	X				
Usar indicadores de desempenho e incentivos	X				X	X		X

Fonte: Davila et al. (2007)

Então, para se compreender a **inovação estratégica** em uma organização, sugiro que inicie sua reflexão e ação a partir de um **modelo composto por quatro elementos**, conforme a Figura 12:

(1) **Estratégia**: Qual é a estratégia da minha organização? Como ela endereça as questões do crescimento organizacional? Como a inovação se conecta e contribui para a estratégia? Como competir gerando valor e crescimento contínuo e sustentável? Qual é a "estratégia de inovação" de minha organização? Já existe algum conceito de inovação estratégica em uso? Como inovamos na tecnologia e nos modelos de negócios?

(2) **Execução**: Quais os fatores que contribuem para a implementação da inovação estratégica? Quais os fatores dificultadores? Quais as "armadilhas da inovação" e como evitá-las? Como criar um contexto favorável na organização para o compartilhamento, o aprendizado, a inovação, a solução colaborativa de problemas e a aceitação de "erros honestos"?

(3) **Ferramentas:** Quais ferramentas e práticas de gestão conhecemos? De que ferramentas dispomos para fazer a inovação acontecer em nossa organização? Temos conhecimento para utilizar ferramentas e práticas de gestão em seu potencial? Como as diversas ferramentas conversam com as variáveis/elementos de nossa estratégia? Dispomos de competências técnicas e habilidades de facilitação?

(4) **Métricas, indicadores e resultados (MIR):** Como medir a inovação? Como apurar resultados para sabermos se estamos no caminho certo? Quais métricas e indicadores podem nos permitir apurar resultados executados da inovação estratégica?

FIGURA 12 – Modelo de inovação estratégica

Takeaways do leitor

– Destaque para três questões complexas do século XXI que impõem desafios aos gestores e suas organizações: (1) a explosão da produção de informações, (2) nossa incapacidade cognitiva de armazenar e processar grandes quantidades de informação (o número mágico 7 mais ou menos 2!), (3) a necessidade de reduzirmos tal complexidade pela utilização de modelos, esquemas, taxonomias e classificações ("Mulheres, fogo e coisas perigosas").
– Modelos são formas de redução da complexidade bastante utilizados no mundo da gestão, como o Modelo de cinco forças de Porter, a Matriz BCG ou o Modelo de inovação disruptiva de Christensen.
– Modelos são úteis aos gestores, visto que podem ser utilizados para (1) prover meios de descrição e classificação, (2) operar como sítios de investigação científica e (3) para servir de receitas para gerentes criativos.
– O **modelo de inovação estratégica** deste livro é composto por quatro elementos, sujeitos a sua análise, adaptação e/ou modificação: (1) estratégia, (2) execução, (3) ferramentas, (4) métricas, indicadores e resultados.

CADERNO DE APLICAÇÃO

– Procure por modelos utilizados na organização em que você trabalha.
– Descreva em detalhes a razão da adoção de modelos, como eles foram criados e quais são suas partes componentes.
– Discuta o modelo com gerentes seniores e a alta administração para compreender o que esses gestores pensam sobre o modelo, como o utilizam (e se o utilizam), o grau de aceitação na organização e como a atualização acontece.

– Avalie a existência de um modelo de inovação (estratégica?) em sua organização e avalie seus componentes. Investigue o conhecimento do modelo pelos membros da organização, sua compreensão e se ele é aplicado ou não. Ilustre seus resultados com exemplos detalhadamente descritos.

– Se você tivesse que propor um modelo de inovação estratégica para a empresa em que você trabalha (ou para sua *start-up*), como ele seria? Quais seus componentes/elementos? Mãos à obra: comece a rascunhar seus próprios modelos!

2.2 Estratégia

A essência da estratégia é escolher o que não fazer.
MICHAEL PORTER

PROPOSTA DE VALOR

– *Entendendo o conceito de "estratégia": estratégias deliberadas e emergentes em dez escolas de pensamento estratégico.*
– *A relação entre uma organização e seu ambiente: o processo de construção de sentido e as organizações ambidestras.*
– *Compreendendo o conceito de "inovação estratégica": a criação de mais valor para a organização na interseção entre tecnologia e modelo de negócios.*
– *"Dê-me uma alavanca e moverei o mundo": seis alavancas da inovação e matriz da inovação.*
– *Um modelo de dez tipos de inovação e a construção de um portfólio de inovação para sua organização: configuração, oferta e experiência.*
– *Temas emergentes: da inovação aberta às start-ups.*

Múltiplos são meus objetivos ao discutir o tema (e o conceito) de **estratégia**, primeiro componente do modelo de inovação estratégica que aqui apresento, a saber:

- Apresentar o recorte escolhido para a definição de estratégia, seu conjunto de questões relevantes e o papel central da dinâmica do crescimento organizacional.
- Ampliar a visão do leitor para além do conceito de "planejamento estratégico". "Planejamento estratégico" e "estratégia" não são sinônimos: o planejamento estratégico é apenas uma das formas de abordar a estratégia.
- Compreender os conceitos de estratégias emergentes e deliberadas, conhecendo a existência de dez escolas de pensamento estratégico.
- Introduzir o conceito de "organizações ambidestras" e ressaltar uma das questões fundamentais da estratégia que dizem respeito à relação das organizações com os ambientes em que atuam: a construção de sentido, que é definida através dos modos pelos quais uma organização prospecta e interpreta as informações advindas desse mesmo ambiente. Tais processos de interpretação são fundamentais para a criação de conhecimento organizacional e dois modos em especial nos interessam para a discussão da inovação: descoberta (*discovery*) e representação (*enactment*).
- Definir – para os objetivos deste livro – o conceito de "inovação estratégica" como a criação de mais valor na interface entre a tecnologia e o(s) modelo(s) de negócio(s) de uma organização, apresentando as alavancas da inovação e como elas são fundamentais para a construção da matriz da inovação.
- Ultrapassar as classificações tradicionais de tipos de inovação (incremental e radical), apresentando uma classificação alternativa conhecida como o Modelo dos dez tipos de inovação.

- Responder à questão sobre a construção de um portfólio de inovações com a regra 70/20/10.
- Definir conceitos emergentes discutidos por estrategistas, como *start-ups* e inovação aberta.

2.2.1 O que é estratégia? – Estratégias deliberadas e emergentes em dez escolas de pensamento estratégico

FIGURA 13 – Estratégia

Sempre sou consultado por alunos e executivos sobre o que ler quando o assunto é estratégia. Fujo dos livros e artigos com frases de efeito e simplificações do tipo "estratégia diz respeito à competição". Sim, é verdade, estratégia diz respeito à competição, mas não somente a ela. Costumo dizer que estratégia também diz respeito a escolhas e renúncias, é via de regra mais emergente que deliberada, demanda concentração orgânica de recursos e revela comprometimento com dada alocação de recursos e cursos de ação. Respondo à questão inicial sobre o que ler com os autores com os quais conversarei nas próximas linhas.

Besanko et al.[11] sugerem que a estratégia está associada a um conjunto de questões relevantes que uma organização enfrenta, além das decisões que ela tem de tomar a respeito delas, a saber:

- Fronteiras da empresa: O que uma empresa deve fazer/produzir/fornecer, que porte ela deve ter e em que negócios deve se envolver?
- Análise de mercados e da concorrência: Qual a natureza dos mercados nos quais a empresa compete e a natureza das interações competitivas entre as empresas nesses mercados?
- Posicionamento e dinâmica: Como a empresa deve se posicionar para competir, em que deve se basear sua vantagem competitiva e como ela deverá se ajustar ao longo do tempo?
- Organização interna: Como a empresa deve organizar internamente sua estrutura e seus sistemas?

No debate acerca da estratégia organizacional, é importante enfatizar a questão central do crescimento organizacional com a devida ênfase na tríade estratégia-crescimento-inovação. Nas empresas que dirigi ou onde participei de conselhos de administração ou fui consultor, a dinâmica do crescimento organizacional sempre se colocou como a principal pergunta feita aos CEOs pelos conselhos de administração. Eram inúmeras as frentes de crescimento endereçadas, como vendas, lucratividade, margens, base de clientes, mercados, modelos de negócios, novos produtos e serviços, tecnologias, gestão de pessoas, internacionalização etc. Se o crescimento se coloca como uma das questões centrais da estratégia, a inovação – em suas diversas formas e facetas – é fator indissociável da estratégia, visto que a inovação é o principal propulsor do crescimento organizacional. Em outras palavras, toda estratégia pressupõe algum tipo de inovação, fator fundamental para a geração de crescimento.

Defendo ainda que todo gestor – em especial aqueles atuantes nas áreas de inovação, estratégia, marketing, logística e finanças – deva ir além dos conceitos qualitativos sobre estratégia para dominar uma ampla gama de conceitos oriundos da teoria econômica. Sempre recomendo um bom manual de microeconomia para que conceitos básicos sejam incluídos no repertório dos gestores para as inúmeras questões que eles enfrentarão ao longo de suas carreiras.

Besanko et al., na obra *A economia da estratégia* – leitura de nove em cada dez programas de MBA nos Estados Unidos –, enumeram cinco questões fundamentais oriundas dos bons manuais de economia que são relevantes para a formação do estrategista, respectivamente: (1) custos, (2) demanda, preços e receitas, (3) a teoria da determinação dos preços e da produção por uma empresa que busca maximizar os lucros, (4) a teoria dos mercados perfeitamente competitivos e (5) a teoria dos jogos.[12]

Importante também a compreensão de que "estratégia" e "planejamento estratégico" não são sinônimos: o planejamento estratégico é apenas uma das formas de se pensar e formular a estratégia, mas existem muitas outras escolas de pensamento estratégico. Assim, uma obra que merece meticuloso escrutínio é *Safári de estratégia*, escrita por Mintzberg et al., na qual os autores se referem ao processo de formulação da estratégia como um cego tocando um elefante:

> Somos cegos e a formulação da estratégia é nosso elefante. Como ninguém teve a visão para enxergar o animal inteiro, cada um tocou uma ou outra parte e "prosseguiu em total ignorância" a respeito da restante. Somando as partes, certamente não teremos um elefante. Um elefante é mais que isso. Contudo, para compreender o todo, também precisamos reconhecer as partes.[13]

Mintzberg et al. revisaram extenso volume de literatura sobre estratégia e observaram a emergência de dez pontos de vista distintos sobre o tema:

> Cada um tem uma perspectiva única que focaliza, como cada um dos cegos, um aspecto importante do processo de formulação estratégica. Cada uma dessas perspectivas é, em certo sentido,

estreita e exagerada. Porém, em outro sentido, cada uma é também interessante e criteriosa. [...] a desvantagem da cegueira tem uma vantagem inesperada, aguçando os outros sentidos para as sutilezas que podem escapar àquelas que enxergam com clareza.[14]

Os dez pontos de vista supracitados foram transformados em dez escolas de pensamento sobre estratégia que, por sua vez, caem sob a égide de três agrupamentos distintos. Os três agrupamentos dizem respeito à natureza de um grupo de escolas, podendo ser (1) prescritiva (focadas em como as estratégias devem ser formuladas), (2) descritiva (descrevem o processo de formulação da estratégia) e (3) integrativa (uma proposta que integra as anteriores). No Quadro 3 a seguir, observe que cada um desses três agrupamentos apresenta as escolas de estratégia que o conformam, além das características da formulação da estratégia como um processo específico, principais autores e suas homilias.

Quero aqui destacar a distinção que Mintzberg et al.[15] fazem acerca de **estratégias deliberadas** (intenções plenamente realizadas), **estratégias irrealizadas** (intenções não realizadas) e **estratégias emergentes** (quando um padrão realizado não era expressamente pretendido):

> [...] realização perfeita significa previsão brilhante, para não mencionar a falta de disposição para adaptar-se a eventos inesperados, ao passo que a não realização sugere uma certa dose de negligência. O mundo real exige pensar à frente e também alguma realização ao longo do percurso. [...] poucas – ou nenhuma – estratégias são puramente deliberadas, assim como poucas são totalmente emergentes. Uma significa aprendizado zero, a outra significa controle zero. Todas as estratégias da vida real precisam misturar as duas de alguma forma: exercer controle fomentando o aprendizado.[16]

QUADRO 3 – Três agrupamentos para dez escolas de estratégia

AGRUPAMENTO (quanto à natureza)	ESCOLAS	CARACTERÍSTICAS (formulação da estratégia como um processo de)	PRINCIPAIS AUTORES	HOMILIAS
PRESCRITIVA: mais preocupada em como as estratégias devem ser formuladas.	- Design - Planejamento - Posicionamento	- Concepção - Formal - Analítico	- Selznic (1957) - Ansoff (1965) - Porter (1980, 1985)	- "olhe antes de saltar" - "um ponto m tempo poupa nove" - "nada além dos fatos"
DESCRITIVA: descrição de como as estratégias são formuladas.	- Empreendedora - Cognitiva - Aprendizado - Poder - Cultural - Ambiental	- Visionário - Mental - Emergente - Negociação - Coletivo - Reativo	- Schumpeter (1950) - Simon (1947, 1957), March e Simon (1958) - Weick (1969), Prahalad e Hamel (anos 1990) - Pfeffer e Salancik (1978) - Rhennan e Normann (anos 1960) - Hannan e Freeman (1977)	- "leve-nos ao seu líder" - "verei quando acreditar" - "se na primeira vez não conseguir, tente de novo" - "procure o número um" - "uma maçã nunca cai longe da árvore" - "tudo depende"
INTEGRATIVA: uma proposta de combinação das demais escolas.	- Configuração	- Transformação	- Chandler (1962), Mintzberg (anos 1970), Miles e Snow (1978)	- "para tudo há uma ocasião"

Fonte: adaptado de Mintzberg et al. (2010)

É minha opinião que o erro ao se analisar a obra de Mintzberg et al. significa entender que há uma estratégia – ou grupo de escolas – que seja melhor do que as outras. Fato é que as estratégias em nossas organizações acabam mesclando um pouco de cada uma das dez escolas de pensamento sobre estratégia, e nossos resultados sempre giram em termos daquilo que (1) realizamos como planejamos, (2) não realizamos o que planejamos e (3) realizamos aquilo que não planejamos. Pense também que, às vezes, a ausência de estratégia pode ser considerada uma estratégia.

Nas avaliações de resultados de fim de ano das organizações em que atuei, sempre apuramos os resultados de nosso planejamento com o checklist (1) realizamos, (2) não realizamos, (3) realizamos o que não planejamos.

Não é minha intenção aqui discutir cada uma das escolas de estratégia propostas por Mintzberg et al., senão apenas abrir ao leitor mais perspectivas de aprofundamento em suas leituras sobre estratégia. É preciso salientar que o conceito de estratégia em diversos campos de pesquisa – não somente a administração – é um conceito dinâmico, em permanente construção e evolução. Um exemplo disso é o trabalho de McGrath, que sugere a imperiosa necessidade de se avançar para além do conceito de "vantagens competitivas sustentáveis".[17] Essa autora introduz o conceito de "vantagens competitivas transitórias", proclamando o fim do conceito de "vantagens competitivas" tornado popular em todo o mundo por Michael Porter.[18] Tal conceito implica abraçar a reconfiguração contínua e a inovação permanente para enfrentar uma nova dinâmica de negócios no século XXI que apresenta tecnologias em constante mudança, digitalização, surgimentos de concorrentes de locais não tradicionais como resultado da globalização, tecnologias de informação e comunicação ubíquas, oniscientes e onipresentes, além de um aumento exponencial na produção de informação e compartilhamento de conhecimentos em virtude da facilidade e baixo custo da mobilidade internacional. Eis que vivemos em um mundo onde não há mais segredos, com as honrosas exceções da fórmula da Coca-Cola e dos pratos de bateria da marca Zildjian.

Retomando a discussão sobre Mintzberg et al. e incorporando a perspectiva do aprendizado baseado em descobertas de McGrath, confesso que tenho muita afinidade com duas escolas em particular: a **escola de posicionamento** com sua dimensão de análise e a **escola de aprendizado** com sua dinâmica emergente. Observe que não estou em hipótese alguma afirmando que essas são melhores ou superiores às demais. É que as duas me permitem transitar entre analisar o ambiente externo existente e criar o ambiente – e as inovações! – no qual eu acredito que a minha organização possa prosperar. Aqui, análise e experimentação andam juntas, abrindo espaço para os conceitos de "organizações ambidestras", *exploration* × *exploitation* (exploração × explotação) e "organizações dialéticas". Tais conceitos nos permitem abraçar a abundância do "e" em vez da escassez do "ou". Não se trata de uma perspectiva ou de outra, mas de uma perspectiva *e* outra, como pessoas ambidestras que podem, por exemplo, escrever com a mão direita e a mão esquerda ou chutar uma bola de futebol com qualquer uma das pernas.

O'Reilly III e Tushman[19] sugerem que, para que uma organização floresça no longo prazo, ela precisa manter uma grande variedade de esforços de inovação. Lembra-se da minha menção nas páginas anteriores sobre a tríade estratégia-crescimento-inovação? Assim sendo, as organizações devem ao mesmo tempo:

> perseguir inovações incrementais e melhorias contínuas em seus produtos e operações existentes buscando eficiência operacional e entrega de mais valor aos seus clientes, conceito denominado "*exploitation*" [e] perseguir inovações radicais que lhes permitam alterar a base de competição em um dado setor por meio de mudança na rota tecnológica, tornando obsoletos produtos e métodos de trabalho, conceito denominado *exploration*.[20]

Organizações ambidestras são dialéticas ao incorporarem simultaneamente ações de *exploitation* (eficiência operacional, melhoria contínua) e *exploration* (inovação radical, experimentação, risco). Binz-Scharf[21] apresenta uma interessante abordagem dos termos em língua inglesa: *exploration* (exploração) de novas possibilidades e *exploitation* (explotação) de velhas certezas, ambas fundamentais ao discutirmos inovação estratégica. Desse modo, uma das questões fundamentais da estratégia diz respeito à relação das organizações com os ambientes em que atuam: a construção de sentido na estratégia é definida através dos modos pelos quais uma organização prospecta e interpreta as informações advindas desse mesmo ambiente. Dois modos em especial nos interessam para a discussão da inovação estratégica na perspectiva ambidestra ou dialética: descoberta (*discovery*) e representação (*enactment*).

Na próxima seção exploraremos os dilemas estratégicos que as organizações enfrentam em sua relação com os ambientes nos quais operam. Um dos trabalhos seminais que nos levam a refletir sobre isso foi escrito por Daft e Weick[22] e Choo[23] e eles incorporam os conceitos que acabamos de discutir nesta seção.

2.2.2 Sensemaking: *a construção de sentido nas organizações*

Em 2008, quando da publicação de meu primeiro livro sobre gestão do conhecimento em organizações, eu provocava os gestores de classe mundial atuantes no Brasil a pensarem sobre como usavam estrategicamente a informação e o conhecimento em suas organizações. A pergunta não era trivial e envolvia grande complexidade, visto que levava os gestores a refletir sobre as questões pertinentes não somente acerca da formulação da estratégia de suas organizações, mas também às questões de execução, resultados e aprendizado:

– Que tipo de informações vocês usam para a formulação da estratégia?
– Como a informação tida como estratégica é obtida e utilizada?
– Como pretendem utilizar tal informação para a criação de conhecimento e inovação?
– Como a criação de conhecimento se cristaliza/tangibiliza em sua organização?

Entre as respostas que me incomodavam por parte dos estrategistas com os quais dialogava, estava a máxima resoluta de "informação é tudo aquilo que reduz a incerteza". A linha de raciocínio era interessante, porém incompleta. Interessante na medida em que revelava a necessidade de busca de informações nos ambientes interno e externo da organização para a formulação da estratégia. Incompleta pelo fato de que a informação pode não funcionar sempre na redução da incerteza, mas também na contramão do aumento da ambiguidade. A ideia aqui é que o grupo gestor pode, em tese, interpretar a mesma informação de três formas completamente diferentes. Então, busca/análise e interpretação são os dois lados da mesma moeda na organização ambidestra. Por isso insisto na afirmação de que não há uma escola de estratégia superior às demais. Contudo, antes de prosseguirmos na discussão sobre o processo de análise e interpretação do ambiente organizacional nas questões atinentes à estratégia, gostaria de responder parcialmente às provocações listadas na introdução desta seção.

Choo[24] afirma que as organizações usam estrategicamente a informação para a resolução de três questões distintas, porém imbricadas, a saber: (1) construção de sentido (do inglês "*sensemaking*"), (2) criação de conhecimento, através da aprendizagem organizacional e (3) tomada de decisão, com base no princípio da racionalidade limitada. Os conceitos (1) e (2) são fundamentais neste livro, visto que nos permitem conciliar análise e experimentação nos domínios da organização ambidestra. Assim, explorarei nesta seção o conceito de "construção de sentido" e retomarei na próxima seção o conceito de criação do conhecimento para a discussão sobre o conceito de inovação estratégica.

O objetivo fundamental da construção de sentido, ou *sensemaking*, é permitir aos membros da organização a construção de um entendimento compartilhado do que é a organização e o que ela faz. No longo prazo, o *sensemaking* garante que as organizações se adaptem e continuem a prosperar em um ambiente dinâmico através da prospecção do ambiente organizacional em busca de informações relevantes que lhes permitam compreender mudanças, tendências e cenários referentes ao ambiente organizacional externo. As organizações enfrentam questões como a redução da incerteza e o gerenciamento da ambiguidade. A inteligência competitiva e do concorrente, a monitoração ambiental, a prospecção tecnológica, a pesquisa de mercado e atividades correlatas são iniciativas empresariais que têm como um de seus objetivos a construção de sentido a respeito de questões para as quais não existem respostas claras.

Daft e Weick[25] sugerem que o processo de construção de sentido é principalmente um processo de interpretação de dados e/ou informações que são coletadas nos ambientes interno e externo da organização. Para esses autores, as organizações são sistemas de interpretação e a interpretação deve ser compreendida com base no processo de tradução de eventos, sinais e mensagens do ambiente, no desenvolvimento de modelos compreensivos de conferência de significado e da montagem de esquemas conceituais. Eis a conexão com a estratégia. As diferenças entre as interpretações organizacionais são delimitadas a partir de duas dimensões-chave, respectivamente:

(1) As crenças e suposições da gerência quanto ao fato de o ambiente ser **analisável ou não analisável**:

   a. Quando a organização considera que o ambiente externo é concreto, que os eventos e processos são mensuráveis e determináveis, ela se utilizará da lógica e do raciocínio linear na busca de dados e soluções, via processos formais preestabelecidos.

   b. Em contraposição, caso acredite que o ambiente externo seja não analisável, o tópico central se concentra na resolução da equivocidade e na construção ou representação de uma interpretação razoável. A estratégia passa a ser a criação, a construção, a representação ou a coerção de uma interpretação razoável que sugira os próximos passos ou o curso de ação. O resultado pode ser a recriação do ambiente, a capacidade de gerenciar a ambiguidade, e o processo é menos linear, mais *ad hoc* e improvisado.

(2) A extensão pela qual a organização se intromete ou interfere no ambiente, objetivando sua compreensão – o grau de intrusão, intromissão ou interferência da organização nesse ambiente varia em um *continuum* passivo-ativo:*

    a. Algumas organizações assumem uma postura ativa, monitorando o ambiente em busca de uma resposta. Podem utilizar planejamento estratégico, pesquisa de mercado, inteligência competitiva ou envio de agentes a campo.

    b. As organizações com postura passiva aceitam quaisquer informações que o ambiente externo lhes fornece e reagem prontamente na ocorrência de uma crise. Caso a organização perceba o ambiente como hostil e ameaçador ou quando a organização é altamente dependente do ambiente, ela poderá alocar mais recursos para as funções de inteligência e coleta de dados/informações.

Com base nas quatro variáveis das duas dimensões básicas, Daft e Weick[26] propõem um modelo dotado de quatro modos de interpretação organizacional:

(1) representação (*enacting*);
(2) descoberta (*discovering*);
(3) observação não direcionada (*undirected viewing*); e
(4) observação direcionada ou condicionada (*conditioned viewing*).

O modelo é ilustrado no Quadro 4 e detalhado em seguida:

---

* Daft e Weick sugerem ainda que a idade e o tamanho da organização podem explicar o grau de intrusão ambiental. Organizações jovens experimentam mais e buscam informações de maneira mais intensa e agressiva. Com o passar do tempo, a organização passa a aceitar o ambiente em vez de pesquisá-lo ou testar seus limites.

QUADRO 4 – Modelo dos modos de interpretação organizacional

	OBSERVAÇÃO NÃO DIRECIONADA (UNDIRECTED VIEWING)	REPRESENTAÇÃO (ENACTING)
Não analisável	• interpretações limitadas • dados informais e não rotineiros • intuição, rumores, chances e oportunidades	• experimentação, testes, coerção, inventar o ambiente • aprender fazendo
Suposições sobre o ambiente	OBSERVAÇÃO CONDICIONADA (CONDITIONED VIEWING)	DESCOBERTA (DISCOVERING)
Analisável	• interpretação dentro dos limites tradicionais • detecção passiva • dados formais e rotineiros	• descoberta • busca formal, questionamentos • questionários e coleta de dados
	Passivo	*Ativo*
	Grau de Intrusão Organizacional no Ambiente	

Fonte: Daft e Weick, 1984, p. 289.

(1) **Representação,** *enacting* **ou procura informal:** Estratégia de intrusão/interferência ativa no ambiente com a suposição de que o ambiente não seja analisável. Essas organizações constroem seus próprios ambientes. Eles reúnem informações ao testar novos comportamentos e observar o que acontece. Elas experimentam e testam ao mesmo tempo que ignoram precedentes, regras e expectativas tradicionais e esperadas.

(2) **Descoberta,** *discovering* **ou procura formal:** Estratégia de intrusão/interferência ativa no ambiente com a suposição de que o ambiente seja analisável. A resposta está no ambiente e essa organização se utilizará de pesquisa de marketing, análise de tendências e modelos de previsão para prever problemas e oportunidades.

(3) **Observação direcionada,** *conditioned viewing* **ou observação condicionada:** Estratégia que supõe que o ambiente é de fato analisável, mas passiva quanto ao grau de intrusão organizacional no ambiente. Há confiança em procedimentos de coleta de dados estabelecidos em documentos de rotina, relatórios, publicações e sistemas de informações que crescem

com o passar dos anos e que se encontram dentro dos limites tradicionais da organização. Pressupõe-se que o ambiente é objetivo e benevolente e a organização não avança no sentido de aprender a respeito do ambiente.

(4) **Observação não direcionada, *undirected viewing* ou observação não condicionada**: O ambiente é visto como não analisável e o grau de intromissão no ambiente consolida-se como uma intromissão passiva. Seus gerentes confiam em informações informais obtidas através de contatos pessoais e encontros casuais.

O problema recorrente que aqui encontro é que a grande maioria dos gestores e executivos é treinada na busca da única resposta correta para o problema. Há pouca ou nenhuma propensão a abraçar a incerteza e a ambiguidade. Para os objetivos deste capítulo, chamo a atenção para o fato de que grandes organizações normalmente se defrontam mais frequentemente com apena dois dos quatro modos de interpretação da proposta de Daft e Weick (1984), respetivamente, Descoberta (*discovery*) e representação (*enactment)*, conforme o Quadro 5. Contudo, a forma predominante de análise para a formulação da estratégia e o enfrentamento das questões de inovação continua sendo predominante a descoberta (*discovery*), uma visão apenas parcial e não ambidestra/dialética, incompleta para uma abordagem mais sistêmica do processo de inovação estratégica.

É bem provável que você já tenha experimentado a descoberta (*discovery*) em sua organização pelas práticas de pesquisa de mercado e inteligência competitiva comumente utilizadas na formulação da estratégia ou mesmo como pilar do processo de inovação. É importante apresentar o outro lado da moeda, a representação (*enactment*).

QUADRO 5 – Oportunidade de inovação: descoberta (*discovery*) × representação (*enacting*)

Modo de interpretação	O ambiente pode ser analisado?	O grau de intrusão da organização no ambiente é passivo ou ativo?	Questões
Descoberta (*discovery*)	SIM	ATIVO	- Análise rigorosa. - Dados/informações existem no ambiente externo. - Coleta de dados e informações com suporte tecnológico. - Se não é racional, não faz sentido.
Representação (*enacting*)	NÃO	ATIVO	- Mude as regras. - Imagine e experimente e pratique a prototipação. - Erre rápido e aprenda.

Fonte: adaptado de Daft e Weick (1984)

Um caso dos mais interessantes acerca da representação (*enactment*) – contexto no qual a organização não consegue analisar o ambiente ou explorar mercados novos para os quais não há dados disponíveis (afinal, mercados que não existem não podem ser analisados!) – é o da indústria de vinhos da Califórnia, Estados Unidos. Choo[27] descreve o processo pelo qual os produtores de vinhos californianos criaram seu próprio ambiente de negócios dada a impossibilidade de replicar a lógica francesa – afinal, muitas pessoas acreditam que alguns dos melhores vinhos do mundo são produzidos na França:

> Qualquer empresa que deseje ocupar uma posição significativa no mercado mundial de vinhos deve pensar como se deseja comparar ao prestígio dos produtores franceses. [...] historicamente, os produtores franceses desenvolveram um sistema de classificação de vinhos baseado na geografia, em que cada localização geográfica mantém a tradição de uma certa qualidade de vinho. Dentro da região de Bordeaux, por exemplo, situam-se as regiões menores de Médoc, St. Emilion, Graves, Côtes e, dentro delas, diversas vinícolas. [...] portanto, cada vinícola produzia seu vinho único.[28]

Conheço vários expertos do mundo do vinho, incluindo os produtores brasileiros situados no Rio Grande do Sul com os quais já tive a oportunidade de trabalhar. Sou um curioso do mundo do vinho, mas confesso não ser um profundo conhecedor. Em todos os contatos com eles, busco entender as lógicas dos sistemas de classificação de vinhos do Velho e do Novo Mundo. Com eles aprendi as designações do Velho Mundo, em especial o *terroir*, a base do sistema francês de denominação de origem controlada (a sigla AOC para "*appellation d'origine contrôlée*") que se apresenta não apenas como um modelo de denominação, mas fundamentalmente como um modelo de regulação de vinhos na França e no mundo. Assim sendo, há na França um sistema regional de classificação de vinhos, protegidos por lei e que impedem seu uso por quaisquer outros produtores fora da França e pelo Novo Mundo (Estados Unidos, Chile, Brasil, Argentina, Uruguai, África do Sul, Austrália e Nova Zelândia). Eis a razão pela qual se denomina a excelente produção brasileira de "espumantes", embora o senso comum insista na denominação "champagne". "Champagne" pode ser comercialmente utilizado apenas para os vinhos brancos espumantes produzidos na região de Champagne, nordeste da França. Para que melhor compreendamos, eis o que descreve a antropóloga Mary Douglas, citada por Choo:

> A vinícola não é um pedaço de terra, mas uma marca cuja reputação o proprietário defende com extremo cuidado. [...] nomear o vinho pela região e pela vinícola é condensar a informação, que só poderá ser decifrada por conhecedores. O nome contém um processo testado, uma mistura tradicional de uvas, um solo, a encosta de um vale e um clima.[29]

Com a impossibilidade de imitar ou replicar o sistema francês na Califórnia, a saída encontrada pelos produtores californianos foi inovar criando o ambiente (e mercados) para que a indústria nos Estados Unidos pudesse prosperar:

> Assim, em lugar da classificação geográfica, os vinicultores californianos adotaram um sistema de classificação baseado no tipo de

uva. Portanto, cada vinícola podia produzir, e de fato produziu, diversos tipos de vinhos usando diferentes variedades de uva. Douglas observou que, entre as seis vinícolas mais conhecidas de Napa County, uma (Hetz) usava doze tipos de uva para produzir doze vinhos; outra (Joseph Phelps) usava oito uvas; duas usavam cinco ou seis uvas, e as duas últimas, três uvas. Essa diversificação estendia-se aos métodos de vinicultura, ao tratamento dos vinhos em vários estágios e às técnicas de engarrafamento ou arrolhamento.[30]

Isso explica a nossa intimidade com a compra de vinhos baseados nas variedades de uvas como Malbec, Cabernet Sauvignon, Merlot, Zinfandel e tantas outras. Esse caso das vinícolas californianas reforça uma das discussões centrais da obra de Choo, que é um dos pilares do modelo que aqui proponho, a saber: as organizações podem interpretar seu ambiente externo, criando significado para a ação. O mesmo é relatado por inúmeros outros autores sobre o fundador da Apple, Steve Jobs, quando da criação do iPad. Em vez de considerar o ambiente como algo dado que deve ser lido via métodos tradicionais como pesquisa de mercado e inteligência competitiva, tais organizações criam ou reconfiguram o ambiente no qual estão inseridas. Esse caso é uma ilustração de um contexto no qual a pesquisa de mercado ou as abordagens tradicionais de planejamento estratégico têm pouca ou nenhuma valia.

Por último e não menos importante, surge a questão de como se aplicar os processos de *sensemaking* não somente à formulação da estratégia e/ou processo de inovação estratégica, mas também às oportunidades de inovação que se configuram a partir de uma dada estratégia. Em outras palavras, como avaliar uma oportunidade de inovação e como persegui-la? Uma aplicação de *sensemaking* à estratégia de inovação/processo de inovação foi proposta por Satell,[31] que sugere o mapeamento do espaço/ambiente de inovação a partir de duas perguntas fundamentais:

(1) **Definição do problema**: O quão bem definido é o problema? – A estratégia de inovação deve se adaptar à qualidade da definição ou enquadramento do problema. Steve Jobs definiu bem o que queria com o iPod da Apple: "mil músicas

no meu bolso". Contudo, há problemas que não podem ser tão bem delimitados assim, como uma cura revolucionária para uma doença rara.

(2) **Definição do domínio**: Quem é o mais bem colocado para resolver o problema (dentro ou fora da organização)? A questão aqui é de domínio, ou seja, entender quem pode resolver o problema em questão. Dependendo do problema, a resposta pode ser clara e cristalina, ou podemos ter uma resposta que não é nem clara nem precisa.

O Quadro 6 a seguir é a representação da proposta de Satell,[32] também denominada "matriz da inovação":

QUADRO 6 – Matriz da inovação de Satell

Definição do problema	Definição do domínio	
	Não bem definido	Bem definido
Bem definido	INOVAÇÃO RADICAL	INOVAÇÃO INCREMENTAL/ MELHORIA CONTÍNUA
Não bem definido	PESQUISA BÁSICA	INOVAÇÃO DISRUPTIVA

Fonte: adaptado de Satell (2017)

Observe que a definição do problema e a definição do domínio (ou lugar de solução) variam em um contínuo de "não bem definido" até "bem definido". A matriz da inovação possui quatro quadrantes resultantes dessas combinações, a saber:

(1) Pesquisa básica: Nem o problema nem o domínio podem ser bem definidos/delimitados. Na maior parte das vezes, trata--se de descobrir algo inteiramente novo. Divisões de pesquisa em empresas e parcerias acadêmicas podem ser a resposta.

(2) Inovação radical: O problema é bem definido, mas a definição de domínio não é. Opções podem ser a utilização de inovação aberta com parceiros externos ou os *skunkworks** dentro da própria organização.
(3) Inovação incremental/melhoria contínua: Tanto o problema quanto o domínio são bem definidos. Laboratórios de P&D, *design thinking* e aquisições são boas alternativas.
(4) Inovação disruptiva: O problema não é bem definido, mas a definição de domínio é clara. Não há clareza sobre o modelo de negócios. *Spin-offs*,** divisões independentes ou o modelo de capital de risco surgem como boas opções.

Discutido o conceito de construção de sentido ou *sensemaking* e as oportunidades de inovação nele vislumbradas, prosseguiremos agora para a criação de conhecimento e da inovação no ambiente organizacional.

2.2.3 Inovação: criação de valor na interface entre tecnologia e modelos de negócios

A criação do conhecimento em organizações é meu principal tema de pesquisa desde os anos 2000. Meu aprendizado sobre o tema foi maximizado à medida que atuava em inúmeras organizações brasileiras para ajudá-las a construir e implementar seus modelos. Várias das minhas publicações sobre o tema estão disponíveis no Brasil e em países como Chile, Canadá, Estados Unidos, Hong Kong (hoje uma região administrativa especial da China), Tailândia, Austrália, Portugal e França. Discutimos a criação dos modelos de gestão do conhecimento em organizações como a Empresa Brasileira de Pesquisa Agropecuária (Embrapa) e o Operador Nacional

---

* *Skunkworks* é a denominação para um grupo de pessoas que trabalham em um projeto inovador, de forma livre e não convencional em uma empresa. Seu objetivo é desenvolver algo de forma bastante rápida e com mínimas restrições de gerenciamento. *Skunkworks* costumam ser utilizados para lançar produtos ou serviços que, posteriormente, serão desenvolvidos de acordo com os processos comerciais mais tradicionais.

** *Spin-off* é uma nova empresa que nasce de uma empresa existente que objetiva explorar novas oportunidades e negócios. *Spin-offs* podem também se estabelecer como *start-ups*.

do Sistema Elétrico (ONS), além de inúmeras outras organizações públicas e privadas nas quais um artigo científico não foi publicado.

É sempre prudente retomar a definição de Choo[33] acerca dos conceitos de criação de conhecimento e tomada de decisão. Penso ser importante que o leitor novamente aqui se situe: o modelo proposto por Choo sugere que as organizações usem estrategicamente a informação para a resolução de três questões distintas, porém imbricadas, a saber: (1) construção de sentido (do inglês *sensemaking*), (2) criação de conhecimento, através da aprendizagem organizacional e (3) tomada de decisão, com base no princípio da racionalidade limitada. Explorei o conceito do *sensemaking* na seção anterior para introduzir a relação entre as suposições de uma organização acerca do ambiente organizacional (interno e externo, principalmente o último) e os graus de intrusão de uma organização nesse mesmo ambiente. Eis os dois componentes faltantes do modelo de Choo:[34]

(1) **A criação de conhecimento (através da aprendizagem organizacional)** é o processo pelo qual organizações criam ou adquirem, organizam e processam a informação, com o propósito de gerar novo conhecimento através da aprendizagem organizacional. O novo conhecimento gerado, por sua vez, permite que a organização desenvolva novas habilidades e capacidades, crie novos produtos e serviços, aperfeiçoe os produtos e serviços existentes, além de melhorar seus processos organizacionais. Em outras palavras, pela ótica de Choo,[35] a criação do conhecimento se cristaliza pela inovação tecnológica (produtos, serviços e processos). Importante aqui é compreender que a criação do conhecimento revela o potencial para a ação organizacional. Em tese, o potencial de criação de conhecimento pode chegar ao infinito, mas é na tomada de decisão que a empresa faz suas escolhas e se compromete com certo conjunto de escolhas e encaminhamentos de decisão para a ação.

(2) **Tomada de decisão (com base no princípio da racionalidade limitada)** – A empresa deve escolher a melhor opção

entre todas as que se configuram e persegui-la com base na estratégia empresarial. O processo decisório nas organizações, conforme a visão de March e Simon,[36] é orientado pelo princípio da racionalidade limitada, segundo o qual:

a. o processo decisório é dirigido pela busca de alternativas que sejam boas o bastante, em detrimento da busca pela melhor alternativa existente;
b. a escolha de uma alternativa implica a renúncia das demais alternativas e a criação de uma sequência de novas alternativas ao longo do tempo – entende-se a relatividade como um custo de oportunidade, que aponta também para a avaliação das alternativas preteridas;
c. uma decisão completamente racional iria requerer informações além da capacidade de coleta da empresa e um processamento de informações acima da capacidade de execução de seres humanos.

Insisto que a inovação está no centro do processo de criação de conhecimento organizacional, visto que este se cristaliza – de acordo com Choo[37] – na forma de novas habilidades e capacidades, novos produtos e serviços, aperfeiçoamento dos produtos e serviços existentes e redesenho de processos organizacionais. A criação do conhecimento se torna tangível através da inovação tecnológica (produtos, serviços e processos). Ao modelo de Choo sobre a criação do conhecimento organizacional, eu me permito acrescentar também a inovação no modelo de negócios (proposta de valor, cadeia de suprimentos e cliente-alvo). A interseção entre a inovação tecnológica e a inovação no modelo de negócios significa a criação de mais valor para a organização no campo da inovação estratégica, como veremos a seguir.

É minha opinião que a conceituação mais instigante de inovação estratégica no âmbito organizacional é a proposta por Nicholas M. Donofrio, ex-vice-presidente executivo de inovação e tecnologia da IBM. De acordo com Donofrio:[38]

> "[...] inovação é a criação de mais valor na interface entre TECNOLOGIA e MODELO DE NEGÓCIOS".

Em outras palavras, quando falamos em inovação, a perspectiva única de inovação tecnológica (produtos, serviços e processos) é limitada. Precisamos pensar em um modelo de inovação estratégica que equacione o dilema do crescimento organizacional pela contemplação de tecnologia e modelo de negócios. Davila et al.[39] sugerem que as organizações bem-sucedidas combinam mudanças em tecnologia com mudanças em modelos de negócio para criar inovação. Como veremos a seguir, tanto a inovação tecnológica quanto a inovação do modelo de negócios são descritas em termos de "alavancas de inovação".

2.2.4 Dê-me uma alavanca e moverei o mundo!

> *Dê-me uma alavanca e um ponto de apoio e moverei o mundo!*
> ARQUIMEDES DE SIRACUSA

Com vistas a permitir que os gestores façam a inovação funcionar, é imprescindível conhecer seis oportunidades de inovação que funcionam como alavancas de inovação. Antes, porém, peço-lhe que tenha em mente a definição de inovação situada na interface entre a tecnologia e os modelos de negócio de uma organização.

2.2.4.1 Alavancas da inovação

As seis alavancas da inovação são classificadas em alavancas tecnológicas e alavancas no modelo de negócios. A seguir, conceituo modelos de negócios e tecnologia, detalhando as três alavancas de inovação do modelo de negócios e as três alavancas de inovação da tecnologia.

De acordo com Casadesus-Masanell e Ricart,[40] **modelos de negócios** referem-se à lógica da firma e à maneira como ela opera e cria valor para seus *stakeholders*. Também digna de nota é a definição proposta por

Magretta (2010),* na qual os modelos de negócios são histórias que explicam como as organizações funcionam. Em várias das minhas palestras, desafio os presentes a entender modelos de negócio todas as vezes que adentram qualquer tipo de organização procurando compreender como aquela organização "ganha dinheiro". Osterwalder[41] afirma que um modelo de negócios se revela como um plano detalhado para a execução da estratégia, a partir de uma dada estrutura organizacional e buscando-se alinhamento organizacional entre processos, recursos e infraestrutura. Existem inúmeros tipos de modelos de negócios e as tipologias descritas por McGrath[42] e Osterwalder[43] serão retomadas mais adiante em nossa discussão sobre ferramentas para a inovação.

A definição de minha escolha é de que **modelos de negócios** podem ser definidos como a **forma como uma organização cria, entrega e captura valor.**[44] Três alavancas emergem desse conceito para fazer a inovação acontecer: proposta de valor (o quê?), cadeia de suprimentos (como?) e cliente-alvo (quem?):

(1) *Proposta de valor*: Que valor é criado e levado ao mercado? O que é vendido e lançado no mercado? Para Davila et al.,[45] a proposta de valor pode ser um produto ou serviço inteiramente novo ou uma ampliação/melhoria do que já existe. O creme dental Sensodyne tem uma proposta de valor inequívoca que é "promover o alívio da dor de dentes sensíveis". O atacadista Martins de Uberlândia, MG, um dos maiores da América Latina, enuncia sua proposta de valor nas palavras de seu fundador, Alair Martins do Nascimento: "Vendemos qualquer coisa, em qualquer quantidade e entregamos em qualquer lugar do Brasil". Já a gigante do varejo mundial Amazon há muito deixou de ser "a maior livraria do mundo" para se tornar a maior plataforma de qualquer coisa que você

---

* Magretta é categórica ao distinguir os conceitos de estratégia de modelo de negócio: "modelos de negócios descrevem como as partes de um negócio se encaixam, mas não respondem por uma dimensão crítica da performance: competição. Esse é o trabalho da estratégia".

desejar comprar – de mochilas escolares, livros e peças de motocicletas, até *streaming* de música e vídeos.

(2) *Cadeia de suprimentos*: Como o valor criado é levado ao mercado? Davila et al.[46] esclarecem que as mudanças na cadeia de suprimentos ocorrem normalmente nos bastidores e que tais mudanças são, na maior parte das vezes, imperceptíveis aos clientes. Caso você utilize um tablet como o iPad da Apple ou o Galaxy da Samsung, já deve ter se dado conta de que o produto em si não teria grande utilidade se você não pudesse ter acesso aos milhões de aplicativos criados para eles. No caso do iPad (uma inovação tecnológica de produto), a loja de aplicativos App Store é a grande inovação na cadeia de suprimentos, pois é nela que se entrega valor aos clientes a qualquer hora, em qualquer lugar (onde seja legalmente permitido) e a preços bastante competitivos (quando não gratuitos). Retomo o exemplo do atacadista Martins no qual o fundador entrega o valor criado em qualquer lugar de Brasil, em suas próprias palavras: "Entrego via caminhão, ônibus, avião, barco e até lombo de burro!". A criação de valor não tem utilidade alguma se o valor criado não puder ser levado ao cliente. Você consegue se lembrar de algum produto alimentício que tinha como favorito, mas não conseguia encontrar na prateleira dos supermercados que você frequenta?

(3) *Cliente-alvo*: A quem é repassado o valor? Para quem o valor é criado? Como atacar não consumo? Davila et al.[47] sugerem que as mudanças no item a quem se vende normalmente ocorrem quando a organização identifica um segmento de clientes ao qual nunca pretendeu direcionar seu marketing, vendas e programas de distribuição, dando-se conta de que tal segmento apresenta potencial interessante. Esses autores utilizam a barra de cereais que, em sua concepção e lançamento, tinha como alvo principal atletas e praticantes de esportes radicais. Eu acrescento que, com o passar do tempo, os fabricantes das

barras de cereais se preocuparam em atacar não consumo ao se perguntarem: "Quem ainda não consome nosso produto e de que forma poderia vir a fazê-lo?". Eis que entramos nós, "os atletas de escritório", como um dos grandes grupos consumidores das barras de cereais. Em um workshop para o Instituto Brasileiro do Vinho (Ibravin) em Bento Gonçalves, RS, levei os participantes a refletir (e prototipar) acerca do ataque ao não consumo quando o assunto era o espumante e o suco de uva brasileiros. Como poderíamos estender o consumo do espumante para a população com menor poder aquisitivo? Como aumentar o consumo do saudável suco de uva nas escolas brasileiras e atacar os refrigerantes calóricos? O workshop me permitiu também aprender mais acerca do tema da "experiência do cliente",* que também abordaremos neste livro.

Quanto à **inovação tecnológica**, Davila et al.[48] apesentam duas distinções relevantes: (1) há momentos em que novas tecnologias representam a parte mais importante de uma inovação e (2) também há momentos nos quais a tecnologia embarcada em um produto ou serviço é imperceptível aos olhos dos consumidores. Sempre relato a dificuldade de gestores e executivos ao tentarem definir/conceituar a inovação. Poucos trazem conceitos embasados e – entre os que conhecem um pouco o tema – a grande maioria reduz o conceito de inovação à tecnologia e não consegue ir além de produtos e serviços. Davila et al. seguem afirmando que a mudança de tecnologia pode ser o combustível da inovação em três formas diferentes, as outras três alavancas da inovação:

(1) *Produtos e serviços*: Lançamento de novos produtos e serviços ou melhoria de produtos e serviços existentes são inovações tecnológicas às quais nos acostumamos. Davila et

---

* Confesso que a primeira vez que me peguei pensando em modelo de negócios remonta ao ano de 1985. Era intercambista nos Estados Unidos e meu "pai americano", Kenneth William Fish, me levou para comer o cachorro-quente mais caro da minha vida em uma loja chamada Hot Dog on a Stick.

al. acrescentam que "a inovação em produtos vem à mente porque rapidamente se traduz em uma funcionalidade que o cliente tem condições de atribuir valor e preço".[49] Quantos leitores acompanham os lançamentos de produtos e serviços de alta tecnologia embarcada, como os smartphones da Apple, automóveis da Tesla e medicamentos como o Viagra e a Finasterida? Inovações de serviços estão embutidas nos aplicativos de seu smartphone, como os das companhias aéreas para realizar check-ins antecipados ou dos bancos que permitem não apenas consultas mas também transações e aplicações financeiras.* Eu chamo a sua atenção para uma grande quantidade de inovações tecnológicas oriundas do setor público no Brasil. Aqui no Brasil, não obstante as dificuldades que enfrentamos como cidadãos quanto à qualidade dos serviços públicos, nos utilizamos de inovações que tornam a nossa vida mais fácil, simples, barata e conveniente. Pense na Receita Federal e em uma série de inovações como a declaração de imposto de renda pela internet, a consulta de CPF por aplicativos de smartphone, além de um número expressivo de serviços on-line para empresas como serviços aduaneiros, certidões, situação fiscal, declarações e demonstrativos. Um dos serviços que mais utilizo para minha empresa é o atendimento virtual pelo Portal e-CAC. Já parou para pensar nos desafios do Tribunal Superior Eleitoral com as eleições brasileiras, as urnas virtuais e resultados de eleições em poucas horas depois do encerramento do horário de votação? Por fim, pense também nos centros integrados de atendimento ao cidadão onde se pode – em um único lugar – acessar uma variedade de serviços, como passaporte, carteira de identidade, carteira profissional, serviços do Detran. Tal iniciativa no estado de Minas Gerais se denominava Posto de Serviços Urbanos Integrados (Psiu) e agora é denominado Unidade de Atendimento Integrado (Uai). Em

---

* Fintech é tema de grande interesse e aplicação no Brasil. Fintech é termo utilizado no emprego de inovações tecnológicas para a entrega de serviços financeiros.

outros estados, a denominação é diferente para o mesmo conceito de oferta integrada de serviços públicos (em Brasília, a iniciativa é denominada "Na Hora".)

(2) *Processos tecnológicos:* As mudanças em processos tecnológicos são praticamente imperceptíveis aos olhos dos clientes, mas Davila et al.[50] acrescentam que são vitais para a posição competitiva de um produto ou serviço. Os bancos brasileiros talvez estejam entre os maiores inovadores de processos do mundo. Você por acaso se lembra da experiência de pagar uma conta em uma agência bancária brasileira nos anos 1980? Filas desanimadoras, dezenas de caixas, morosidade, greves e muita irritação entre os envolvidos. O redesenho radical de processos e o uso intensivo de tecnologias de informação simplificaram o processo ao ponto de podermos hoje pagar nossas contas pelos aplicativos dos bancos em nossos computadores e smartphones em horários nos quais normalmente não há mais ninguém nas agências físicas dos bancos. Processos tecnológicos são exemplificados também por Davila et al. em tecnologias de processamento de alimentos, produção de automóveis e refinamento de petróleo, entre outros.

(3) *Tecnologias capacitadoras:* Tecnologias capacitadoras são, na verdade, tecnologias de informação e tecnologias para engenharia de produção. Via de regra, as tecnologias de informação não alteram a funcionalidade do produto, serviço ou processo, mas conferem maior rapidez e tempo de alavancagem.[51] Empresas como Apple, Bradesco, Receita Federal do Brasil, Amazon, Atacadista Martins e Walmart são organizações que se utilizam de tecnologia de informação para a integração de suas cadeias de valor.

A Figura 14 a seguir ilustra a inovação estratégica na interseção entre modelos de negócio e tecnologia, listando suas seis alavancas de inovação.

FIGURA 14 – Inovação estratégica: 6 alavancas de inovação na interface entre tecnologia e modelo de negócios

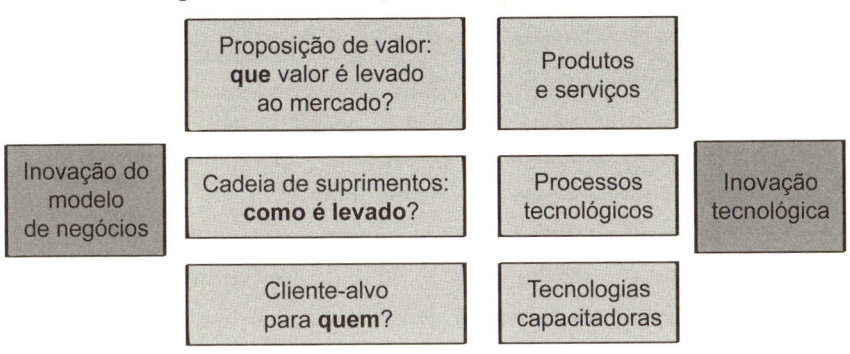

```
                  ┌─────────────────┐    ┌─────────────┐
                  │ Proposição de   │    │  Produtos   │
                  │ valor: que valor│    │ e serviços  │
                  │ é levado ao     │    │             │
                  │ mercado?        │    │             │
                  └─────────────────┘    └─────────────┘
┌──────────────┐  ┌─────────────────┐    ┌─────────────┐  ┌──────────────┐
│ Inovação do  │  │ Cadeia de       │    │ Processos   │  │  Inovação    │
│   modelo     │  │ suprimentos:    │    │tecnológicos │  │ tecnológica  │
│ de negócios  │  │ como é levado?  │    │             │  │              │
└──────────────┘  └─────────────────┘    └─────────────┘  └──────────────┘
                  ┌─────────────────┐    ┌─────────────┐
                  │  Cliente-alvo   │    │ Tecnologias │
                  │   para quem?    │    │capacitadoras│
                  └─────────────────┘    └─────────────┘
```

Fonte: adaptado de Davila et al. (2007)

Sugiro que utilize o modelo anterior para refletir acerca do impacto pretendido por suas inovações, considerando a inserção/integração entre a tecnologia e o(s) modelo(s) de negócios. Não afirmo, em hipótese alguma, que uma inovação em uma única alavanca – apenas de produto – não seja relevante. Chamo a atenção para o fato de que a criação de valor de alto impacto se dá ao posicionar a inovação pretendida utilizando-se mais de uma alavanca em ambos os lados: tecnologia e modelo de negócios. Ilustro minha colocação com o exemplo do iPod da Apple. Quando do seu lançamento, o iPod era apenas mais um MP3 Player entre as muitas marcas ofertadas no mercado. Em outras palavras, uma inovação tecnológica apenas na alavanca produto. Para efeitos de simplificação didática, foi só a partir do lançamento da Itunes Store que acontece a combinação de duas alavancas no modelo supracitado: uma inovação de produto (tecnológica) associada à uma inovação na cadeia de suprimentos (modelo de negócios). Compreendidos os conceitos de inovação estratégica e alavancas da inovação, segue-se a introdução da "matriz da inovação".

2.2.4.2 Matriz da inovação

A matriz da inovação é um importante constructo de Davila et al.,[52] visto que ela integra tecnologia e modelos de negócio aos três tipos de inovação denominados (1) incremental, (2) radical e (3) semirradical. Os dois primeiros – inovação incremental e inovação radical – são os tipos de inovação mais comumente citados na literatura de inovação e retomo aqui tais conceitos:

(1) Inovação incremental: É aquela que leva a melhorias moderadas nos produtos e processos de negócios em vigor. Trata-se da forma predominante de inovação na grande maioria das empresas e **recebe mais de 80% do investimento total das empresas em inovação**. Não se esqueça de que a melhoria contínua é uma forma importante de inovação incremental. Considero a inovação incremental e a melhoria contínua como os tipos mais importantes de inovação em uma organização.

(2) Inovação radical: Trata-se de um conjunto de novos produtos e/ou serviços fornecidos de maneira inteiramente novas ou, nas palavras de Tigre, "um salto descontinuo na tecnologia de produtos e processos".[53] Davila et al.[54] sustentam que a inovação radical rompe as trajetórias existentes inaugurando uma nova rota tecnológica, tendo o potencial de reescrever as regras da competição.

Importante lembrar que os conceitos de "tecnologias incrementais" e "tecnologias de ruptura" (ou disruptivas, termo "popularizado" no Brasil e no mundo) não se configuram como sinônimos *ipsis litteris* para os conceitos de inovação incremental e inovação radical. Em *O dilema da inovação*: quando as novas tecnologias levam empresas ao fracasso, Christensen estabelece tais distinções:[55]

(1) tecnologias incrementais têm em comum o efeito de melhorar o desempenho de produtos estabelecidos, juntos com as dimensões de desempenho que os clientes mais valorizam;

(2) as tecnologias de ruptura são inovações que resultam inicialmente em pior desempenho de produtos, mas trazem ao

mercado uma proposição de valor muito diferente da existente até então – são mais baratos, mais simples, menores e mais convenientes de usar.*

Para que se possa entender o terceiro tipo de inovação, denominado "semirradical", é preciso explorar o que Davila et al.[56] denominam "matriz da inovação" (Figura 15) e "alavancas para os três tipos de inovação" (Figura 16). Observe que os conceitos dos três tipos de inovação (incremental, semirradical e radical) só fazem sentido quando encaixados na matriz da inovação (Figura 15):

FIGURA 15 – Matriz da inovação

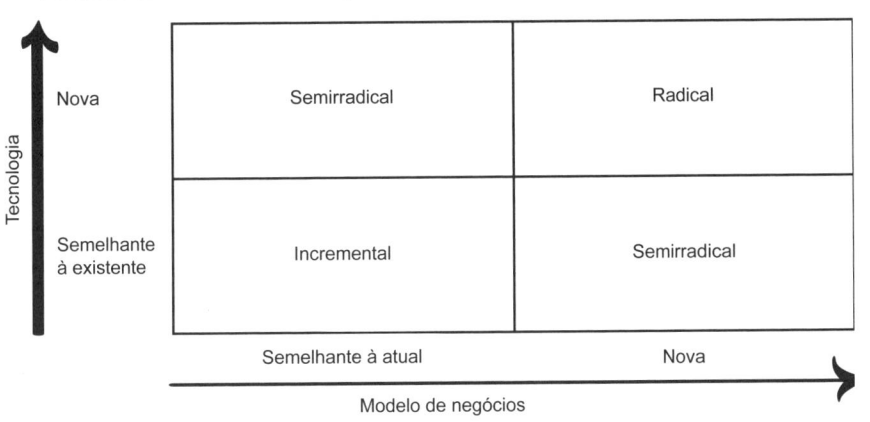

Tecnologia		
Nova	Semirradical	Radical
Semelhante à existente	Incremental	Semirradical
	Semelhante à atual	Nova
	Modelo de negócios	

Fonte: Davila et al. (2007)

- Inovação incremental: Resultante da interseção entre uma tecnologia semelhante à já existente com um modelo de negócios semelhante ao atual. Davila et al. afirmam que não se trata de fator menor na equação da inovação, mas fundamental para fornecer

---

* Nessa obra, Christensen apresenta seu "framework do fracasso", formado por (1) tecnologias incrementais *versus* tecnologias de ruptura, (2) trajetórias da necessidade de mercado *versus* melhoria da tecnologia, (3) tecnologias de ruptura *versus* investimentos racionais. É leitura indispensável para qualquer interessado no tema da inovação, listado entre os seis livros de negócios mais importantes dos últimos cinquenta anos pelo *The Economist* em julho de 2011.

proteção em relação à corrosão causada pela concorrência que pode se traduzir na redução de *market share* e/ou lucratividade.

- Inovação radical: Resultante da interseção entre uma tecnologia nova e um novo modelo de negócios. Davila et al. definem a inovação radical como uma mudança significativa que afeta simultaneamente tanto o modelo de negócios quanto a tecnologia de uma empresa. Elas normalmente significam mudanças no cenário competitivo de um setor ou indústria.*

- Inovação semirradical: Para Davila et al., a inovação semirradical envolve mudança substancial ou no modelo de negócios ou na tecnologia de uma organização – mas não em ambas. Explico: pode ser resultante da interseção entre uma tecnologia semelhante à existente em um novo modelo de negócios (uma inovação semirradical no modelo de negócios) ou resultante de uma nova tecnologia em um modelo de negócios existente (uma inovação semirradical na tecnologia).

A Figura 16 ilustra as seis alavancas para os três tipos inovação:

FIGURA 16 – As alavancas para os três tipos de inovação

Alavancas / Tipos de inovação	Alavancas do modelo de negócios			Alavancas tecnológicas		
	Proposição de valor	Cadeia de valor	Cliente-alvo	Produtos e serviços	Tecnologias de processos	Tecnologia capacitadora
Incrementais	Mudanças pequenas em uma ou mais das seis alavancas					
Semirradicais Orientadas por modelo de negócio	Mudança significativa em uma ou mais das três alavancas			Mudanças pequenas em uma ou mais das três alavancas		
Semirradicais Orientadas por tecnologia	Mudança pequena em uma ou mais das três alavancas			Mudança significativa em uma ou mais das três alavancas		
Radicais	Mudança significativa em uma ou mais das três alavancas			Mudança significativa em uma ou mais das três alavancas		

Fonte: Davila et al. (2007)

---

* A Shell Oil e outras organizações as definem como "Game Changers" ou TPF's (tecnologias portadoras de futuro).

Eu sempre me interessei por tipologias de inovação e classificações de tipos que fossem além dos tipos tradicionais de incremental e radical. Alguns autores ultrapassam tal classificação tradicional com o objetivo de enriquecer o debate, fornecer mais especificidade e até mesmo para a análise da concorrência. Interessante apresentar tipologias alternativas – como o modelo dos "Dez Tipos de Inovação (10 TI)" – para aumentar o repertório dos gestores interessados. De acordo com seus autores, o modelo 10 TI

> é simples e intuitivo. É uma ferramenta útil que pode ser utilizada para diagnosticar e enriquecer a inovação na qual você esteja trabalhando ou para analisar a concorrência existente. Esse modelo facilita a identificação precisa de **erros de omissão** – a omissão de dimensões que tornarão o conceito mais consistente. [...] não se trata de um cronograma de processo, nem de uma sequência ou hierarquia entre os tipos. Qualquer apresentação entre os tipos pode se apresentar em uma inovação e, como ponto de partida, os inovadores podem focalizar qualquer tipo presente nessa estrutura.[57]

Keeley et al.[58] organizaram a estrutura 10 TI em três categorias (Quadro 7) denominadas (a) configuração, (b) oferta e (c) experiência. Cada uma das três categorias apresenta tipos diferentes de inovações totalizando dez tipos diferentes, a saber:

a. Configuração: inovações concentradas nos trabalhos mais internos de um empreendimento e seu sistema de negócio

   (1) modelo de lucro
   (2) rede
   (3) estrutura
   (4) processo

b. Oferta: inovações concentradas em um produto ou serviço central de um empreendimento ou em um conjunto de produtos e serviços

(5) desempenho de produto
(6) sistema de produto

c. Experiência: inovações concentradas nos elementos de um empreendimento e seus sistemas de negócio que estão voltados para o cliente

(7) Serviços
(8) Canal
(9) Marca
(10) Envolvimento com o cliente

O Quadro 7 a seguir apresenta uma síntese de cada um dos dez tipos de inovações com exemplos para facilitar o entendimento, observando as recomendações de alguns pontos de análise feitas por Keeley et al.:[59]
- Os tipos do lado esquerdo desse modelo (configuração) são os mais enfatizados internamente e os que estão mais distantes do cliente.
- À medida que você se move para a direita (oferta e experiência), os tipos se tornam cada mais nítidos e óbvios para os usuários finais.
- Utilizando uma comparação com o teatro, o lado esquerdo da estrutura representa os bastidores ao passo que o direito representa o palco.

QUADRO 7 – O modelo dos Dez Tipos de Inovação (10 TI)

CONFIGURAÇÃO:	OFERTA:	EXPERIÊNCIA:
(1) MODELO DE LUCRO: Cria-se uma base instalada vendendo o componente permanente do sistema por um custo baixo (ou mesmo com algum prejuízo) e então desfruta-se das receitas recorrentes vendendo os componentes descartáveis por um preço especial e recompensador. Ex.: Aparelhos e lâminas de barbear, impressoras e cartuchos.	**(5) DESEMPENHO DE PRODUTO:** Abrange o valor, os atributos e a qualidade do que uma empresa oferece; envolve produtos totalmente novos e também atualizações e extensões de linha que agregam considerável valor. Exemplos são a simplificação (para facilitar o uso de determinado produto), sustentabilidade (para oferecer produtos que não prejudiquem o meio ambiente) ou customização (para adaptar um produto a especificações individuais).	**(7) SERVIÇOS:** Garantem e aumentam a utilidade, o desempenho e o valor aparente de um produto ou serviço; tornam um produto (serviço) mais fácil de experimentar, usar e apreciar; revelam atributos e funcionalidades que os clientes de outra forma ignorariam. Ex.: Os treinamentos gratuitos oferecidos aos compradores nas lojas físicas da Apple.

CONFIGURAÇÃO:	OFERTA:	EXPERIÊNCIA:
(2) REDE: Alternativa para as empresas tirarem proveito dos processos, tecnologias, produtos, serviços, canais e marcas de outras empresas. Ex.: Estratégia de inovação aberta da Natura através de parcerias com diversas universidades brasileiras.	**(6) SISTEMA DE PRODUTO:** Fundamental em ideias para associar ou agrupar determinados produtos e serviços a fim de criar um sistema robusto e escalonável; estimulado pela interoperabilidade, integração e outras formas de criar conexões valiosas entre produtos e serviços; criam ecossistemas. Ex.: Microsoft Office.	**(8) CANAL:** Engloba todas as formas pelas quais você conecta os produtos e serviços da empresa com seus clientes e usuários. Ex.: O Kindle da Amazon com o serviço "on-demand whispernet" que permite o download imediato do livro comprado em alguns segundos.
(3) ESTRUTURA: Concentra-se na organização dos ativos de uma empresa de formas exclusivas que possibilitem agregar valor, sendo particularmente difíceis de serem copiadas. Ex.: A Gol Linhas Aéreas utiliza majoritariamente aeronaves Boeing 737 com vistas à redução de custos de serviços e otimização de operações.		**(9) MARCA:** Ajuda a garantir que os clientes e usuários reconheçam, lembrem-se e optem por seu produto e/ou serviço em detrimento daqueles oferecidos pelos concorrentes ou de substitutos. Inovações de marca podem transformar commodities em produtos premiados. Exemplos de inovação de marca são a Intel, fabricante de processadores de computadores, e o café colombiano Juan Valdéz.
(4) PROCESSO: Envolve as atividades e as operações que produzem os principais produtos ou serviços oferecidos por uma empresa. A produção enxuta (*lean*), por meio da qual gestores reduzem as perdas e os custos em todo o sistema, é um exemplo famoso de inovação de processo, além da padronização de processos e análise preditiva. A Localiza Hertz criou o Localiza Fast, que permite que seus clientes aluguem um carro sem passar pelo balcão de atendimento.		**(10) ENVOLVIMENTO COM O CLIENTE:** Refere-se à interpretação das aspirações enraizadas dos clientes e usuários e à utilização das constatações decorrentes para desenvolver conexões significativas entre elas e a sua empresa. A fábrica de baterias Drum Workshop (DW) redefiniu o mercado de instrumentos musicais exclusivos ao compreender em profundidade as aspirações dos bateristas mais influentes do mundo. Infelizmente eu não fui um dos entrevistados.

Fonte: adaptado de Keeley et al. (2013)

A partir de inúmeras possibilidades e tipos de inovação, você já deve estar se perguntando sobre a questão estratégica da alocação de escassos recursos em um portfólio de inovação. Quanto investir em cada um dos tipos de inovação, sejam eles classificados em incrementais, semirradicais e radicais, ou até mesmo no Modelo dos Dez Tipos de Inovação? Como construir um portfólio de inovação conectado aos melhores interesses expressos na estratégia organizacional? Para os interesses atinentes ao portfólio de inovação, quais conceitos emergentes preciso também considerar?

2.2.4.3 Portfólio de inovação e (outros) conceitos emergentes

Em sala de aula ou consultorias, depois de discutir os tipos de inovação, a pergunta que não quer calar por parte dos participantes é sobre quanto investir em cada um dos três tipos de inovação mais comumente utilizados (incremental, semirradical e radical). Já antecipei que 80% ou um pouco mais de todos os investimentos em inovação destinam-se à primeira fatia composta por inovações incrementais e melhoria contínua. Uma vez mais, não há regra universal nem receita de bolo. Tudo depende! Depende da indústria ou setor no qual uma organização se insere e seu contexto, da tecnologia, do nível de mudanças experimentado e da concorrência, entre inúmeros outros fatores. A regra dos 80% é um bom ponto de partida para suas reflexões. Se você já alocou 80% em inovações incrementais, restam apenas 20% dos recursos para serem alocados entre inovações semirradicais e radicais. Eis que seu experimento de alocação de recursos começa garantindo o presente e tentando estabelecer caminhos para o futuro. Terminadas essas colocações, há sempre um participante que insiste de forma sempre muito bem-humorada: "Então tá, entendi, professor, mas quanto em cada?". Ao que eu respondo: "O risco dessa decisão é seu, a empresa é sua! Coloque 80%–10%–10% ou quem sabe 80%–15%–5% respectivamente em incrementais, semirradicais e radicais".

Um trabalho que ilumina o debate acima foi produzido por Nagji e Tuff [60] e versa sobre a gestão do portfólio de inovação de uma empresa. Os autores desenvolveram uma "Matriz de ambição de inovação" (Figura 17) baseada nos trabalhos clássicos de Igor Ansoff sobre estratégia e alocação de recursos.

FIGURA 17 – Matriz da ambição de inovação

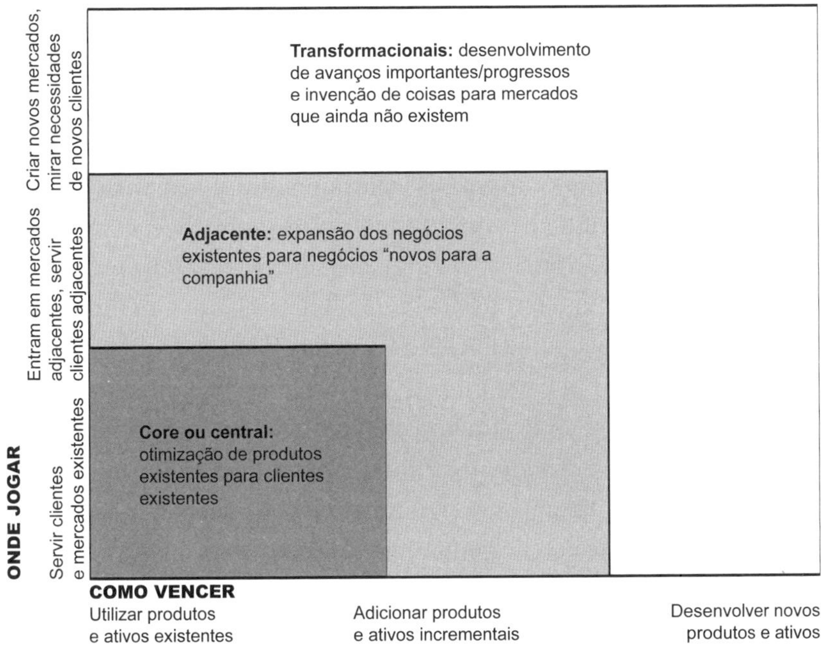

ONDE JOGAR	Criar novos mercados, mirar necessidades de novos clientes	**Transformacionais:** desenvolvimento de avanços importantes/progressos e invenção de coisas para mercados que ainda não existem	
	Entram em mercados adjacentes, servir clientes adjacentes	**Adjacente:** expansão dos negócios existentes para negócios "novos para a companhia"	
	Servir clientes e mercados existentes	**Core ou central:** otimização de produtos existentes para clientes existentes	
COMO VENCER	Utilizar produtos e ativos existentes	Adicionar produtos e ativos incrementais	Desenvolver novos produtos e ativos

Fonte: adaptado Nagji e Tuff (2012)

As organizações que obtêm sucesso na gestão de seus portfólios de inovações gerenciam simultaneamente investimentos em três níveis de ambição:

(1) *core* ou central: otimização de produtos existentes para clientes existentes;

(2) adjacente: expansão dos negócios existentes para negócios "novos para a companhia";

(3) transformacionais: desenvolvimento de avanços importantes/progressos e invenção de coisas para mercados que ainda não existem.

A análise desses autores revela que a alocação de recursos na lógica 70-20-10 (central 70%, adjacente 20% e transformacional 10%) é um bom ponto de partida para a discussão. Contudo, conforme afirmei anteriormente, não há um número mágico: 80-15-5 ou 70-20-10 são sugestões para ajudar gestores a pensar sobre o risco que incorrem na alocação de seus escassos recursos para a inovação. O que fazer? Experimentar e aprender, e mãos à obra!

Nas discussões sobre estratégia de inovação e alocações de recursos/investimentos, é inevitável não responder a perguntas sobre conceitos emergentes no campo da inovação estratégica e, entre eles, os mais comuns se referem a (1) inovação aberta e (2) *start-ups*.

Inovação aberta é um termo cunhado por Henry Chesbrough, professor da Escola de Negócios da Universidade da Califórnia. A ideia central da obra homônima de Chesbrough[61] é de que no mundo no qual os conhecimentos e a inovação são continuamente produzidos e amplamente distribuídos, as organizações não podem contar mais apenas com suas próprias pesquisas ou centros de P&D. Fontes externas devem incluir concorrentes, outras organizações, clientes e instituições acadêmicas e de pesquisa. A organização envolvida com a inovação aberta atua em via de mão dupla, comprando e licenciando de outras organizações, levadas ao ambiente externos via licenciamentos, joint ventures* e *spin-offs*. Já discutimos aqui esse conceito ao citar empresas como InnoCentive e Intellectual Ventures. Assim sendo, a inovação aberta deve fazer parte da estratégia de inovação de uma organização, e Chesbrough[62] elucida os contrastes entre a inovação aberta e a inovação fechada no Quadro 8 a seguir.

Quanto às *start-ups*, confesso que meus primeiros contatos com o termo aconteceram nos anos 1990 ao mergulhar na literatura sobre estrutura e design organizacional. Conforme relatado anteriormente, sempre utilizei em sala de aula o método de casos de Harvard como uma das muitas metodologias ativas que tornavam o ambiente de aprendizado mais estimulante, criativo e engajador. Um dos casos mais populares

---

* Empreendimento conjunto entre duas ou mais empresas com vistas a estabelecer parceria comercial ou aliança para explorar novas oportunidades/negócios.

QUADRO 8 – Princípios contrastantes de inovação fechada e aberta

Inovação-fechada	Inovação-aberta
Os melhores talentos em nosso campo trabalham com a gente.	Nem todos os talentos trabalham conosco, assim devemos encontrar e reter o conhecimento e a expertise de indivíduos brilhantes de fora de nossa organização.
Para lucrar com P&D, devemos conceber, desenvolver e comercializar.	P&D externo pode criar o valor significativo; P&D interno é necessário para reivindicar alguma parcela desse valor.
Se descobrirmos uma inovação, conseguiremos introduzir no mercado primeiramente.	Não temos que originar a pesquisa afim de lucrar com ela.
Se somos os primeiros a comercializar uma inovação, nós venceremos.	Construir um modelo de negócio melhor é melhor do que conseguindo introduzir no mercado primeiramente.
Se criamos mais e melhores ideias do que outros competidores na indústria, nós venceremos.	Se fizermos o melhor uso de ideias internas e externas, nós venceremos.
Devemos controlar nossa propriedade intelectual de modo que nossos concorrentes não lucrem com nossas ideias.	Devemos lucrar com o uso da nossa propriedade intelectual por outros, e devemos comprar a propriedade intelectual de outros sempre que gerar vantagem para o nosso próprio modelo de negócio.

Fonte: Chesbrough (2003)

entre os alunos – também já citado – era o estudo de caso da empresa japonesa DoCoMo. No caso em questão, os alunos deveriam pensar sobre a estrutura do negócio nascente da telefonia móvel e dados no contexto de uma empresa centenária de telecomunicações. A maior parte dos grupos de alunos, colocando-se no lugar do CEO da empresa perante o conselho de administração, sugeria um *spin-off* ou uma *start-up* como a solução mais plausível para o problema apresentado no caso.

Talvez o livro mais conhecido sobre o tema das *start-ups* seja de Eric Ries intitulado *A start-up enxuta: como os empreendedores atuais utilizam a inovação contínua para criar empresas bem-sucedidas*. Nessa obra, Ries apresenta a seguinte definição de *start-up*:

> Uma *start-up* é uma instituição humana projetada para criar novos produtos e serviços sob condições de extrema incerteza. [...] uma *start-up* enxuta é um conjunto de práticas para ajudar os empreendedores a aumentar suas chances de desenvolver uma *start-up* de sucesso.[63]

Quando ocupei a presidência da HSM Educação Executiva, tive a oportunidade de observar Eric Ries em um workshop para empreendedores dos mais diversos tipos. O tema das *start-ups* se popularizou no Brasil e os termos "*pitch*"* e "*start-ups* unicórnios"** são recorrentes na cena da *start-up* enxuta do Brasil. A metodologia utilizada por Eric Ries no workshop segue à risca os passos descritos em seu livro, baseado em aprendizado validado por meio de experimentos frequentes e o modelo construir-medir-aprender.*** Conceitos como "atos de fé", "MVP" ("produto mínimo viável", da sigla em inglês para "*minimum viable product*") e "prototipação" utilizados por Ries[64] serão discutidos nas linhas a seguir a partir da síntese proposta por Blank.[65]

Blank sugere que o conceito da *start-up* enxuta muda tudo, e esse autor fornece um novo modelo ao combinar a *lean start-up* com outras tendências de modelos. Em vez de planos de negócios, operações secretas e lançamento de protótipos totalmente funcionais, novos empreendedores testam suas hipóteses ao coletar feedbacks iniciais e frequentes e construindo produtos mínimos viáveis.

As técnicas da *lean start-up* se mostram bastante úteis no difícil processo de alocação de recursos, minimizando custos e reduzindo as taxas de fracassos de novos empreendimentos. Blank advoga que na fase do desenvolvimento de clientes, uma *start-up* está em busca de um modelo de negócios que funciona. Caso o feedback dos clientes revele que as hipóteses de negócio estão erradas, o empreendedor pode pivotar ou optar por revisar e corrigir suas hipóteses originais. Se o modelo se provar, inicia-se a fase de execução e construção formal da organização: "cada fase do desenvolvimento do cliente é iterativa: uma *start-up* fracassará várias vezes antes de encontrar a abordagem correta".[66]

---

* *Pitch* é um discurso de vendas, uma curta apresentação de no máximo 5 minutos com vistas a despertar interesse de um investidor ou cliente pelo seu produto ou negócio. *Pitchs* foram popularizados pelo programa de TV norte-americano denominado *Shark Tank*.

** Embora não haja ainda um conceito amplo, consideraremos empresas unicórnio aquelas cujas avaliações de preço de mercado superam 1 bilhão de dólares antes de se abrir seu capital em bolsa de valores. Artigo de *O Globo* afirma que o Brasil ainda não conhece seu primeiro unicórnio, mas empresas como 99 Táxis, Nubank e iFood estariam bem próximas da marca. Fonte: <https://oglobo.globo.com/economia/saiba-que-sao-start-ups--unicornio-descubra-dez-empresas-representantes-21912269>. Acesso em: nov. 2017.

*** Um bom complemento para esse método é o livro de Steven G. Blank *The Four Steps to the Epiphany: sucessful strategies for products thst win*. A segunda edição da obra está disponível para download gratuito em <https://web.stanford.edu/group/e145/cgi-bin/winter/drupal/upload/handouts/Four_Steps.pdf>.

O modelo de Blank (2013) reúne uma compilação de várias propostas – suas e de outros autores, como Eric Ries e Alexander Osterwalder – e é ilustrado na Figura 18 a seguir.

FIGURA 18 – Por que a *lean start-up* muda tudo: ouça os clientes

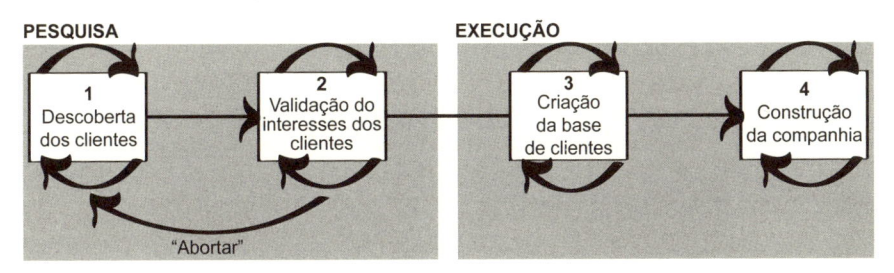

Fonte: adaptado de Blank (2013)

(1) **Descoberta dos clientes**: Empreendedores traduzem suas ideias em hipóteses de modelos de negócios, testam essas hipóteses acerca das necessidades dos clientes e então criam seu MVP ou produto mínimo viável para testar suas soluções com clientes do mundo real.

(2) **Validação do interesse dos clientes:** *Start-ups* continuam testando todas as demais hipóteses e tentam validar o interesse dos clientes por meio de pedidos antecipados ou utilização do produto. Caso não haja interesse por partes dos clientes, pode-se pivotar (criam-se regras de desengajamento) ou refinar para se tentar novamente.

(3) **Criação da base de clientes:** O produto já se encontra suficientemente refinado a ponto de já poder ser colocado à venda. Utilizando as hipóteses confirmadas, a *start-up* desenvolve demanda ao rapidamente antecipar seus gastos de marketing e venda, escalando o negócio.

(4) **Construção da companhia:** O negócio faz a transição do modo *start-up* – com um time de desenvolvimento de

clientes em busca de respostas – para departamentos funcionais executando seus modelos.

Blank oferece uma comparação entre a *start-up* enxuta e o modo tradicional utilizado pelas empresas (Quadro 9):

QUADRO 9 – O que as *start-ups* enxutas fazem de diferente

	***Start-up* enxuta**	**Empresas tradicionais**
Estratégia	- modelo de negócios - dirigido por hipóteses	- plano de negócios - dirigido pela implementação
NDP – desenvolvimento de novos produtos	- desenvolvimento de clientes, cocriação - saia do escritório e teste hipóteses!	- gerenciamento de produto - preparação de oferta para o mercado segue plano linear e detalhado passo a passo
Fracasso	- esperado - tolerância a erros honestos - refine e conserte pela iteração de ideias e feedbacks, pivote das que não funcionam	- exceção - corrija demitindo executivos
Velocidade	- rápido - opera com dados satisfatórios, bons o suficiente	- mensurada - opera com dados completos

Fonte: adaptado de Blank (2013)

É equivocada a ideia de que o método da *start-up* enxuta opera apenas em novas empresas de tecnologia, já que grandes organizações vêm também se beneficiando da metodologia/processo. A Figura 19 representa o processo de desenvolvimento rápido e responsivo da *start-up* enxuta, explicado por Blank:

> Em contraste ao processo tradicional de desenvolvimento de produtos, no qual cada etapa ocorre em ordem linear e dura meses, o desenvolvimento ágil constrói produtos em ciclos curtos e repetidos. Uma *start-up* produz um MVP – produto mínimo viável

– contendo apenas as caraterísticas críticas e essenciais, coleta feedback dos clientes, e então recomeça com um revisado produto mínimo viável.[67]

FIGURA 19 – O desenvolvimento de produtos rápido e responsivo da lean *start-up*

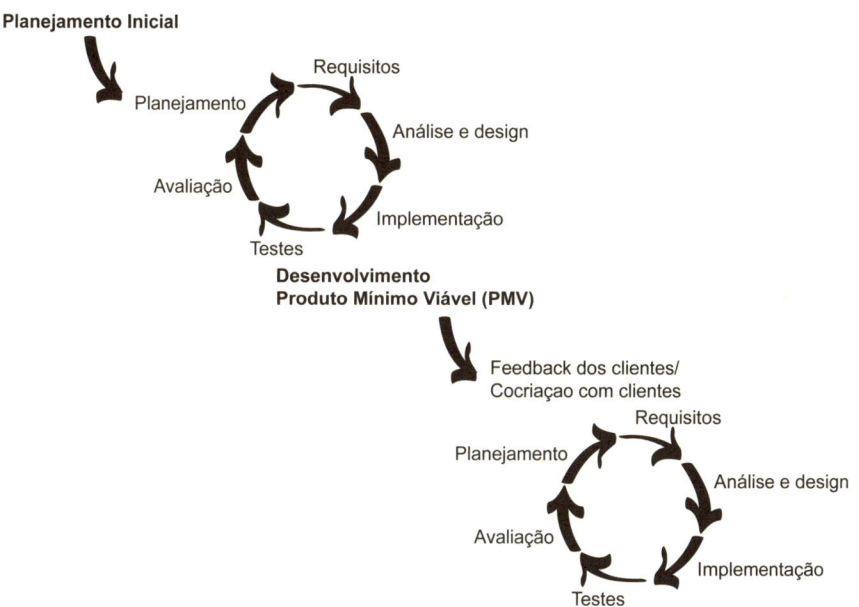

Planejamento Inicial

- Planejamento
- Requisitos
- Análise e design
- Implementação
- Testes
- Avaliação

Desenvolvimento Produto Mínimo Viável (PMV)

Feedback dos clientes/ Cocriaçao com clientes

- Planejamento
- Requisitos
- Análise e design
- Implementação
- Testes
- Avaliação

Fonte: adaptado de Blank, 2013

Uma vez discutidos os aspectos estratégicos da inovação, apresentarei no capítulo seguinte minhas reflexões e aprendizados sobre a execução da inovação estratégica em organizações.

> *Takeaways* do leitor
>
> – Estratégia diz respeito aos aspectos de uma organização no que tange à competição, escolhas e renúncias. Ela é tanto deliberada quanto emergente, demandando concentração orgânica de recursos e comprometimento com certo(s) curso(s) de ação e alocação de recursos.

– A estratégia está associada a um conjunto de questões relevantes como (1) fronteiras da empresa, (2) análise de mercados e da concorrência, (3) posicionamento e dinâmica, bem como (4) organização interna. A dinâmica do crescimento organizacional é de fundamental importância na formulação estratégica, sendo a inovação a mola propulsora do crescimento vislumbrado na estratégia.

– Estratégias são tanto deliberadas quanto emergentes.

– Planejamento estratégico e estratégia não são sinônimos. Planejamento estratégico é apenas uma das formas de se pensar – e formular – a estratégia. Existem dez escolas de pensamento estratégico sob a égide de três agrupamentos distintos.

– Organizações ambidestras são organizações dialéticas que buscam ao mesmo tempo (1) eficiência operacional/melhoria contínua e (2) inovação radical, experimentação e risco. Tal conceito é fundamental para a estratégia de inovação de uma organização.

– Uma das questões fundamentais da estratégia é a relação de uma organização com o ambiente no qual ela se insere e opera. Tal processo é denominado "construção de sentido" (*sensemaking*) e – em conjunto com a ambidestria organizacional – quatro modos de interpretação do ambiente vêm à tona. Entre os quatro, os modos de descoberta (*discovery*) e representação (*enactment*) conferem uma visão sistêmica e integrada à inovação estratégica organizacional.

– No modelo de inovação estratégica proposto neste livro, inovação estratégica significa a criação de mais valor na interface entre a tecnologia e o modelo de negócios. Seis alavancas nos permitem fazer a inovação acontecer, sendo três no(s) modelo(s) de negócios (proposta de valor, cadeia de suprimentos, cliente-alvo) e três na tecnologia (produtos e serviços, processos, tecnologias capacitadoras). A Matriz da Inovação integra as alavancas aos três tipos mais comuns de inovação citados na literatura (incremental, semirradical e radical).

– Além dos três tipos de inovação mais comumente citados, é preciso ir além para se conhecer outras tipologias que propiciem formas alternativas de análise. Uma tipologia alternativa é a denominada "Modelo Dez Tipos de Inovação (10 TI)", categorizados em termos de configuração, oferta e experiência;

– Um portfólio de inovação implica o entendimento de uma "matriz de ambição da inovação" que gerencie investimentos em três níveis: central, adjacente e transformacional.
– Entre os conceitos emergentes no campo da inovação estratégica, os conceitos de inovação aberta e *start-ups* merecem especial atenção.
– O conceito de inovação aberta implica que organizações não podem contar mais apenas com suas próprias pesquisas ou centros de P&D. Fontes externas devem incluir concorrentes, outras organizações, clientes e instituições acadêmicas e de pesquisa.
– Uma *start-up* é uma instituição humana projetada para criar novos produtos e serviços sob condições de extrema incerteza.

CADERNO DE APLICAÇÃO

– Descreva a estratégia de inovação da sua empresa ou da organização em que você trabalha. Enumere as questões relevantes que tal estratégia se propõe a resolver. Avalie os resultados em termos de estratégias deliberadas e emergentes.
– Tendo em mente os modos de interpretação do ambiente denominados "descoberta" e "representação", construa um esquema e modelo que represente o quanto de cada uma delas sua organização vem se utilizando nos últimos cinco anos. O resultado revela uma organização ambidestra?
– Pense nas inovações que sua organização introduziu nos últimos dez anos. Descreva e classifique cada uma delas pela utilização das alavancas da inovação e matriz da inovação.
– Descreva alguma iniciativa de *start-up* ou inovação aberta que você ou sua organização estejam envolvidos. A *start-up* segue os princípios *lean*? Se positivo, como isso acontece? Explique também a lógica de inovação aberta pela parceria com outras organizações, além dos resultados esperados e realizados.

2.3 Execução

Visão sem ação é um devaneio. Ação sem visão é um pesadelo.
Provérbio japonês

We have a strategic plan: it's called doing things.
Herb Keller

FIGURA 20 – Execução

> **PROPOSTA DE VALOR**
>
> *– Implementação/Execução de Estratégias: a experiência do CREST – Centro de Referência em Estratégia da Fundação Dom Cabral (FDC).*
> *– As armadilhas da inovação: estratégia, estrutura, processos e competências.*
> *– Criando contextos capacitantes em organizações do conhecimento: o conceito japonês do "Ba" e a modelagem – um cubo de decisão – para criar e implementar contextos capacitantes que nutrem, estimulam e facilitam os processos de inovação e criação de conhecimento em uma organização.*

Uma vez que você tenha refletido acerca das questões de estratégia, é importante endereçar as questões de execução ou implementação da estratégia de inovação escolhida. Isso evita aquele velho e conhecido hiato entre o saber e o fazer. Há uma expressão em inglês que se encaixa bem aqui, é necessário *"walk the talk"* e demonstrar coerência entre o que se prega e o que se faz. Meus objetivos nesta discussão sobre execução e implementação são os seguintes:

- ✓ Introduzir o tema da implementação de estratégias genéricas, enfatizando-se os fatores que dificultam a execução.
- ✓ Relatar os fatores que mais dificultam a execução/implementação da inovação estratégica (ou do processo de inovação), descrevendo as armadilhas mais comuns às organizações envolvidas nos quesitos estratégia, estrutura, processos e competências.
- ✓ Discutir a criação de contextos capacitantes – o conceito japonês do "Ba" – como a criação de contextos organizacionais que favoreçam a inovação, o compartilhamento, a geração de novas ideias, o aprendizado, a solução colaborativa de problemas e a tolerância aos erros honestos, entre outros.
- ✓ Disponibilizar um cubo de decisão que pode ser utilizado por inovadores para a arquitetura dos contextos capacitantes em suas organizações.

2.3.1 Implementação/execução de estratégias genéricas

O debate acadêmico recente no campo da estratégia tem enfatizado a temática da implementação/execução da estratégia. Noble[68] afirma que, apesar da evolução no campo da estratégia em geral, a compreensão do processo de implementação não acompanhou tal desenvolvimento de maneira satisfatória. Partindo-se da premissa que uma organização tenha se digladiado acerca da formulação de sua estratégia, no frigir dos ovos, esta não passa de um pedaço de papel ou um conjunto de boas intenções em uma apresentação de PowerPoint. E, acredite, pela minha experiência, PowerPoint aceita qualquer coisa...

Durante meu tempo como professor e pesquisador em regime de dedicação exclusiva na Fundação Dom Cabral, participei de um grupo de pesquisas sobre o processo de implementação de estratégias no Centro de Referência em Estratégia (Crest), liderado pelo colega e professor Aldemir Drummond Júnior. À época eu já trabalhava – e testava – o modelo que apresento neste livro e sentia a necessidade de entender melhor o processo de implementação de estratégias. Sob a liderança do Aldemir, nos lançamos à extensa pesquisa no campo com um grupo de empresas de grande porte no Brasil envolvidas com a implementação/execução de uma dada estratégia. De acordo com os pesquisadores do Crest/FDC, a implementação de estratégia é o processo para tornar uma intenção estratégica de uma organização em uma estratégia realizada. As metodologias de pesquisa utilizadas reuniam farta pesquisa bibliográfica, além de pesquisas de campo qualiquantitativas. As empresas pesquisadas eram oriundas de uma amostra não probabilística e intencional, selecionadas por acesso e conveniência, com as devidas salvaguardas em termos dos limites metodológicos da pesquisa. Os critérios para a priorização das estratégias a serem pesquisadas em cada empresa pressupunham (1) o claro entendimento da necessidade de se efetivamente trabalhar com a estratégia e não com problemas, (2) a existência de estratégia explicitada (e comunicada para as pessoas da empresa) e em execução há pelo menos doze meses e (3) uma estratégia que envolva em sua execução pessoal de diferentes níveis da organização. Estratégias corporativas, funcionais e de negócios foram escolhidas pelos grupos de grandes organizações. Um dos objetivos principais de nossa pesquisa se concentrava ao redor dos fatores dificultadores da execução da estratégia, ou nos termos do Crest/FDC, os fatores que tornavam difícil e mesmo impossibilitavam a transformação de uma intenção estratégica de uma organização em intenção realizada.

A análise da literatura do tema "implementação de estratégias" aponta para 5 abordagens principais, respectivamente: (1) alinhamento, (2) controle, (3) aprendizagem, (4) processo e (5) prática. O Quadro 10 sintetiza as 5 abordagens, apresentando seu foco de análise, responsáveis pela implementação e principais variáveis:

QUADRO 10 – As 5 abordagens principais sobre o tema da implementação de estratégias

ABORDAGEM	FOCO DA ANÁLISE	RESPONSÁVEIS PELA IMPLEMETAÇÃO	PRINCIPAIS VARIÁVIES
ALINHAMENTO	na organização	alta gerência	- estrutura - sistemas de controle - pessoas - recompensas
CONTROLE	na organização	alta gerência	- sistemas de mensuração - monitoramento do desempenho - comunicação - incentivos e sanções
APRENDIZAGEM	no indivíduo	todos os níveis	- comunicação - competências - estilos de liderança
PROCESSO	no processo	alta gerência	- tempo - processo decisório - poder
ESTRATÉGIA COMO PRÁTICA	no dia a dia da prática da organização	média gerência	- rotinas - interações sociais - artefatos

Fonte: Crest/FDC (2011)

Entre os fatores apurados como dificultadores da implementação de estratégias genéricas, apresento no quadro a seguir 12 em especial que eram recorrentes e nos chamavam a atenção:

QUADRO 11 – Fatores dificultadores de implementação de estratégias

FATOR	DESCRIÇÃO
1. Divergência entre interesses da alta administração e objetivos da estratégia	Divergência entre os interesses individuais de membros da alta administração e os objetivos da estratégia.
2. Coordenação	Dificuldades na interação e coordenação entre processos, funções e áreas.

3. Disponibilidade de recursos	Pouca ou nenhuma disponibilidade de recursos (financeiros, pessoais, materiais, de tempo etc.) necessários para a implementação da estratégia.
4. Plano de implementação	Plano para a implementação da estratégia inexistente ou insuficientemente detalhado.
5. Comprometimento da alta administração	Falta de comprometimento da alta administração com a implementação da estratégia.
6. Alocação de recursos	Alocação ineficiente de recursos (financeiros, pessoais, materiais, de tempo etc.) durante a implementação da estratégia.
7. Centralização nas decisões	Centralização na tomada de decisões.
8. Aprendizagem	Dificuldades na interação e coordenação entre processos, funções e áreas.
9. Sistemas de controle	Pouca eficiência ou ausência de sistemas de mensuração e monitoramento do desempenho que permitam acompanhar o progresso da implementação da estratégia.
10. Atraso em relação aos prazos planejados	Atrasos na implementação da estratégia em relação aos prazos planejados.
11. Divulgação da estratégia	Falta de divulgação da estratégia planejada para todos os níveis da empresa.
12. Adequação de rotinas	Pouca ou nenhuma adequação das rotinas relevantes para a implementação da estratégia.

Fonte: Crest/FDC (2011)

Feitas as colocações preliminares para que se entenda um pouco melhor o debate sobre a implementação de estratégias genéricas e seus fatores dificultadores, avançaremos para as questões atinentes à execução da inovação estratégica em duas frentes:

(1) fatores que dificultam a implementação/execução da inovação estratégica, procurando compreender as armadilhas da inovação e como evitá-las;

(2) fatores que facilitam a implementação/execução da inovação estratégica, através da criação de contextos capacitantes.

2.3.2 Fatores dificultadores da execução/ implementação da inovação estratégica nas organizações

Outra das perguntas difíceis e complexas que me são endereçadas quando o assunto é inovação refere-se à questão da implementação ou execução de uma dada estratégia de inovação. Conforme já exploramos anteriormente, a inovação é um dos principais focos quando o assunto são estratégias ávidas por crescimento. Contudo, se isso é verdade, por que cometemos sempre os mesmos erros de implementação?

Antes de tentar responder à pergunta, passo a explorar com os interlocutores o que sabem sobre o assunto, suas experiências, resultados e até mesmo crenças e frustrações. Tento chegar à discussão do fracasso, mas são raríssimos aqueles que admitem ter fracassado e têm a coragem necessária para discutir publicamente o fracasso. Ao ouvir as respostas para tais questões, eu deparo com respostas que são (a) genéricas demais e/ou imprecisas, (b) que fazem parte de um momento de catarse para a frustação quanto à incapacidade de execução e – mais importante – (c) com um conjunto de questões bastante peculiares e muito interessante que – de certa forma – podem ser categorizadas para servir de instância de reflexões para os interessados no tema ou envolvidos no processo.

A regra é que – no caso da implementação – não há regras. Não é possível criar regras universais válidas para todos os tipos de organização atuantes em qualquer parte do planeta. O meu ponto aqui é que a execução é dependente dos contextos internos e externos que uma organização enfrenta. Ao conversar com os envolvidos na execução, por meio de uma escuta atenta e quase silenciosa, eu listava os vários problemas relatados. Fazia isso *ad infinitum* com um sem--fim de profissionais de várias empresas diferentes. O meu dever de casa era agrupar o que me parecia semelhante em grandes categorias e separar aquilo que era muito específico ou evento raro. Quando algumas categorias emergiam, eu procurava estabelecer relações entre elas com o objetivo de entender se ali haveria alguma lógica interessante ou se eu poderia rascunhar as bases para algum tipo de modelo.

Durante anos lecionando sociologia e teoria organizacional, alguns autores me fascinavam por sua capacidade de modelagem e síntese, como Scott em sua obra *Organizations*: rational, natural, and open systems [Organizações: sistemas racionais, naturais e abertos][69] ou mesmo Galbraith com seu "modelo estrela", que visava a descrever e analisar organizações (Figura 21):

FIGURA 21 – O modelo estrela de organizações de Galbraith

Estratégia: visão, governança, vantagens comparativas

Pessoas: contratação, feedback e aprendizado

O modelo estrela de Galbraith

Estrutura: poder e autoridade, fluxo de informações, papéis organizacionais

Processos: redes, processos, times, papéis integrativos, estruturas em matriz

Recompensas: compensação e prêmios

Fonte: <http://www.jaygalbraith.com/services/star-model>. Acesso em: out. 2017.

O modelo de Galbraith[70] consiste em uma série de regras/políticas de design que são controláveis pelos gestores e que podem influenciar o comportamento dos colaboradores. São cinco as categorias criadas por esse autor, a saber:

(1) estratégia – que define a direção, o caminho, a meta;
(2) estrutura – que confere direitos de decisão e sua respectiva localização na organização;
(3) processos – relacionados aos fluxos de informação;
(4) recompensas – motivação e incentivos para comportamentos desejados;

(5) pessoas – seleção e desenvolvimento das pessoas certas com vistas a operar em eficiência máxima.

As contribuições de Galbraith implicam que o design organizacional envolve muito mais que a estrutura: estratégias diferentes conduzem a organizações diferentes e o alinhamento organizacional é condição indispensável para os resultados que se almejam alcançar.

Com base no modelo de Galbraith e nos relatos dos gestores com relação às suas questões de execução/implementação, percebi que as grandes categorias que criei se encaixavam parcial ou totalmente no Modelo Estrela de Galbraith. Em um segundo momento, a análise de minhas categorizações demonstrava que os fatores dificultadores eram sempre mais listados do que os facilitadores. Eis que se inicia meu interesse específico sobre fatores que dificultam a implementação/execução de uma dada estratégia de inovação em detrimentos dos fatores facilitadores. Meu objetivo era auxiliar gestores no mundo real das organizações, e não escrever mais um artigo acadêmico.

Coincidência fortuita à época foi participar de um painel de liderança inovadora em um dos fóruns da HSM em São Paulo com a presença da professora Rosabeth Moss Kanter, autora de um artigo seminal na *Harvard Business Review* intitulado "Inovação: as armadilhas clássicas".

Kanter[71] categorizou os erros mais comuns das organizações na execução de seus processos de inovação em quatro grandes categorias: **estratégia, estrutura, processo** e **competências**. Embora tratando de assuntos distintos, a lógica é semelhante à de Galbraith (basta unificar recompensas e pessoas em "competências") e se encaixava na mesma medida que minha categorização com alunos, gestores e executivos. O Quadro 12 sintetiza os erros mais comuns, bem como as lições aprendidas que podem servir de guia para gestores de inovação que enfrentam seus dilemas idiossincráticos de execução.

QUADRO 12 – Inovação: armadilhas e lições aprendidas

	ERROS MAIS COMUNS	LIÇÕES APRENDIDAS
ESTRATÉGIA	Rejeitar oportunidades que a princípio parecem ser pequenas ou inexpressivas;* rejeição de inovações tidas como "pequenas" ou "incrementais". Achar que só novos produtos contam, ignorando-se novos serviços e melhoria de processos. Lançar inúmeras pequenas extensões de linha de produtos que confundem os clientes e aumentam consideravelmente a complexidade interna.	Nem toda ideia de inovação deve ser radical, capaz de alterar uma indústria (setor da economia) ou rota tecnológica. Um conjunto de inovações incrementais ou de melhoria contínua pode levar a grandes lucros/resultados. Ideias podem surgir de qualquer lugar – valorize a inovação incremental e a melhoria contínua. Lembre-se de que a maior parte dos investimentos em inovação em uma organização se concentra em inovações incrementais e melhoria contínua. Não se concentre somente em desenvolvimento de novos produtos. Ideias transformadoras podem surgir de qualquer uma das funções organizacionais, incluindo marketing, produção, finanças e logística. Utilize o conceito de "gestão de portfólio de inovações"[72] para maximizar a alocação de recursos entre os diferentes tipos de inovação que uma organização busca. "Simplesmente tente mais coisas, erre mais!"

	ERROS MAIS COMUNS	LIÇÕES APRENDIDAS
ESTRUTURA	Criação de duas classes de cidadãos corporativos: aqueles que se divertem (os inovadores) e aqueles que devem fazer dinheiro (os gerentes das demais funções da organização). Separar/isolar novas iniciativas/empresas de iniciativas maduras e estabelecidas.** Conexões frágeis entre a "máquina de desempenho" (a empresa estabelecida) e a "equipe de inovação".	Flexibilizar os controles formais a fim de fomentar mais conexões interpessoais entre as múltiplas iniciativas de inovação. Inovações que mudam as regras do jogo frequentemente atravessam fronteiras e canais estabelecidos ou combinam elementos de diferentes competências organizacionais de novas maneiras. Lembre-se de que organizações são arenas políticas e que não existem vácuos de poder. Ao se criar duas classes corporativas (os inovadores, aqueles que se divertem e recebem financiamento, privilégios e prestígio), aqueles nas demais áreas da organização concentrarão seus melhores esforços em esmagar a iniciativa de organização. Procure sempre estabelecer recrutamento amplo entre todas as áreas da organização para formar o time de inovação.
PROCESSOS	Sufocar a inovação com os mesmos processos rígidos de planejamento, orçamento e avaliações de desempenho utilizado nos negócios maduros de máquinas de desempenho. Recompensar os gerentes por executar somente aquilo que se comprometeram e desencorajá-los a fazer mudanças à medida que novas circunstâncias emergem. Recompensar apenas as pessoas que seguem cegamente as regras estabelecidas.	Controles rígidos estrangulam a inovação. Flexibilize processos e espere por erros honestos e desvios do plano original. Recompense a criatividade e a experimentação necessárias ao processo de inovação. Premie os erros e fracassos honestos e facilite as conversas informais e impossíveis.

	ERROS MAIS COMUNS	LIÇÕES APRENDIDAS
COMPETÊNCIAS	Partir do princípio que equipes de inovação devem ser lideradas pelas pessoas com a maior expertise em tecnologia.	Líderes de inovação devem ter competências de resiliência, relacionamento e conexões (interno e externo), além de capacidade ímpar de comunicação.
	Desatenção às habilidades de liderança, comunicação e relacionamento.	A inovação demanda conectores – pessoas que sabem como encontrar parceiros dentro e fora da organização.
	Promover rotatividade de funcionários de forma tão rápida e abrupta a ponto de a química entre os membros da equipe não colar.	Conectores florescem em culturas que encorajam a colaboração e a experimentação.
	Choques de culturas e/ou agendas conflitantes.	Fortaleça as conexões interpessoais.

Fonte: adaptado de Kanter (2006)
* Para esse assunto, consultar também Christensen (2006) e Govindarajan e Trimble (2010).
** Para uma visão contrária a essa, consultar: <https://hbr.org/2005/05/building-breakthrough-businesses-within-established-organizations>. Acesso em: maio 2018.

Depois da reflexão sobre os fatores dificultadores da inovação em uma organização, o leitor deve estar se perguntando: "Mas quais são os fatores que facilitam a execução de um processo de inovação em minha organização? Como posso ativamente criar condições que favoreçam a inovação?".

Um bom ponto de partida é pensar sobre as pessoas da sua organização, embora isso por si só não seja suficiente, como demonstrarei na discussão sobre a criação de contextos capacitantes nas próximas páginas. Contudo, para início de conversa, já pensou nas pessoas de sua organização e no conceito de confiança criativa?

Kelley et al.[73] afirma que um pré-requisito para se atingir a confiança criativa é acreditar que suas aptidões e competências de inovação não são rígidas e imutáveis. Confiança criativa é um conceito que se fundamenta na crença de que todos nós somos criativos. Kelley e Littman[74] exploraram dez faces da inovação como estratégias para vencer o advogado do diabo e liderar a criatividade por toda a organização. Essas faces da organização são "personas" (personagens, papéis) que no fundo já existem em todas as organizações. Sua missão é descobri-las, visto que essas dez personas (ou personalidades) – antropólogo (observa e conversa), experimentador (prototipa), polinizadores (compartilhadores), saltadores de obstáculos (enfrentam problemas e assumem riscos), colaboradores (reúnem equipes multidisciplinares), diretores (nutrem o contexto de inovação), arquitetos de experiências (constroem a jornada do cliente), contador de histórias (criam os testes de narrativas), cuidadores (fidelizam) e cenógrafos (criam espaços) – são úteis nas facetas de aprendizado, organização e construção. Quanto de sua criatividade você já explorou? E se você pudesse usar sua confiança criativa também para construir espaços de criação de conhecimento e inovação, que denomino contexto capacitante?

Na próxima seção deste capítulo explorarei a criação de contextos favoráveis para a criação de conhecimento e inovação nas organizações. Discutiremos os fatores que facilitam a execução de uma estratégia de inovação por meio de um artigo escrito por mim e pelo professor Chun Wei Choo, da Universidade de Toronto. Esse artigo foi apresentado na conferência The American Society for Information Science & Technology em 2010, publicado no prestigiado *Journal of Knowledge Management* e citado em nova obra de Choo.[75] Nesse artigo, exploramos o conceito japonês do "***Ba***" ou o **contexto capacitante**. O contexto capacitante é o conjunto de condições favoráveis que devem ser criadas, nutridas e estimuladas na organização para favorecer a criação, o compartilhamento e o uso de conhecimentos. O Ba é o lócus da inovação, do aprendizado, do compartilhamento, da geração de ideias, da solução colaborativa de problemas e um espaço onde os erros e fracassos honestos são tolerados. Em suma, não há inovação sem um "Ba" ou contexto capacitante. Para os gestores interessados nos fatores que influenciam positivamente a execução da inovação, aviso que a liderança ativa para a criação do "Ba" configura-se como uma das principais missões dos envolvidos.

2.3.3 Muito além do "Ba": criando contextos capacitantes em organizações do conhecimento*

Durante o meu pós-doutorado em 2009 na Universidade de Toronto, Canadá, o professor Choo e eu resolvemos examinar as experiências de organizações envolvidas com processos de gestão do conhecimento (GC) nos últimos dez anos e descobrimos que seus esforços estavam concentrados na criação das condições e de contextos que favoreçam a criação do conhecimento organizacional. Lembre-se de que a criação do conhecimento organizacional, conforme discutida anteriormente, se cristaliza na forma de inovações tecnológicas e inovações nos modelos de negócios. Em suma, a GC organizacional pode ser traduzida como a gestão do contexto e das condições nas quais o conhecimento pode ser criado, compartilhado e utilizado com vistas ao alcance dos objetivos organizacionais. A necessidade de se desenvolver contextos capacitantes em organizações do conhecimento não é nova e remonta ao fim dos anos 1990 quando Nonaka et al.[76] introduziram o conceito do "Ba". Assim, mapeamos o desenvolvimento do conceito do "Ba" (ou "contexto capacitante") na literatura das áreas de administração, ciência da informação e sistemas de informações com vistas a compreender sua evolução teórica e aplicações práticas. O ímpeto original para a nossa pesquisa é baseado em uma série de estudos conduzidos por mim[77] nos quais examinei iniciativas de GC de 23 organizações internacionais – como 3M, Dow, Xerox, PricewaterhouseCoopers, Siemens, Centro de Tecnologia Canavieira, Ernst&Young, British Telecom, Microsoft e Chevron, entre outras. Os principais resultados de minhas pesquisas sugerem que essas organizações não gerenciavam o conhecimento em sua acepção estrita e terminológica, mas unicamente o contexto e a prontidão no qual o conhecimento é socialmente construído, produzido,

---

* Esta seção foi escrita por mim e pelo professor Chun Wei Choo, da Universidade de Toronto, Canadá. O artigo original publicado em inglês foi apresentado no ASIST 2010, a Conferência Anual da Sociedade Americana para Ciência da Informação e Tecnologia, que aconteceu na cidade de Pittsburgh, Pensilvânia. Há uma versão on-line publicada no *Journal of Knowledge Management*: <http://www.emeraldinsight.com/doi/full/10.1108/13673271011059545>. Acesso em: maio 2018.

compartilhado e utilizado. **Os principais desafios enfrentados por essas organizações comprometidas com a GC concentravam-se na gestão de mudanças culturais e comportamentais, além da criação de um "Ba" ou contexto capacitante.** Com base nesses resultados, decidimos explorar em profundidade o conceito do "Ba" através de uma análise abrangente – mas não exaustiva – de toda a literatura desenvolvida no período entre 1991 e 2009.

Nonaka e Konno[78] iniciaram o debate acerca do conceito do "Ba" apresentando uma pergunta seminal: "É possível gerenciar o conhecimento como outros recursos?". Com o objetivo de endereçar tal questão, esses autores introduziram o conceito do "Ba", palavra japonesa grosseiramente traduzida para o inglês como "espaço". Tal espaço para relações emergentes pode ser físico (escritório, espaço organizacional disperso), virtual (e-mails e videoconferência), mental (experiências compartilhadas, ideias e ideais) ou qualquer combinação entre eles. É indispensável ressaltar que a diferença entre o "Ba" e a interação humana rotineira é o conceito de "criação de conhecimento", "consideramos o 'Ba' como o espaço compartilhado que serve como a base da criação do conhecimento".[79]

A partir dessa perspectiva, os autores sugerem que o conhecimento existe e reside no "Ba" ou nesses "espaços compartilhados: não há "criação sem lugar". **Não há inovação sem um "Ba".** Contudo, quais os elementos que compõem o "Ba" de uma organização? Quais são seus componentes passíveis de influência e ação por parte dos gestores e líderes interessados em acelerar seus ambientes de inovação?

A metodologia qualitativa utilizada em nossa pesquisa foi de natureza bibliográfica e utilizamos uma série de ferramentas bibliométricas para conduzir análises de citações e análises de conteúdo. Softwares de mapas conceituais e mapas mentais foram também utilizados para visualizar uma miríade de conceitos/aplicações na literatura e suas inter-relações. Nossa base de dados da pesquisa expandida era composta de 135 artigos, quatro teses de doutorado e quatro livros (cujo conteúdo central nunca havia sido publicado anteriormente no formato de *journal papers*"). O período abrange publicações no período 1991-2009 e os autores são acadêmicos e executivos de distintos países como Japão, Finlândia, Portugal, Brasil, Canadá,

Holanda, Espanha, França, Grécia, Reino Unido, Coreia do Sul, Estados Unidos, Austrália, China, Itália, Israel, Alemanha e África do Sul, entre outros. A Figura 22 apresenta nossa estratégia expandida de formação da base de dados da pesquisa:

FIGURA 22 – Montagem da base de dados da pesquisa

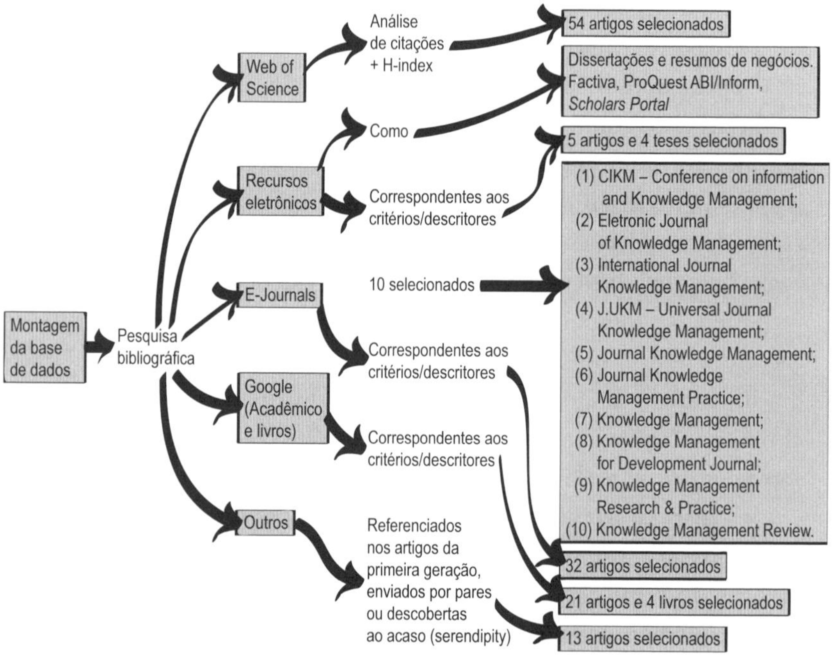

Fonte: Alvarenga Neto e Choo (2010)

A análise de dados consistiu de três fluxos concomitantes de atividades, a saber: (1) redução de dados, (2) *data displays*, ou exibição de dados (na forma de mapas conceituais e mapas mentais), e (3) verificação/conclusões com base em inferências a partir de evidências ou premissas.[80]

Através de nossos processos de análise de dados, particularmente nas etapas de redução de dados, cinco grandes categorias de agrupamento dos nossos resultados de pesquisa sobre o "Ba" emergiram, respectivamente (Figura 23):

(1) teórico-conceitual;
(2) sociocomportamental;

(3) cognitivo-epistêmico;
(4) informacional-comunicacional;
(5) estratégia-estrutura-sistemas de gestão.

Excetuando-se a primeira grande categoria (teórico-conceitual), observamos que as outras quatro – doravante denominadas "**os 4 grandes grupos de condições capacitadoras**" – ocorriam em diferentes processos estratégicos de conhecimento (criação, compartilhamento/transferência e uso) e em diferentes níveis de interação (individual, grupos/equipes, organizacional, interorganizacional/redes). Em síntese, o "Ba" que possibilita a inovação organizacional é composto de 4 componentes passíveis de influência e ação por parte de gestores e líderes, em esferas que são sociocomportamentais, cognitivo-epistêmicas, informacional-comunicacional e estratégia-estrutura-sistemas de gestão.

FIGURA 23 – Os quatro grandes grupos de condições capacitadoras

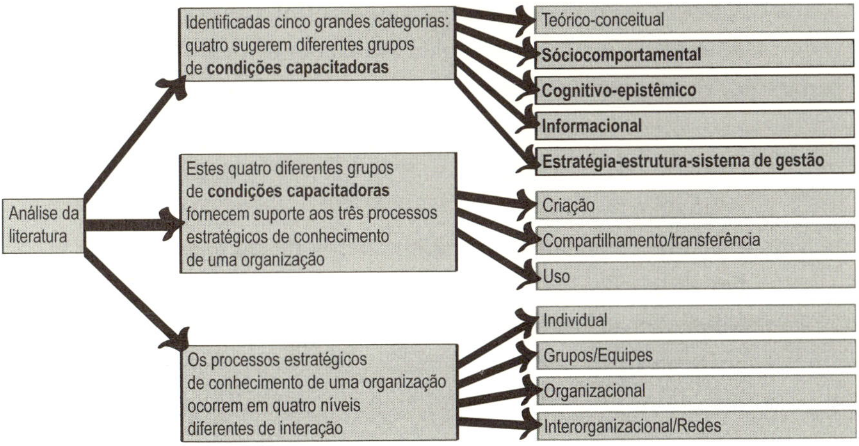

Fonte: Alvarenga Neto e Choo (2010)

Com relação à primeira grande categoria (teórico-conceitual), nossa análise demonstra que o conceito do "Ba" é ainda teoricamente subexplorado, embora sua discussão tenha sido expandida para diferentes contextos e/ou como um componente de outras proposições teóricas. O conceito do "Ba" foi utilizado como a base ou parte de novas discussões/proposições teóricas.

Já neste ponto de nossa análise, é importante que se tenha em mente que diferentes grupos de condições capacitadoras dão suporte ao "Ba" de maneiras diferentes. Além disso, a análise teórico-conceitual nos permitiu concluir que o conceito do "Ba" é o conceito de "Contexto Capacitante".[81] Como mencionado anteriormente, os "quatro grandes grupos de condições capacitadoras" podem ser utilizados individualmente ou em qualquer outra combinação com o objetivo de se criar ou aperfeiçoar o contexto capacitante ou "Ba" de uma organização. **É no "Ba" que a inovação acontece!**

O primeiro grande grupo de condições capacitadoras é o que denominamos **sociocomportamental** e envolve normas e valores que guiam relações e interações com vistas a se criar solo fértil para a criação, compartilhamento e uso de conhecimentos, além de facilitar, estimular e recompensar o pensamento inovador. Nossas principais descobertas sugerem que essas questões/variáveis devem ser consideradas, à medida que favorecem comportamentos específicos que devem ser comunicados e perseguidos por gestores e colaboradores, bem como servir de guia para avaliações de desempenho, contratação, treinamento, retenção e recompensa:

- cuidado nas relações;
- confiança mútua;
- piedade no julgamento (não há perda de *status* por não se saber tudo!);
- tolerância aos erros honestos;
- empatia ativa;
- respeito mútuo;
- diálogo aberto;
- ideação;
- autonomia etc. (Figura 24).

Cognitivo-epistêmico é a denominação do segundo grande grupo de condições capacitadoras que conformam o "Ba" de uma organização e está relacionado ao conhecimento comum ou os compromissos e valores epistemológicos compartilhados. É condição indispensável a existência de ideias e crenças compartilhadas, bem como pessoas com diferentes modelos mentais, formações e informações. Tal fato é gerador de um contexto organizacional no qual as ideias divergentes e as contradições são vistas como questões positivas, e não como obstáculos à criação de conhecimento e à inovação. Nossos resultados nesta categoria sugerem questões fundamentais para a resolução de problemas complexos e a criação de um ambiente de soluções aceleradas:

- exposição a uma grande variedade de dados, insights, perguntas, ideias e problemas;
- existência de pessoas e grupos com diferentes perspectivas, modelos mentais, formações e áreas funcionais;
- desenvolvimento de linguagem comum e pensamento dialético;
- existência de grupos e comunidades – formais e informais – com seus próprios ritos, linguagens, normas e valores (Figura 24).

O terceiro grande grupo de condições capacitadoras é **informacional/comunicacional** e envolve tecnologia da informação (TI), sistemas de informação (SI) e gestão da informação e da comunicação. Nossa análise sugere que a combinação de múltiplas ferramentas, sistemas e aplicativos de TI/SI – guiados por processos de gestão da informação baseados na estratégia organizacional – são poderosos capacitadores, especialmente nos processos de conhecimento de compartilhamento, transferência e uso através dos diferentes níveis de interação. É sempre importante lembrar que a TI é apenas um capacitador, um meio: não pode e não deve ser um fim em si mesma. Eis um resumo das principais ferramentas, aplicativos e sistemas encontrados em nossa análise:

- portais e intranets;
- "*yellow pages*" ou sistemas localizadores de expertise;
- repositórios de melhores práticas e lições aprendidas;
- simulação computacional e comunidades de prática;
- sistemas de informação especialmente desenhadas para dar suporte à colaboração, coordenação, comunicação e processo decisório (Figura 24).

FIGURA 24 – Síntese dos quatro grandes grupos de condições capacitadoras

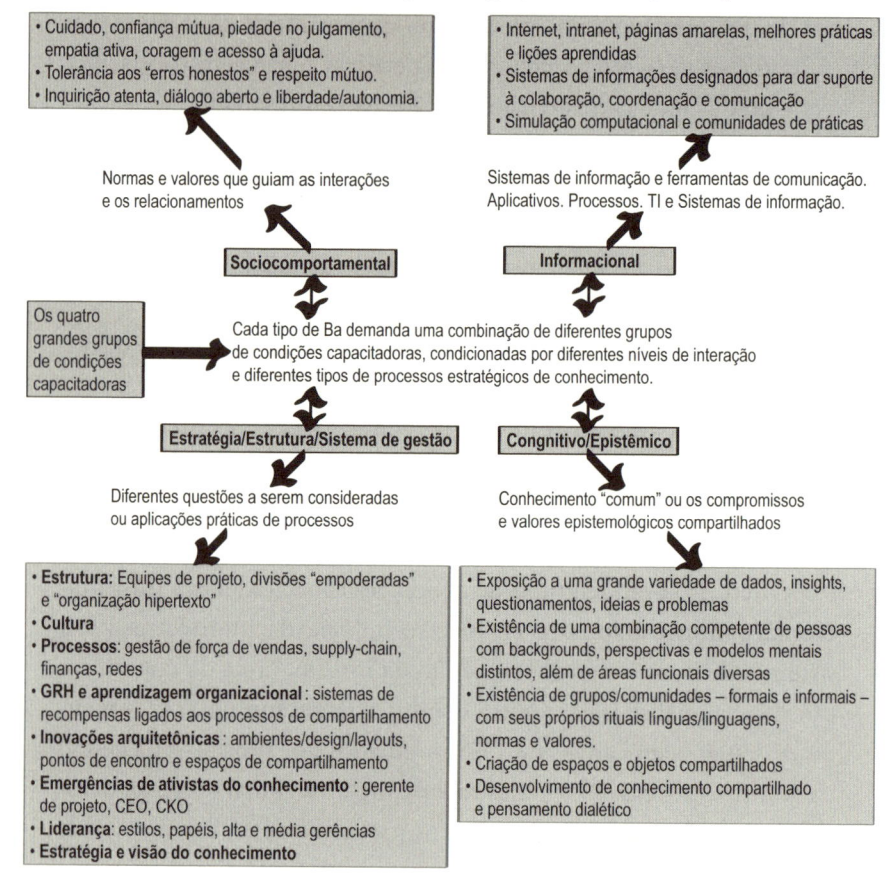

- Cuidado, confiança mútua, piedade no julgamento, empatia ativa, coragem e acesso à ajuda.
- Tolerância aos "erros honestos" e respeito mútuo.
- Inquirição atenta, diálogo aberto e liberdade/autonomia.

Normas e valores que guiam as interações e os relacionamentos

Sociocomportamental

- Internet, intranet, páginas amarelas, melhores práticas e lições aprendidas
- Sistemas de informações designados para dar suporte à colaboração, coordenação e comunicação
- Simulação computacional e comunidades de práticas

Sistemas de informação e ferramentas de comunicação. Aplicativos. Processos. TI e Sistemas de informação.

Informacional

Os quatro grandes grupos de condições capacitadoras

Cada tipo de Ba demanda uma combinação de diferentes grupos de condições capacitadoras, condicionadas por diferentes níveis de interação e diferentes tipos de processos estratégicos de conhecimento.

Estratégia/Estrutura/Sistema de gestão

Diferentes questões a serem consideradas ou aplicações práticas de processos

Cognitivo/Epistêmico

Conhecimento "comum" ou os compromissos e valores epistemológicos compartilhados

- **Estrutura:** Equipes de projeto, divisões "empoderadas" e "organização hipertexto"
- **Cultura**
- **Processos:** gestão de força de vendas, supply-chain, finanças, redes
- **GRH e aprendizagem organizacional:** sistemas de recompensas ligados aos processos de compartilhamento
- **Inovações arquitetônicas:** ambientes/design/layouts, pontos de encontro e espaços de compartilhamento
- **Emergências de ativistas do conhecimento:** gerente de projeto, CEO, CKO
- **Liderança:** estilos, papéis, alta e média gerências
- **Estratégia e visão do conhecimento**

- Exposição a uma grande variedade de dados, insights, questionamentos, ideias e problemas
- Existência de uma combinação competente de pessoas com backgrounds, perspectivas e modelos mentais distintos, além de áreas funcionais diversas
- Existência de grupos/comunidades – formais e informais – com seus próprios rituais línguas/linguagens, normas e valores.
- Criação de espaços e objetos compartilhados
- Desenvolvimento de conhecimento compartilhado e pensamento dialético

Fonte: Alvarenga Neto e Choo (2010)

Finalmente, o quarto e último grupo de condições capacitadoras é a sequência **estratégia-estrutura-sistemas de gestão**. As questões aqui consideradas são maneiras pelas quais os gerentes podem efetiva e diretamente construir, influenciar, interferir e gerenciar o "Ba" de uma organização por meio de seu comprometimento e ação efetiva:

- estrutura organizacional (equipes de projeto, divisões "empoderadas", "organização hipertexto");
- gestão de talentos e aprendizagem estratégica (recompensas conectadas aos processos de conhecimento);

- inovações arquitetônicas/layouts;
- emergência de ativistas (ou evangelizadores) do conhecimento;
- visão do conhecimento que deve ser perseguido pelos membros da organização (Figura 24)

FIGURA 25 – Expandindo o conceito de Ba

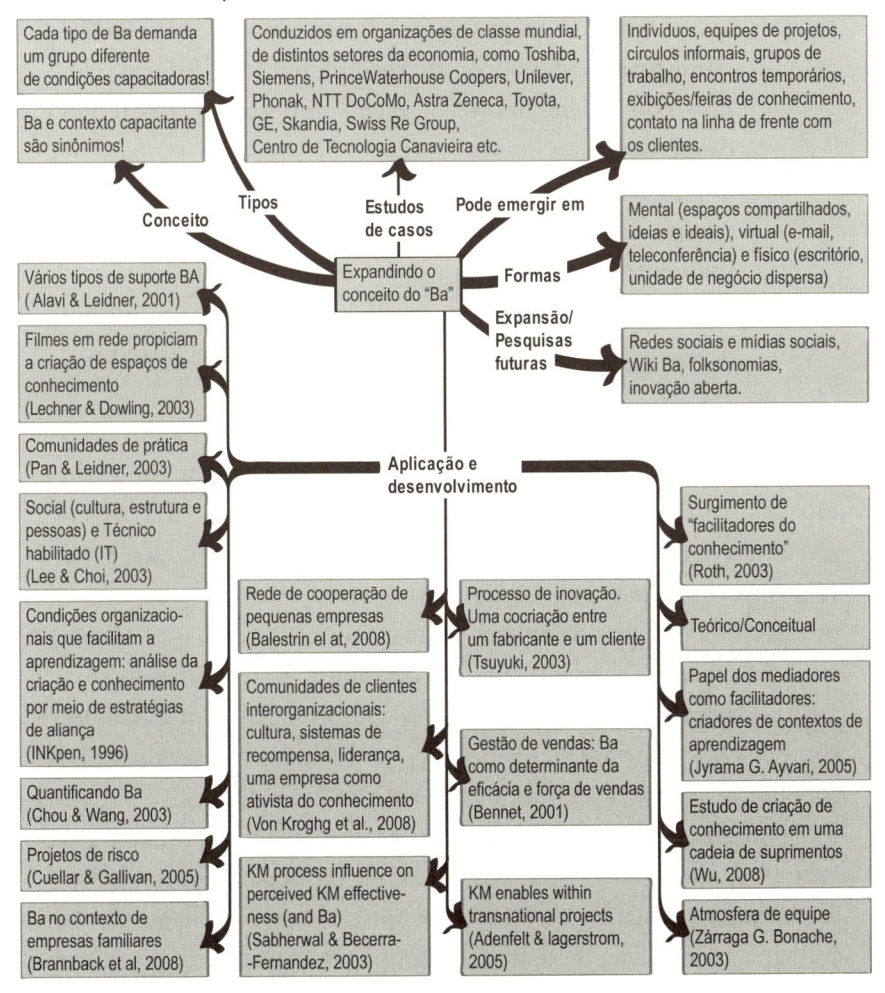

Conceito	Tipos	Estudos de casos	Pode emergir em	Formas	Expansão/Pesquisas futuras	Aplicação e desenvolvimento

Conceito:
- Cada tipo de Ba demanda um grupo diferente de condições capacitadoras!
- Ba e contexto capacitante são sinônimos!

Estudos de casos:
- Conduzidos em organizações de classe mundial, de distintos setores da economia, como Toshiba, Siemens, PrinceWaterhouse Coopers, Unilever, Phonak, NTT DoCoMo, Astra Zeneca, Toyota, GE, Skandia, Swiss Re Group, Centro de Tecnologia Canavieira etc.

Pode emergir em:
- Indivíduos, equipes de projetos, círculos informais, grupos de trabalho, encontros temporários, exibições/feiras de conhecimento, contato na linha de frente com os clientes.

Formas:
- Mental (espaços compartilhados, ideias e ideais), virtual (e-mail, teleconferência) e físico (escritório, unidade de negócio dispersa)

Expansão/Pesquisas futuras:
- Redes sociais e mídias sociais, Wiki Ba, folksonomias, inovação aberta.

Aplicação e desenvolvimento:
- Vários tipos de suporte BA (Alavi & Leidner, 2001)
- Filmes em rede propiciam a criação de espaços de conhecimento (Lechner & Dowling, 2003)
- Comunidades de prática (Pan & Leidner, 2003)
- Social (cultura, estrutura e pessoas) e Técnico habilitado (IT) (Lee & Choi, 2003)
- Condições organizacionais que facilitam a aprendizagem: análise da criação de conhecimento por meio de estratégias de aliança (INKpen, 1996)
- Quantificando Ba (Chou & Wang, 2003)
- Projetos de risco (Cuellar & Gallivan, 2005)
- Ba no contexto de empresas familiares (Brannback et al, 2008)
- Rede de cooperação de pequenas empresas (Balestrin el at, 2008)
- Comunidades de clientes interorganizacionais: cultura, sistemas de recompensa, liderança, uma empresa como ativista do conhecimento (Von Kroghg et al., 2008)
- KM process influence on perceived KM effectiveness (and Ba) (Sabherwal & Becerra-Fernandez, 2003)
- Processo de inovação. Uma cocriação entre um fabricante e um cliente (Tsuyuki, 2003)
- Gestão de vendas: Ba como determinante da eficácia e força de vendas (Bennet, 2001)
- KM enables within transnational projects (Adenfelt & lagerstrom, 2005)
- Surgimento de "facilitadores do conhecimento" (Roth, 2003)
- Teórico/Conceitual
- Papel dos mediadores como facilitadores: criadores de contextos de aprendizagem (Jyrama G. Ayvari, 2005)
- Estudo de criação de conhecimento em uma cadeia de suprimentos (Wu, 2008)
- Atmosfera de equipe (Zárraga G. Bonache, 2003)

Fonte: Alvarenga Neto e Choo (2010)

Os resultados apontam para a expansão do conceito do "Ba" ou "contexto capacitante" no período considerado no estudo (1991-2009), iluminando suas características distintivas, tais como conceitos, formas, emergência, tipos, estudos de casos, múltiplas discussões e aplicações, bem como sugestões para estudos futuros (Figura 25).

No que tange aos fatores que facilitam a execução da inovação em organizações, concluímos que o "contexto capacitante" ou o "Ba" de uma organização do conhecimento é composto de:

(1) quatro grandes grupos de condições capacitadoras: **sociocomportamentais, cognitivas/epistêmicas informacionais/comunicacionais e estratégia/estrutura/sistemas de gestão;**

(2) que podem ser livremente combinados em diferentes processos estratégicos de conhecimento – **criação, compartilhamento/transferência e uso;**

(3) e que ocorrem em diferentes níveis de interação – **indivíduos, equipes, organizações e interorganizações/redes.**

Com base nas conclusões de nosso estudo, propusemos um cubo de decisão na forma de uma modelagem para se desenhar contextos capacitantes em organizações do conhecimento (Figura 26). Nossos resultados podem auxiliar gestores interessados em criar ou desenvolver contextos capacitantes mais efetivos com vistas a fomentar os processos de criação de conhecimento e inovação em suas organizações, na medida em que o cubo de decisão pode ser utilizado para analisar, discutir, aplicar, gerenciar e se comprometer com quaisquer combinações de condições capacitadoras baseadas em suas percepções dos processos de conhecimento e níveis interacionais.

Utilizemos a Figura 25 para ilustrar uma situação na qual nosso cubo de decisão pode ser utilizado. Suponhamos que um gestor tenha identificado problemas específicos no quesito compartilhamento de conhecimentos entre determinados grupos ou equipes da organização. Seu diagnóstico levou em conta os **processos estratégicos de conhecimento** (o compartilhamento do conhecimento como problema) e determinou o **nível de interação** envolvido (em alguns grupos e equipes, e não na organização inteira). Com base nesses dois resultados (problemas de compartilhamento de conhecimento em

FIGURA 26 – Modelagem para o design de contextos capacitantes em organizações do conhecimento

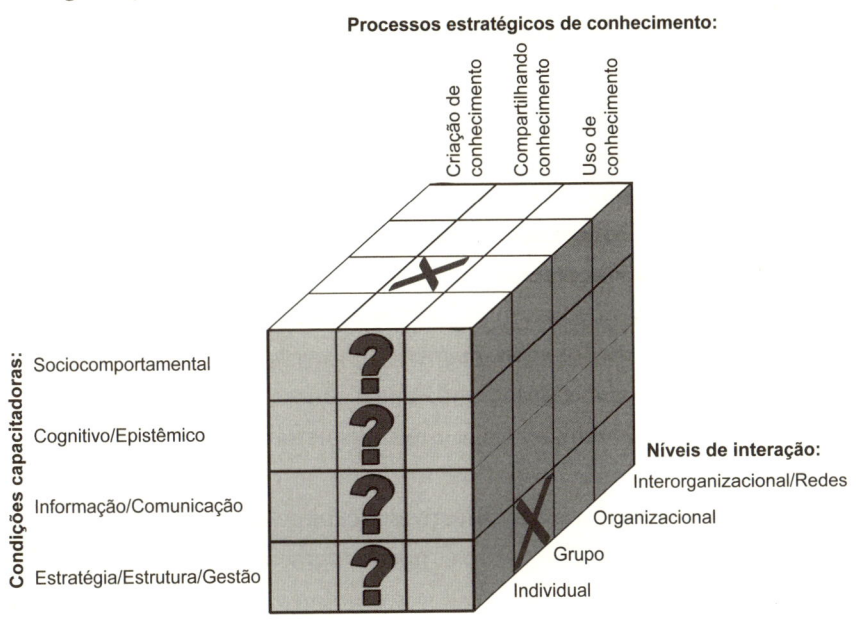

Fonte: Alvarenga Neto e Choo (2010)

equipes/grupos específicos), o gestor pode agora experimentar com a aplicação de distintos elementos dos grupos de condições capacitadoras para ativamente criar condições que facilitem a execução da inovação estratégica. Ele pode iniciar sua experimentação de criação do Ba! Eis algumas sugestões de ação para que o gestor possa influenciar positivamente o processo de inovação em cada um dos quatro grupos de condições capacitadoras ilustradas em nosso cubo de decisão:

(1) **Sociocomportamental**: estabelecendo oportunidades para o diálogo aberto e a construção de confiança mutua e empatia;
(2) **Cognitivo/Epistêmico**: modificando a estrutura dos membros da equipe pela introdução de novos membros que tragam *backgrounds*, perspectivas e modelos mentais novos/diferentes;
(3) **Informacional/Comunicacional**: disponibilizando e advogando o uso de ferramentas de informação e comunicação

disponíveis e/ou compreendendo as melhores práticas já em utilização pelas equipes;
(4) **Estratégia/Estrutura/Sistemas de gestão**: identificando os "ativistas da inovação" e criando tempo e locais para que essas equipes se reúnam para compartilhar aquilo que sabem e aquilo que não sabem.

Observe que essas questões são apenas um exemplo hipotético. Cabe ao leitor/gestor experimentar com o cubo de decisão e também incluir nele suas próprias ideias, concepções, experiências e resultados. Trata-se de um "*work in progress*", "*always beta*".

Para finalizar, concluímos ainda que o conceito do "Ba", ou "contexto capacitante", embora condição indispensável aos processos de inovação e criação de conhecimento em uma organização, permanece ainda teórico e empiricamente subexplorado. Sugerimos uma agenda de pesquisas para o "Ba" nos campos da inovação aberta, redes sociais – como *wikis*, blogs e *social tagging*, entre outros – e comunidades epistêmicas.

Takeaways do leitor

– A execução/implementação de uma estratégia é o processo para tornar uma intenção estratégica de uma organização em uma estratégia realizada.
– A análise da literatura do tema "implementação de estratégias" aponta para cinco abordagens principais, respectivamente: (1) alinhamento, (2) controle, (3) aprendizagem, (4) processo e (5) prática.
– De forma recorrente, entre os fatores dificultadores da implementação de estratégias genéricas, alguns se destacam e são comuns a várias organizações, como (1) coordenação, (2) alocação de recursos, (3) aprendizado e (4) sistemas de controle, entre outros.

– Em relação à execução de estratégias (ou processos de inovação), as armadilhas clássicas (ou fatores dificultadores) podem advir da (1) estratégia (rejeição de inovações incrementais/melhorias contínuas e ideia estrita de que inovação é apenas tecnológica), (2) estrutura (criação de duas classes de cidadãos corporativos), (3) processos (recompensar as pessoas que seguem cegamente as regras estabelecidas ou sufocar a inovação com processos e controles rígidos) e (4) competências (achar que equipes de inovação devem ser lideradas por expertos em tecnologia, ignorando as habilidades de liderança, comunicação e relacionamento).

– Com o objetivo de criar contextos favoráveis à inovação e à criação de conhecimento, é fundamental a compreensão do conceito japonês do "Ba" (espaço): tal espaço para relações emergentes pode ser físico (escritório, espaço organizacional disperso), virtual (e-mails e videoconferência), mental (experiências compartilhadas, ideias e ideais) ou qualquer combinação entre eles.

– O "Ba", ou "contexto capacitante", é o espaço compartilhado que serve de base à criação do conhecimento e à inovação em uma organização. **Não há inovação sem um "Ba"!**

– O "contexto capacitante" ou o "Ba" de uma organização do conhecimento é composto de (1) quatro grandes grupos de condições capacitadoras: **sociocomportamentais, cognitivas/epistêmicas, informacionais/comunicacionais** e **estratégia/estrutura/sistemas de gestão**; (2) que podem ser livremente combinados em diferentes processos estratégicos de conhecimento – **criação, compartilhamento/transferência** e **uso**; e (3) que ocorrem em diferentes níveis de interação – **indivíduos, equipes, organizações** e **interorganizações/redes**;

– O **Cubo de Decisão** é útil na modelagem de contextos capacitantes em organizações comprometidas com a execução de sua estratégia/processo de inovação.

CADERNO DE APLICAÇÃO

– Procure pesquisar o processo de implementação/execução de estratégias genéricas dentro de sua organização. Converse com gestores de todos os níveis para entender os fatores que dificultam ou dificultaram a implementação dessas estratégias. Compare seus resultados com os relatos da literatura acerca dos fatores dificultadores mais recorrentes.

– Mapeie o ambiente de inovação de sua organização e elabore um quadro com fatores facilitadores e dificultadores para a inovação.

– Descreva um caso de execução de algum tipo de inovação em sua organização e reconstrua o mapa de implementação (*roadmap*). Para cada etapa do *roadmap*, reflita sobre os fatores dificultadores e o que poderia ter sido feito para evitar essas armadilhas. Compare ainda seus resultados com os elementos do modelo das armadilhas da inovação (estratégia, estrutura, processos e competências).

– É possível identificar em sua organização um "Ba" ou "contexto capacitante"? Em caso afirmativo, descreva o "Ba", seus elementos componentes e suas virtudes. Dê exemplos (ou forneça narrativas) de como o "Ba" se manifesta na arena da sua organização.

– Utilize o cubo de decisão para a realização de um diagnóstico sobre o "Ba" em diferentes níveis de interação (indivíduos, equipes, organização). Depois do diagnóstico, liste suas conclusões para entender se sua organização reúne ou não as condições favoráveis aos processos de criação de conhecimento e inovação. Não deixe de incluir suas ideias, concepções, hipóteses, experimentos e resultados para que tornemos o cubo de decisão cada vez mais robusto.

2.4 FERRAMENTAS

FIGURA 27 – Ferramentas (a caixa de ferramentas da inovação)

Um protótipo vale por mil reuniões.
FRASE REPETIDA NA EMPRESA DE DESIGN IDEO

PROPOSTA DE VALOR

– O "Método do Inovador": uma visão sistêmica e integrada acerca do uso de ferramentas.
– Quantas ferramentas de inovação eu conheço? 101 ferramentas e 80 métodos de design úteis ao repertório dos signatários do Manifesto Maker.
– Jornada do cliente: entendendo a geração do valor pela cocriação com os clientes.
– Ferramentas para a inovação no modelo de negócios: os "canvas" do modelo de negócios e da proposta de valor, os testes da narrativa e dos números, além da compreensão de diferentes padrões dos modelos de negócios.
– Ferramentas para a inovação na tecnologia: do design thinking ao LEGO Serious Play (LSP).

Discutidas as questões de estratégia e execução de nosso modelo de inovação estratégica, chegamos ao terceiro componente do modelo que são as ferramentas para a inovação. Uma vez que você tenha definido uma estratégia e compreendido os fatores de execução que influenciarão o processo, é importante que a ferramenta – ou o conjunto de ferramentas e práticas de gestão – esteja em sintonia com a estratégia definida e com suas habilidades de facilitação para a boa execução. Do contrário, o ditado popular prevalecerá: "para quem só conhece martelo, todo problema é prego".

Quantas ferramentas o inovador conhece? Quais sabe aplicar e facilitar? Como as ferramentas se conectam aos objetivos da estratégia? Que fatores dificultadores da execução devem ser levados em conta? Como uma ferramenta pode ser utilizada como um facilitador na execução da inovação estratégica?

Se a estratégia envolver aquilo que denominamos "*sensemaking*" no modo da **descoberta (ou *discovery*)**, ferramentas de inteligência competitiva e/ou pesquisa de mercado talvez sejam as mais recomendadas. Caso seja preciso criar conhecimento a partir do zero, construindo e testando ao longo da caminhada na perspectiva do modo de **representação (ou *enactment*),** ferramentas de design e prototipação talvez funcionem mais rapidamente.

Ainda assim, pode ser que você tenha percebido que antes de qualquer coisa é preciso resolver questões comportamentais entre as equipes envolvidas utilizando o LEGO Serious Play ou dinâmicas para entender se as pessoas colaboram e como colaboram. Recomendo conhecer o "Desafio do Marshmallow" (*Marshmallow Challenge*),[82] "Como fazer uma torrada" (*How to make a toast*)[83] ou "*Egg Drop*".[84] É importante abrir o diálogo entre ferramentas, estratégia, execução e métricas para que se possa apreciar a modelagem também com um telescópio, não apenas com um microscópio.

Meus objetivos nesta discussão sobre ferramentas de inovação são os seguintes:

- ✓ Destacar a existência de milhares de ferramentas para a inovação, enfatizando que a escolha de uma ferramenta deve levar em conta a estratégia pretendida e os desafios de execução/implementação, além do domínio da metodologia e técnicas de facilitação que o uso da ferramenta (ou prática de gestão) pressupõem.
- ✓ Apresentar o "Método do Inovador", uma metaferramenta que decompõe o processo de inovação em etapas com vistas a enumerar ferramentas úteis a serem utilizadas em cada uma das etapas.
- ✓ Relatar a existência de centenas de ferramentas de inovação disponíveis, destacando fontes que versam sobre 101 ferramentas e 80 desafios de design, além dos princípios do "*Maker Manifesto*" (Manifesto dos fazedores).
- ✓ Discutir a "Jornada (ou Experiência) do Cliente" e suas etapas, com vistas a compreender a geração do valor pela cocriação com os clientes.
- ✓ Classificar e discutir as ferramentas mais populares com base no conceito de inovação estratégica apresentado neste livro, a saber:

    (1) ferramentas para a inovação no modelo de negócios (os *canvas* do modelo de negócios e da proposta de valor, padrões de modelos de negócios, testes da narrativa e dos números);
    (2) ferramentas para a inovação tecnológica (*design thinking* e LEGO Serious Play).

Ferramentas existem aos milhares. Tenho certeza de que a sua caixa de ferramentas está lotada e sou categórico ao afirmar que há inúmeras ferramentas disponíveis na empresa em que você trabalha que boa parte das pessoas não sabe do que se trata, para que serve ou como usar (nem sequer sabem que existem). Ferramentas se destinam a inúmeros propósitos e deixo aqui os meus votos de que você também crie as suas próprias ferramentas. Tive a oportunidade de trabalhar nos quatro cantos do Brasil e espaço para testar minhas hipóteses e ferramentas. Algumas funcionaram maravilhosamente bem; outras fracassaram com êxito absoluto. O importante é que você compreenda o contexto no qual a ferramenta que escolheu se insere e quais os problemas/desafios você tem e quer resolver. A visão de microscópio é aquela que acontece quando você mergulha a fundo em um problema ou questão. O risco do aprofundamento é perder a visão do todo. Acontece até mesmo quando você escreve um artigo ou um livro. De vez em sempre, é preciso desligar o microscópio, se distanciar da problematização e voltar com um telescópio para enxergar a constelação de estrelas (o todo e suas conexões). O todo é maior que a soma das partes, um dos primeiros conceitos de qualquer livro-texto sobre teoria organizacional. O leitor deve estar se perguntando: "Qual ferramenta escolher para o problema estratégico XYZ?". Há trabalhos que tentam classificar várias ferramentas ao mesmo tempo que há manifestos que sugerem liberdade criativa e confiança aos fazedores. Sugiro que o abrace ambos, mas sabendo fazer escolhas informadas e inteligentes.

Caso opte pela utilização de alguma proposta integrativa de algum autor específico, Furr e Dyer[85] propuseram um "**Método do Inovador**" ao integrar os princípios da *start-up* enxuta. Trata-se de um metaferramenta que decompõe o processo de inovação em etapas para que seja possível associar as ferramentas que você dispõe à cada uma das etapas do seu processo de inovação (Figura 28).

O Quadro 13 é útil para ajudar inovadores que buscam o encaixe entre a estratégia – ou o processo de inovação – e suas caixas de ferramentas para a inovação, unindo (etapas + definições /atividades-chave + ferramentas úteis).

FIGURA 28 – Etapas do processo de inovação e uso de ferramentas de inovação

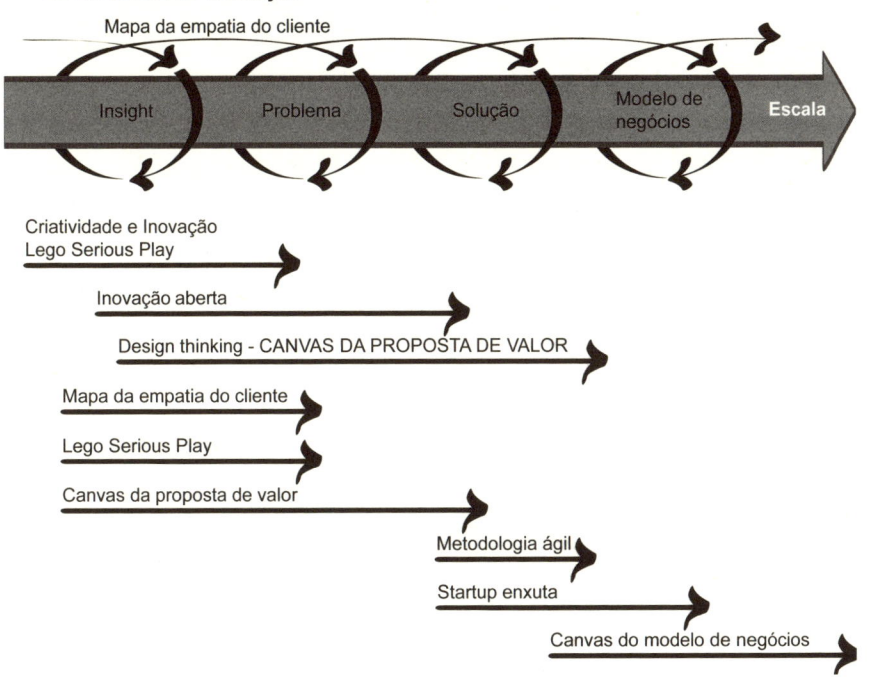

```
Mapa da empatia do cliente

Insight → Problema → Solução → Modelo de negócios → Escala
```

Criatividade e Inovação
Lego Serious Play →

Inovação aberta →

Design thinking - CANVAS DA PROPOSTA DE VALOR →

Mapa da empatia do cliente →

Lego Serious Play →

Canvas da proposta de valor →

Metodologia ágil →

Startup enxuta →

Canvas do modelo de negócios →

Fonte: adaptado de Furr e Dyer (2014)

QUADRO 13 – Correlacionando estratégia/etapas do processo de inovação ao uso das ferramentas de inovação

ETAPAS	DEFINIÇÕES/ATIVIDADES-CHAVE	FERRAMENTAS ÚTEIS
Insights	- Busca ampla de insights de problemas que valham a pena ser resolvidos. - Permita-se **saborear as surpresas** via questionamento, observação, experimentação e networking.	- Ideação - *Design thinking* - Inovação aberta
Problema	- Descubra o **problema a ser resolvido ou a tarefa a ser executada.** - Não inicie pela solução; explore as necessidades do cliente pelas óticas funcionais, sociais e emocionais. - Certifique-se de que você perseguirá um problema que vale a pensa ser resolvido.	- *Design thinking* - Canvas da proposta de valor - Mapa da empatia do cliente

ETAPAS	DEFINIÇÕES/ATIVIDADES-CHAVE	FERRAMENTAS ÚTEIS
Solução	- Criação da solução. - Prototipação do MVP – produto mínimo viável. - Busque um "**produto mínimo incrível**".	- Prototipação - *Start-up* enxuta - Método ágil de desenvolvimento de software - LEGO Serious Play (LSP) - Teste da narrativa
Modelo de negócios	- Experimente com um protótipo de modelo de negócios para compreender se os demais elementos também fazem sentido. Isso inclui a estrutura de custo e parceiros, entre outros. - **Valide estratégia "go-to-market".**	- *Canvas* do modelo de negócios - Teste dos Números

Fonte: adaptado de FURR e DYER (2014)

Observe que cada ferramenta listada atende a um propósito da estratégia ou do próprio processo de inovação. Embora o *design thinking* seja uma excelente ferramenta para a fase de se entender o problema que o cliente está tentado resolver, ele muito pouco diz sobre o modelo de negócios. A ferramenta/método da *start-up* enxuta é excepcional para a prototipação de uma solução, mas talvez não tenha tanta valia na fase de geração de ideias ou no mergulho em profundidade para se entender o problema do cliente.

Uma vez mais, não há regras universais. Sugiro que você não se prenda unicamente a um método específico ou conjunto de ferramentas, mas que também experimente a criação e o uso de ferramentas dando vazão à sua autonomia e liberdade criativa. É que o mapa representa o território, mas o território é muito maior que o mapa. Para que se tenha uma ideia do tamanho da caixa de ferramentas da inovação, é importante relatar a existência de milhares de ferramentas de inovação disponíveis, destacando fontes que versam sobre 101 ferramentas e 80 desafios de design, além dos princípios do "*Maker Manifesto*" (O "Manifesto dos Fazedores").

2.4.1 Considerações sobre "ferramentas": 101 ferramentas, 80 desafios de design e o Maker Manifesto

> *A tecnologia não é nada. O importante é que você tenha fé nas pessoas, que elas sejam basicamente boas e inteligentes, e se você lhes der ferramentas, elas farão coisas maravilhosas com elas.*
>
> STEVE JOBS

Na minha obsessão classificatória, encontrei trabalhos muito interessantes que nos levam a pensar sobre ferramentas de inovação. Kumar[86] propõe um modelo do processo de inovação de design com 101 métodos/ferramentas para o design. Já Sherwin[87] introduz 80 desafios para afiar as habilidades de design de seu time. Por último e não menos importante, "O Manifesto dos Fazedores" ("*The Maker Movement Manifesto*") propõe total liberdade criativa no processo de construção e uso de ferramentas. Não será por falta de ferramentas que seu processo de inovação não acontecerá.

Antes de listar suas 101 ferramentas, Kumar estabelece quatro princípios-chave para a inovação de sucesso, respectivamente:

(1) Construa a inovação ao redor de experiências: A experiência pode ser definida como o ato de viver através de eventos ou simplesmente viver os eventos. Aqui se encaixam perfeitamente os conceitos de "experiência do cliente", "experiência do usuário" ou "jornada do cliente". Esses conceitos são fáceis de falar, mas difíceis quando o assunto é fazer acontecer. A ciência social da etnografia (a coleta de dados sobre pessoas através da interação e observação direta) é útil para se obter um entendimento mais aprofundado sobre as pessoas, seus comportamentos, hábitos e preferências. Não que a pesquisa de marketing ou o grupo focal não sejam úteis, mas é que a observação etnográfica traz insights profundos ao observar pessoas diretamente em seus contextos diários. Trata-se de mudar o foco do que as pessoas falam para o que elas realmente fazem.

Tenho construído protótipos para compreender os impactos de virtualidade e educação a distância em várias partes do globo. A ideia é entregar protótipos nas mãos das pessoas (usuários e clientes, muitas vezes professores e alunos) para que esses possam usar e interagir com eles por algum tempo. É comum observar que as mesmas pessoas que apregoam acerca das enormes vantagens da educação a distância, acabam se mostrando avessas e resistentes a qualquer contato com os protótipos.

(2) Pense na inovação como sistemas: Qualquer oferta – seja ela um produto, serviço, processo ou tecnologia capacitadora – está inserida em um sistema maior de ofertas, organizações e mercado em relação de interação e interdependência. Inovadores que entendem como esse sistema maior funciona tem mais chances de criar e entregar ofertas de alto valor agregado.

(3) Cultive uma cultura de inovação: A ideia aqui é sobre cultivar o Ba ou o contexto capacitante, conforme já discutimos nos capítulos anteriores;

(4) Adote um processo disciplinado de inovação: Planejamento da inovação não é um oximoro. É fundamental que o processo de inovação seja planejado e gerenciado, tendo a flexibilidade necessária para ajustes ao longo da caminhada de aprendizados.

Ao criar um sistema classificatório para as inúmeras ferramentas e métodos de design, Kumar[88] utiliza os quatro processos-chave supracitados em concomitância com a observação e o aprendizado sobre fatores tangíveis a partir de situações do mundo real. Em seguida, o autor tenta obter amplo entendimento do mundo real pela criação de abstrações e modelos conceituais que permitem reformular o problema de novas maneiras. É só então que explora novos conceitos em termos abstratos antes de suas avaliações e implementações no mundo real. Kumar afirma que "isso requer fluidez em nosso pensamento entre o real e o abstrato".[89]

A Figura 29 é uma matriz 2×2 na qual Kumar propõe seu modelo de processo de inovação que lhe permite classificar suas 101 ferramentas (Quadro 14).

- O quadrante inferior esquerdo representa a "pesquisa" acerca do conhecimento da realidade.
- O quadrante superior esquerdo representa a "análise", local onde se processa a informação sobre a realidade em termos abstratos, tentando-se extrair modelos mentais para conduzir a inovação.
- O quadrante superior direto é a "síntese", onde os modelos abstratos desenvolvidos na "análise" são utilizados como base para a geração de conceitos.
- Por fim, o quadrante inferior direito define a "realização" dos conceitos em ofertas implementáveis.

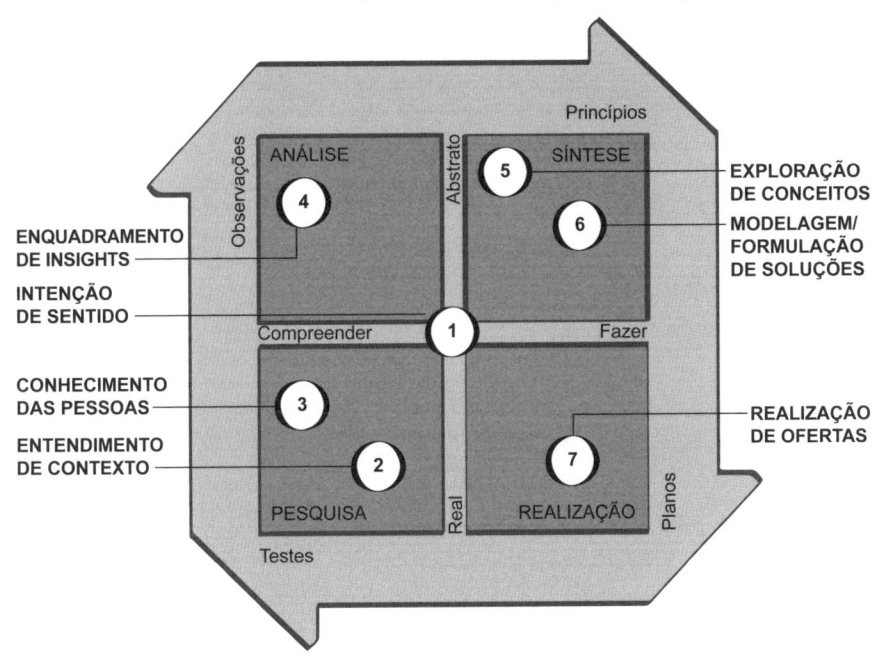

FIGURA 29 – Um modelo de processo de inovação em design

Fonte: Kumar (2013)

É mister que se tenha em mente que tais processos são não lineares e totalmente iterativos. No modelo de processo de inovação de Kumar residem sete modos distintos de atividades para a inovação de design. Observe que em cada um desses sete modos é que o autor constrói um sistema de classificação para suas 101 ferramentas de design (Quadro 14):

QUADRO 14 – 7 modos distintos para a inovação de design, seus conceitos e ferramentas

7 modos distintos para a inovação de design	Conceito	Ferramentas/Métodos mais comumente utilizados*
Sense intent (intenção de sentido)	Trata-se da construção de sentido (sensemaking) para a compreensão do mundo em que vivemos. Compreender a avaliar mudanças nos negócios, tecnologia, sociedade, cultura, leis e política etc. É a fase para se estudar as tendências, desenvolvimentos, de fronteira etc.	Buzz Reports Trends Expert Reviews Keyword Bibliometrics Ten Types of Innovation Framework Innovation Landscape Trends Matrix
Know context (entendimento do contexto)	Estudo do contexto – circunstâncias ou eventos que afetam os ambientes nos quais a oferta de inovação (produtos, serviços, experiências, marca etc.) existe ou poderá existir.	Popular Media Search Eras Map Innovation Evolution Map Ten-types of Innovation Diagnostcis Industry Diagnostics Swot Analysis Subject Matter Experts Interview
Know people (conhecimento das pessoas)	Entendimento das pessoas – usuários finais e demais stakeholders – e suas interações do dia a dia. O desafio se encontra na exploração das necessidades não atendidas ou não explicitadas. O objetivo principal é extrair os insights (revelação e/ou aprendizado) mais valiosos de nossas observações. O insight é uma interpretação do observado e frequentemente resultado de se perguntar "por quê?".	Research Participation Map User Rersearch Plan Five Human Factors POEMS Field Visit Video Etnopgrapy Etnographic Interview User Pictures Interview Cultural Artifacts Experience Simulation Image Sorting
Frame insights (enquadramento de ideias/insights/ aprendizados)	Levar estrutura ao que se encontrou e aprendeu nas fases anteriores: classificar, agrupar e organizar os dados coletados anteriormente para se descobrir padrões. Análise de dados e padrões podem apontar para mercados inexplorados ou nichos.	Observations to Insights User Response Analysis Venn Digramming Symetric Clustering Matrix Activity Network Semantic Profile User Journey Map

7 modos distintos para a inovação de design	Conceito	Ferramentas/Métodos mais comumente utilizados*
Explore concepts (exploração de conceitos)	Brainstorming estruturado para explorar oportunidades e novos conceitos. A questão central é a geração de conceitos por meio de ideias novas – e ousadas – fruto de sessões colaborativas.	Persona Definition Ideation Session Concept Metaphors and Analogies Role-Play Ideation Behavioral Prototype Concept Prototype
Frame solutions (modelagem/ formulação de soluções)	Construir a partir dos conceitos gerados anteriormente ao combiná-los para formar um "sistema de conceitos", denominados "Soluções". Avaliam-se conceitos identificando aqueles que trarão maior valor aos stakeholders.	Comcept Evaluation Concept-Linking Map Foresight Scenario Solution Storyboard Solution Prototype Solution Roadmap Synthesis Workshop
Realize offerings (realização de ofertas)	Uma vez que soluções potenciais foram modeladas e protótipos foram testados, esta é a etapa de avaliação com vistas à implementação. As soluções devem ser propositalmente construídas ao redor das experiências das pessoas para prover real valor e ser economicamente viáveis. Roadmaps e business cases são fundamentais nesta etapa.	Strategy Roadmap Pilot Development and Testing Implementation Plan Competencies Plan Team Formation Plan Innovation Brief

* Esta coluna apresenta algumas das 101 ferramentas propostas por Kumar
Fonte: adaptado de Kumar (2013)

Por sua vez, Sherwin[90] propõe oitenta desafios para afiar as habilidades de design e inovação das equipes. Nos prolegômenos da obra, Sherwin alerta os leitores que:

- é necessário ter muita prática para se tornar mais criativo. Insisto que a inovação acontece em processos e ciclos iterativos;
- o fracasso e os erros honestos são componentes necessários da criatividade;
- o processo é mais importante que o produto final: ser orientado ao processo – e não dirigido pelo produto – é a habilidade mais importante e mais difícil de ser desenvolvida por um designer;

- designers se tornam melhores à medida que aprendem a acessar suas intuições.

Os oitenta desafios de Sherwin[91] são categorizados em sete diferentes grupos: (1) Fundação, (2) Execução, (3) Materialidade, (4) Instrução, (5) Observação, (6) Inovação e (7) Interpretação.

Abordarei apenas uma das onze ferramentas/desafios sugeridos por Sherwin para a inovação, permitindo assim que você conheça uma ferramenta prática para fazer a inovação acontecer em seu ambiente de trabalho.

O desafio é denominado "**eu penso, consequentemente eu compro**":

> **Contextualização:** "Se a crise financeira foi causada pelo excesso de consumo de coisas que não poderíamos pagar, se a crise ambiental está sendo causada pelo excesso de consumo de coisas que não podemos pagar e a crise de saúde é causada pelo excesso de consumo de coisas que não podemos pagar, então isso tudo aponta em direção ao problema do consumo em excesso ou o consumo sem fim. Assim sendo, qual a alternativa?"[92]

> **Desafio:** "Você e seu time devem planejar e criar uma loja de varejo que venda ideias em vez de produtos físicos – objetos que podem ser levados para casa. Em suas explorações, considere conferir nome, marca e sinalização. Precisamente, que tipos de ideias existiriam e como seriam manifestos para a compra? Qual seria a sua abordagem, construindo sua experiência? Finalmente, como você gostaria que os visitantes mudassem seus comportamentos depois da visita à sua loja?"[93]

> **Vá adiante no desafio**: "Crie um protótipo físico da experiência incluindo a elevação da experiência da loja e exemplos de quais artefatos seriam necessários dentro desse espaço para fazer com que as pessoas 'consumam ideias' em um modo acelerado."[94]

Observe que essa dinâmica nos permite uma conexão com a "**experiência do cliente**" ou "**jornada do cliente**". Em todas as minhas experiências com a gestão acadêmica de escolas e universidades, eu levava meu time a se colocar no lugar dos alunos e descrever as experiências dos alunos em todos os pontos de contato deles com a instituição na qual trabalhávamos. Repito: eu me referia a todos os pontos de contato, como ligação para o *call center*, processo de matrícula, mobilidade nos *campi*, ambientação da sala de aula, empréstimo na biblioteca e lanche na cantina, dentre muitos outros. O desafio significa aprender a utilizar e a criar uma ferramenta de prototipação. Eu iniciava o processo impedindo que a equipe fizesse mais reuniões que em nada resultariam ou se engajassem no blá-blá-blá sobre o que eles achavam acerca das vivências dos alunos. A abordagem deveria ser diferente. Intuitivamente, passávamos pelo conceito e por vários dos seguintes componentes, propostos por Barnes e Kelleher (2015):[95] "Experiência do cliente é a soma de todas as interações entre um cliente e sua organização. É uma mistura da performance física da sua organização e das emoções que você cria, todas medidas a partir das expectativas dos clientes em todos os seus pontos de interação".

Esses autores sugerem que há oito componentes essenciais para a construção de um programa de experiência do cliente, respectivamente:

(1) Desenvolver e desdobrar/implantar a indicação de intenção quanto à experiência do cliente: Trata-se de um conjunto definido e formal de critérios pelos quais uma organização pode gerenciar e monitorar a experiência do cliente. Embora essa intenção esteja relacionada e dê suporte ao posicionamento de marca da organização, não se trata de um slogan de marketing.

(2) Construir os mapas de pontos de contato: Com o objetivo de propiciar uma excelente experiência do cliente, você precisa de um conhecimento profundo sobre como os clientes interagem com seu negócio em cada um dos pontos de contato individuais, bem como através de toda a organização. A análise proverá um maior entendimento da experiência dos seus clientes com a sua organização.

(3) Redesenhar os pontos de contato: É bem provável que você tenha que redesenhar alguns ou todos os pontos de contato de seu cliente com a sua organização com vistas a melhorar a experiência que seus clientes estão recebendo. Em virtude da "desordem do déficit de atenção corporativo (DDAC)", é muito importante que você forneça escopo e limite de tempo para essa atividade.

(4) Criação de diálogo com seus clientes: A intenção aqui é se distanciar das pesquisas de clientes e se aproximar do diálogo aberto e dos feedbacks em tempo real. Só assim você poderá criar seu inventário e priorizar escutas e diálogos de alto valor para criar um modelo de governança a fim de gerenciar e responder aos feedbacks dos clientes. O jogo final aqui é conversar com os clientes em tempo real respondendo às suas preocupações, problemas e sugestões à medida que elas vão acontecendo.

(5) Construção de conhecimento sobre a experiência do cliente com sua força de trabalho: Os colaboradores que regularmente interagem com clientes precisam entender não somente qual a experiência do cliente a sua organização pretende entregar, mas também como entregar essa experiência.

(6) Reconhecimento e recompensa de um trabalho bem-feito: Um bom sistema de recompensas é capaz de comunicar a todos os colaboradores o que é realmente importante e o que não é. Não basta apenas "bater as metas" se o colaborador faz isso ignorando a declaração de intenção da experiência do cliente. Sem reconhecimento formal sobre acerto na experiência do cliente, é bem provável que todos os seus esforços sejam em vão.

(7) Execução de um plano de comunicação interna integrado: Tornar sua organização centrada no cliente requer uma longa caminhada e muitos recursos devem ser alocados para tal fim – tanto financeiros quanto filosóficos –, principalmente um plano de comunicação interna.

(8) Construção de um painel da experiência do cliente: Para a perenidade da iniciativa, é importante a construção de um painel de projetos com métricas de performance formais e claras. Cada colaborador deve estar consciente dessas métricas, visto que métricas reais e objetivos agressivos dirigem a responsabilidade de melhorias e ajudam a aniquilar iniciativas desalinhadas. A fim de acompanhar métricas e dados, um painel altamente visível da experiência do cliente permitirá a todos os envolvidos monitorar, revisar e discutir regulamente cada medida que ele contém.

Um dos casos em que me utilizei do conceito da "experiência do cliente" na forma de "experiência do aluno" foi durante meu período à frente da reitoria do UniBH. As iniciativas de diálogo com o aluno por meio de palestras regulares nos auditórios não vinham funcionando bem, não obstante os substanciais investimentos e o alto custo de divulgação. Comecei com a minha velha crença de que "gestão se faz também caminhando pela organização" e me coloquei como espectador dessas palestras e seminários integrados nos vários *campi* do UniBH. O que percebi foi a presença de pouquíssimos alunos e – mesmo quando a lista de chamada era utilizada como instrumento de coerção para a presença dos alunos – o desânimo, o tédio e a desatenção se apossavam dos presentes em pouquíssimos minutos. Passei a explorar os sentimentos dos presentes depois desses eventos me aproximando dos alunos e professores para colher suas impressões. Eis alguns dos comentários que mais se repetiam: "É, reitor, meio maçante isso, né?", "Professor, eu não preciso vir aqui para ficar calado e ouvir coisas que eu acho no Google", "Deveria haver um espaço pra gente interagir, falar o que pensa", "Reitor, observe a falta de interesse dos alunos".

Semanas depois, com meu time, passamos a conversar sobre o problema e formas de resolvê-lo. Adotamos uma abordagem semelhante à descrita nos oito passos acima* e optamos no início pela utilização de uma ferramenta denominada **O mapa da empatia do cliente** (Figura 30).

FIGURA 30 – Mapa da empatia do cliente

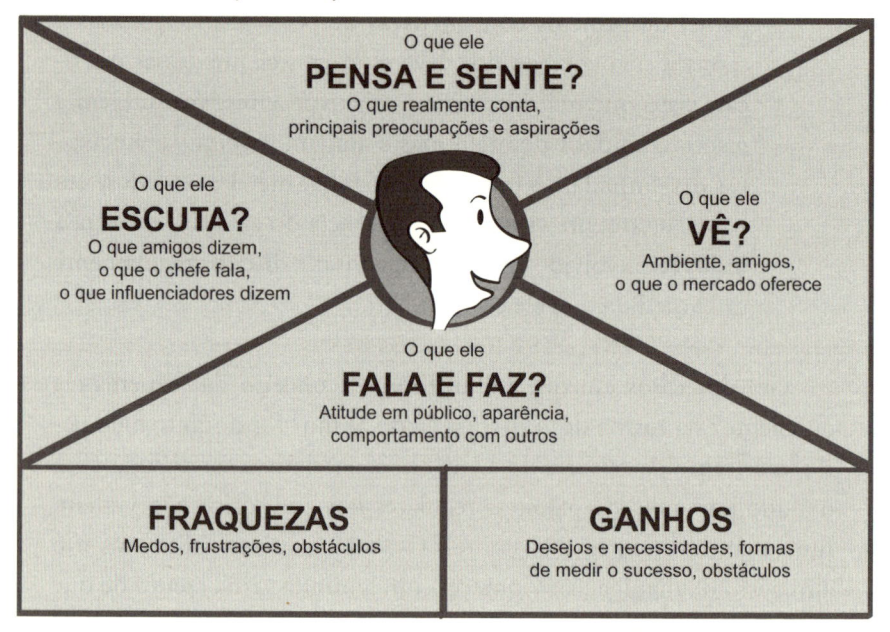

O que ele
PENSA E SENTE?
O que realmente conta, principais preocupações e aspirações

O que ele
ESCUTA?
O que amigos dizem, o que o chefe fala, o que influenciadores dizem

O que ele
VÊ?
Ambiente, amigos, o que o mercado oferece

O que ele
FALA E FAZ?
Atitude em público, aparência, comportamento com outros

FRAQUEZAS
Medos, frustrações, obstáculos

GANHOS
Desejos e necessidades, formas de medir o sucesso, obstáculos

Fonte: Osterwalder, 2010

Esse mapa foi espalhado por todas as áreas da universidade que tinham contato com os alunos. As observações eram anônimas e deviam ser escritas em *post-its* para posterior colagem no mapa da empatia do cliente. Nas primeiras semanas, passávamos pelas áreas envolvidas e as contribuições não apenas eram poucas, mas também tímidas. Passamos a incentivar – sem proselitismos – a utilização e a recompensar as áreas com mais descobertas. Com os resultados compilados, voltamos ao mapa de experiência do aluno e chegamos

---

* Em vários momentos eu recorria à obra de Wulfen (2013) em busca de ideias para ferramentas, histórias, casos e dinâmicas.

ao conceito do "Arena UniBH". O conceito envolvia convidar personalidades envolvidas com as grandes agendas do município de Belo Horizonte, do estado de Minas Gerais e do Brasil para bater um papo com os alunos. A lista de interesses dos alunos à época incluía Copa do Mundo, Olimpíadas, internet e mídias sociais. O formato era uma inversão da nossa sabedoria convencional e significava "colocar a plateia no palco": nossos convidados colocariam suas questões em tempos predeterminados ao que se seguiria a abertura do diálogo com os alunos. Todos os envolvidos – convidados, professores e alunos – precisariam aprender acerca dessa nova lógica. Não seria tarefa trivial. Contrariando tudo o que tradicionalmente pensávamos sobre quais convidados levaríamos e como eles se apresentariam, a primeira ousadia foi proposta por Rodrigo Neiva e Fernanda Oliveira, diretores do UniBH: "E se convidássemos o pessoal do grupo Porta dos Fundos? Com base nas conclusões de nosso mapa da empatia, o "Porta dos Fundos" é das escolhas mais interessantes".

Confesso que tive meus receios em topar um evento com a turma do "Porta dos Fundos" em um espaço aberto dentro dos ginásios e instalações de nosso Campus Buritis. O resultado foi excepcional, com telões espalhados pelo *campus* para aqueles que não conseguissem mais vaga dentro do ginásio. Nunca vi tantos alunos presentes nem aquele número expressivo de alunos fazendo perguntas aos entrevistados. Descobrimos que os teatros e auditórios formais eram espaços "caretas" e de "pouca interação" na perspectiva dos alunos. Sem abrir mão de educar, fomos flexíveis e sensíveis às demandas que aprendemos mapeando a jornada e a experiência dos alunos na universidade. E, sim, o custo para a realização do evento também caiu vertiginosamente.

Outro exemplo interessante sobre a jornada do cliente você pode explorar no caso do Dr. Consulta na Figura 31.

Sugiro que você construa a "jornada do cliente" de sua organização como forma de experimentação, prototipação e aprendizado coletivo. Se bem facilitado, o uso dessa ferramenta acaba por engajar os membros da sua organização, além de permitir que os líderes descubram novos talentos e novas oportunidades de inovação.

FIGURA 31 – Mapa da empatia do cliente

Fonte: <https://www.drconsulta.com/>. Acesso em: set. 2017

Por fim, o "Manifesto do Movimento dos Fazedores/Criadores" foi escrito por Hatch (2014) para a empresa Techshop.* O título original em inglês é *The Maker Moviment Manifesto: rules for innovation in the new world of crafters, hackers and tinkerers*.** (O manifesto do movimento dos fazedores/criadores: regras para a inovação no novo mundo dos construtores, modificadores/expertos e experimentadores/reparadores). O manifesto apresenta nove princípios, a saber:

(1) **Make (Crie/Faça)** – Criar/fazer é fundamental para aquilo que significa ser humano. Precisamos fazer, criar e nos expressar para que nos sintamos completos. Há algo único em

---

* Saiba mais sobre a Techshop aqui, um conceito de "Fab Lab": <https://en.wikipedia.org/wiki/TechShop>. Acesso em: maio 2018.

** O primeiro capítulo desse manifesto está disponível para download gratuito em: <http://www.techshop.ws/images/0071821139%20Maker%20Movement%20Manifesto%20Sample%20Chapter.pdf>. Acesso em: maio 2018.

fazer coisas físicas, são como pequenos pedaços de nós e incorporam pedaços de nossa alma.

(2) **Share (Compartilhe)** – Compartilhar aquilo que você construiu e o que você sabe com outros é o método pelo qual o sentimento de completude do criador é alcançado. Você não pode criar e não compartilhar.

(3) **Give (Dar)** – Nada menos egoísta e capaz de satisfazer do que dar algo que construímos. O ato de fazer coloca um pedaço de nós no objeto. Dar isso a alguém é como dar um pequeno pedaço nosso a outras pessoas e isso se estabelece entre as coisas mais importantes que possuímos.

(4) **Learn (Aprender)** – Para criar e fazer você precisa aprender. Você pode até já ser um experto ou um grande mestre, mas sempre aprenderá novas técnicas, materiais e processos. Construir uma jornada de aprendizado para a vida toda assegura uma vida criativa rica e recompensadora, além de capacitá-lo ao compartilhamento.

(5) **Tool up (Mãos à obra)** – Você precisa ter acesso às ferramentas corretas para o seu projeto. Invista e desenvolva acesso local às ferramentas que você precisa para criar/fazer o que deseja.

(6) **Play (Jogue com alegria!)** – Tenha alegria e bom humor com aquilo que está criando/fazendo e você ficar surpreendido, excitado e orgulhoso das suas ideias.

(7) **Participate (Participe)** – Junte-se ao "Movimento dos Criadores/Fazedores" e tenha acesso àqueles próximos a você que estão descobrindo a alegria de criar/fazer. Promova seminários, festas, um dia dos criadores/fazedores, feiras, exposições, aulas e jantares para os outros criadores/fazedores da sua comunidade.

(8) **Support (Dê apoio/suporte)** – Esse é um movimento e requer suportes emocional, intelectual, financeiro, político e institucional. A melhor esperança para melhorar o mundo somos nós e somos responsáveis pela criação de um futuro melhor.

(9) **Change (Mude)** – Abrace a mudança que ocorrerá naturalmente à medida que você caminha em sua jornada de criação.

Já que criação é fundamental àquilo que significa ser humano, você se tornará uma versão mais completa de si mesmo à medida que cria/faz.

Conhecidos os nove princípios do manifesto, Hatch nos alerta: "no espírito da criação, eu recomendo enfaticamente que você pegue esse manifesto, promova mudanças nele e crie o seu próprio. Eis o espírito da criação".[96]

A minha sugestão é a mesma: que você crie seu próprio manifesto e divulgue-o por toda a sua organização. Todos somos criativos – embora alguns pensem que não – e todos podemos inovar.

Definimos anteriormente a inovação estratégica como a criação de mais valor na interface entre a tecnologia e o modelo de negócios. Para que sejamos fiéis à lógica integrativa que aqui propomos, discutiremos as ferramentas mais utilizadas para a inovação no modelo de negócios e as ferramentas mais utilizadas para a inovação tecnológica. Isso não quer dizer que tais ferramentas sirvam exclusivamente para o modelo de negócios ou exclusivamente para a tecnologia. O objetivo deste livro é mostrar que você é livre para criar seus próprios modelos, bem como utilizar qualquer ferramenta – adaptando-a ou não – para os fins que bem entender.

2.4.2 Ferramentas para a inovação no modelo de negócios

Lembre-se: há centenas de ferramentas para se inovar no modelo de negócios. Entre as ferramentas mais populares para a inovação no modelo de negócios, destaco os *canvas* (ou telas) do modelo de negócios e da proposta de valor, além dos testes da narrativa e testes dos números.

2.4.2.1 Business Model Generation: o canvas (tela) do modelo de negócios

De acordo com Osterwalder e Pigneur, "um modelo de negócios descreve a lógica de criação, entrega e captura de valor por parte de uma organização".[97] No final das contas, é entendendo cada modelo de negócio de uma organização – sim, uma organização pode ter mais de um modelo de negócios em seu portfólio – que podemos entender como aquela organização "ganha dinheiro". Casadesus-Masanell e Ricart ilustram a lógica do modelo de negócios da companhia aérea Ryanair* na Figura 32 a seguir:

FIGURA 32 – Representação do modelo de negócios simplificado da Ryanair

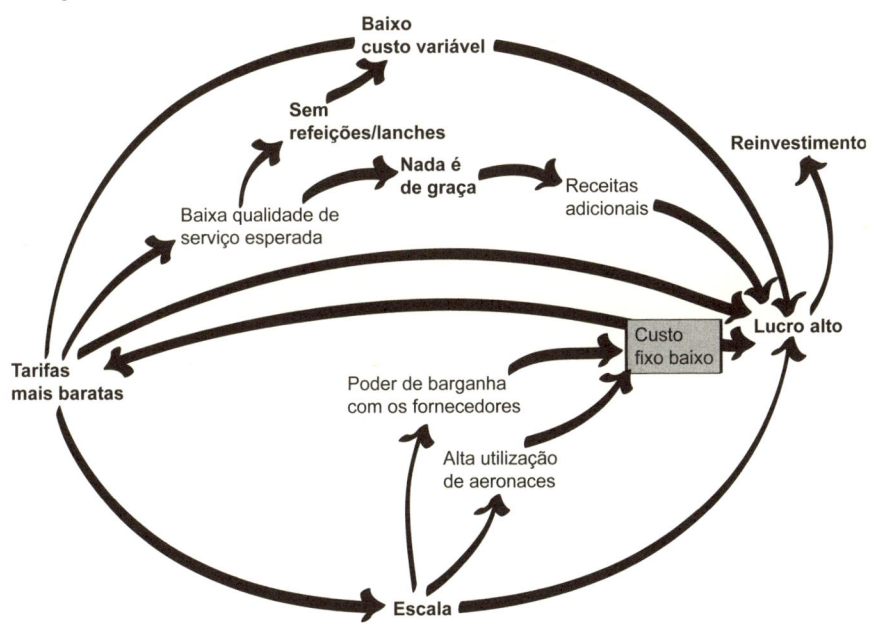

Fonte: Casedesus-Masanell e Ricart (2010)

Osterwalder[98] sugere que, para descrever, criar, inovar ou desafiar o modelo de negócios, é fundamental a existência de uma linguagem/visão comum. Sua proposta é uma tela (*canvas*) com nove componentes (já brincou de Lego?) que explicam a lógica pela qual uma organização pretende capturar valor (e ganhar dinheiro!).

---

* A Ryanair é uma companhia aérea de baixo custo irlandesa com base em Dublin, Irlanda. No entanto, desenvolve a maioria de suas operações do Reino Unido, nomeadamente a partir da sua principal base, o aeroporto Stansted, em Londres. É atualmente uma das maiores companhias aéreas da Europa no setor *low cost*. (Fonte: Wikipedia. Acesso em: nov. 2017.)

Ostwerwalder e Pigneur sugerem que um modelo de negócios pode ser mais bem descrito com nove componentes básicos que demonstram a lógica pela qual uma organização pretende gerar valor:

> Os nove componentes cobrem as quatro principais áreas de um negócio: clientes, oferta, infraestrutura e viabilidade financeira. O modelo de negócios é um esquema para a estratégia ser implementada através das estruturas, dos processos e sistemas organizacionais.[99]

Eis os noves componentes de um modelo de negócios segundo Osterwalder:[100]

(1) **Segmentos de clientes (SC):** Uma organização serve a um ou a diversos segmentos de clientes. Trata-se dos diferentes grupos de pessoas ou organizações que uma empresa busca alcançar e servir. Para quem estamos criando valor? Quem são nossos consumidores mais importantes? Grupos de clientes representam segmentos distintos se (a) suas necessidades exigem e justificam uma oferta diferente, (b) são alcançados por canais de distribuição diferente, (c) exigem diferentes tipos de relacionamento, (d) têm lucratividades substancialmente diferentes e (e) estejam dispostos a pagar por aspectos diferentes da oferta. Há diferentes tipos de segmentos de cliente, como mercado de massa, nicho de mercado, segmentado, diversificado e mercados multilaterais.

(2) **Proposta de valor (PV):** Busca resolver os problemas do cliente e satisfazer suas necessidades com propostas de valor; descreve o pacote de produtos e serviços que criam valor para um segmento de cliente específico. Perguntas norteadoras: Que valor entregamos ao cliente? Qual problema estamos ajudando a resolver? Que necessidades estamos satisfazendo? Que conjunto de produtos e serviços estamos oferecendo para cada segmento de cliente? Eis alguns elementos que podem contribuir para a criação de

valor para o cliente: novidade, desempenho, personalização, design, marca/*status*, preço, redução de custo, redução de risco, acessibilidade e conveniência/usabilidade.

(3) **Canais (CN):** As propostas de valor são levadas aos clientes por canais de comunicação, distribuição e vendas. Os canais servem a diversas funções, incluindo: (a) ampliar o conhecimento dos clientes sobre os produtos e serviços da empresa, (b) ajudar os clientes a avaliar a proposta de valor de uma empresa, (c) permitir aos clientes adquirir produtos e serviços específicos, (d) levar uma proposta de valor aos clientes e (e) fornecer suporte ao cliente depois da compra. Perguntas importantes: Através de quais canais nossos segmentos de cliente querem ser contatados? Como nossos canais se integram? Qual funciona melhor? Quais apresentam melhor custo-benefício? Como estão integrados à rotina do cliente? Canais podem ser divididos entre diretos e indiretos, bem como entre canais particulares e canais em parcerias. São cinco as fases de um canal: conhecimento, avaliação, compra, entrega e pós-venda.

(4) **Relacionamento com clientes (RC):** É estabelecido e mantido com cada segmento de clientes, descrevendo os tipos de relação que uma empresa estabelece com segmentos de cliente específicos. As relações podem variar de pessoais a automatizadas, sendo normalmente guiadas pelas motivações de conquista do cliente, retenção do cliente e ampliação das vendas; influencia profundamente a experiência geral de cada cliente. Perguntas fundamentais: Que tipo de relacionamento cada um dos nossos segmentos de cliente espera que estabeleçamos com eles? Quais já estabelecemos? Qual o custo de cada um? Como se integram ao restante do nosso modelo de negócios? Há várias categorias de relacionamento com o cliente: assistência pessoal (baseada na interação humana), assistência pessoal dedicada, self-service, serviços automatizados, comunidades de usuários, cocriação (como as resenhas de produtos escritas por clientes da Amazon).

(5) **Fontes de receita (R$):** As fontes de receita resultam de propostas de valor oferecidas com sucesso aos clientes; representam o dinheiro que uma empresa gera a partir de cada segmento de cliente; podem envolver dois tipos diferentes de fonte de receita: (a) transações de venda resultantes de pagamento único e (b) renda – ou receita – recorrente, resultante de pagamento constante. Perguntas importantes: por quais valores nossos clientes estão realmente dispostos a pagar? Pelo que eles pagam atualmente/Como pagam e como prefeririam pagar? O quanto cada fonte de receita contribui para o total da receita? Há diversas maneiras de se gerar fontes de receita: venda de recursos, taxas de uso, taxa de assinatura, empréstimos/aluguéis/*leasing*, licenciamento, taxas de corretagem e anúncios. Cada fonte de receita pode ter diferentes tipos de precificação: preços fixos e preços dinâmicos. Estes últimos mudam com base nas condições de mercado, como negociação (barganha), mercado em tempo real (dinamicamente, com base em oferta e demanda) e leilões.

(6) **Recursos principais (RP) ou Recursos-chave (RC):** Os recursos principais – ou recursos-chave – são os elementos exigidos para oferecer e entregar os elementos previamente descritos; descreve os recursos mais importantes exigidos para fazer um negócio funcionar e podem ser físicos, financeiros, intelectuais ou humanos; podem ser possuídos, alugados pela empresa ou adquiridos de parceiros-chave. Pergunta importante: que recursos principais nossa proposta de valor, canais de distribuição, relacionamento com o cliente e fontes de receita requerem? Os recursos-chave podem ser categorizados como se segue: (a) físico (fábricas, edifícios, máquinas, sistemas, pontos de venda e redes de distribuição, (b) intelectual (marcas, conhecimentos particulares, patentes e registros, parcerias e bancos de dados), (c) humano (recursos humanos são cruciais em indústrias criativas e de conhecimento) e (d) financeiro (recursos e/ou garantias financeiras, como dinheiro e linhas de crédito, ou ações para contratar funcionários cruciais).

(7) **Atividades-chave (AC):** Descreve as ações mais importantes que uma empresa deve tomar/desempenhar para fazer funcionar seu modelo de negócios. Pergunta relevante: Que atividades-chave nossa proposta de valor, canais de distribuição relacionamento com o cliente e fontes de receita requerem? Atividades-chave podem ser categorizadas em (a) produção (desenvolvimento, fabricação e entrega de produtos), (b) resolução de problemas (como empresas de consultoria e hospitais) e (c) plataforma/rede (como as plataformas de TI utilizadas pela Amazon ou o eBay).

(8) **Parcerias principais (PP) ou parcerias-chave (PC):** Algumas atividades são terceirizadas e alguns recursos são oferecidos fora da empresa; descreve a rede de fornecedores e os parceiros que colocam o modelo de negócios para funcionar; empresas criam alianças para otimizar seus modelos, reduzir riscos ou adquirir recursos; podemos distinguir quatro tipos diferentes de parceiras, (a) alianças estratégicas entre não competidores, (b) coopetição: parcerias estratégicas entre concorrentes, (c) joint ventures para desenvolver novos negócios e (d) relação comprador-fornecedor para garantir suprimentos confiáveis; pode ser útil distinguir entre três motivações para uma parceria, respectivamente: (1) otimização e economia e escala, (2) redução de riscos e incertezas, além de (3) recursos e atividades particulares. Perguntas úteis: Quem são nossos principais parceiros? Quem são nossos fornecedores principais? Que recursos principais estamos adquirindo dos parceiros? Que atividades-chave os parceiros executam?

(9) **Estrutura de custo (C$):** Os elementos do modelo de negócios resultam na estrutura de custo que descreve todos os custos envolvidos na operação de um modelo de negócios; criar e oferecer valor, manter o relacionamento com cliente e gerar receita incorrem em custos. Exemplo são as linhas aéreas "econômicas" que vêm construindo modelos de negócio

inteiramente baseados em estruturas de baixo custo. Perguntas relevantes: Quais são os custos mais importantes em nosso modelo de negócios? Que recursos-chave são mais caros? Quais atividades-chave são mais caras? Assim, pode ser útil distinguir entre duas grandes classes de estrutura de custos: (1) direcionadas pelo custo e (2) direcionadas pelo valor (muito modelos de negócios estão entre os dois extremos); as estruturas de custo podem ter as seguintes características: (a) custos fixos, (b) custos variáveis, (c) economias de escala (vantagens de custo da qual um negócio tira proveito à medida que a demanda aumenta) e (d) economias de escopo (vantagens de custo da qual um negócio tira proveito devido a um maior escopo de operações – em uma grande empresa, por exemplo, as mesmas atividades de marketing ou canais de distribuição podem dar apoio a múltiplos produtos).

Osterwalder e Pigneur[101] propõem que os nove componentes de modelo de negócios formam a base para uma ferramenta útil denominada ***canvas/tela/quadro*** em branco do modelo de negócios, conforme a Figura 33:

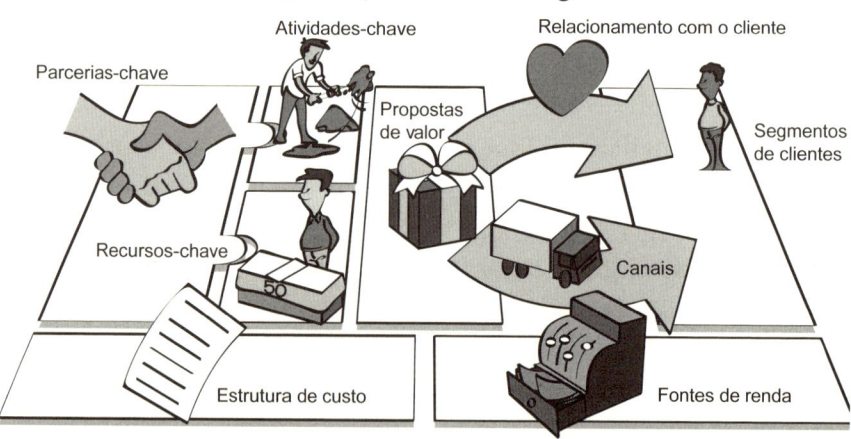

FIGURA 33 – O *canvas* (ou tela) do modelo de negócios

Fonte: Osterwalder e Pigneur, 2010

Por meio da utilização de um *canvas* (quadro ou tela de pintura), temos uma linguagem compartilhada para descrever, visualizar, criar, avaliar, inovar e mudar modelo de negócios. A linguagem e o repertório necessários para o desenvolvimento iterativo de prototipagens de modelos de negócios inovadores passa pela compreensão do ***canvas*** (a tela em branco do artista!), da ampliação das ferramentas de **design** e da consequente compreensão de **padrões** de diferentes tipos de modelos de negócios que podem coexistir dentro da mesma organização. É fundamental que os inovadores e gestores reúnam competências de linguagem de modelos de negócio, atitude de *design thinking* e a prototipação ou testes antes da construção para disponibilização ao mercado/clientes.

Uma vez que você tem em mãos o *canvas* com os nove componentes, chegou a vez de começar a desenhar, experimentar e prototipar. É, é isso mesmo! Sua tela está em branco! Ouse, crie, desafie, melhore! Aprenda a pensar como um designer!

Você pode explorar várias técnicas de design de modelos de negócios: (1) insights dos clientes (usando um "mapa da empatia"), (2) ideação (com as perguntas do tipo "*what if*"), (3) pensamento visual (por intermédio de imagens, rascunhos, diagramas e *post-its*), (4) *storytelling* (narrativas para introduzir o novo, pensar o futuro, motivar e engajar pessoas) – a combinação de pensamento visual com *storytelling* produz o que denominamos "*vivid thinking*" ou "pensamento vivo", (5) prototipagem (em diferentes escalas, no guardanapo, *canvas*, *case* ou teste de campo), (6) cenários (descrevendo tipos diferentes de clientes ou cenários futuros).

Depois de muitas experimentações no *canvas*, é preciso se aprofundar na compreensão de padrões de modelos de negócios com características, arranjos e comportamentos similares. Eis o que Osterwalder e Pigneur denominam "similaridades de padrões de modelos de negócios": "modelos de negócios com características similares, arranjos similares de componentes do modelo de negócios, ou componentes similares".[102]

Osterwalder e Pigneur[103] classificam cinco padrões de modelos de negócios, ressalvando que novos podem surgir, a saber:

✓ **Modelos de negócios desagregados (desagregação):** O conceito de corporação desagregada declara que há três tipos fundamentalmente diferentes de negócios: (1) negócios de relacionamento com o cliente, (2) negócios de inovação de produto e (3) negócios de infraestrutura. Cada tipo tem seus imperativos econômicos, competitivos e culturais. Os três podem coexistir dentro de uma única corporação, mas, idealmente, são desagregados em entidades separadas para evitar conflitos e compensações indesejadas. Exemplos são empresas de telefonia móvel e *private banking*.

✓ **A cauda longa:** O modelo de negócios de cauda longa trata de vender menos de mais, ou seja, concentra-se em oferecer um grande número de produtos de nicho, cada um deles com vendas relativamente infrequentes. Agregar vendas de nicho assim pode ser tão lucrativo quanto o modelo tradicional no qual um pequeno número de best-sellers forma a maior parte da receita. Modelos de negócios de cauda longa requerem baixo custo de estoque e plataformas robustas para disponibilizar prontamente conteúdo segmentado para os compradores interessados. Exemplos são a Netflix e o eBay.

✓ **Plataformas multilaterais:** Unem dois ou mais grupos distintos de clientes, porém interdependentes. São de valor para um grupo de clientes apenas se os outros grupos também estiverem presentes. A plataforma cria valor facilitando a interação entre diferentes grupos. Uma plataforma multilateral cresce à medida que atrai mais usuários, um fenômeno conhecido como efeito de rede. O modelo de negócios do videogame Nintendo Wii reúne dois tipos distintos de clientes: jogadores de videogame e desenvolvedores de games. Outros exemplos são Visa, eBay, Microsoft Windows e *Financial Times*.

✓ **Grátis como modelo de negócios:** No modelo de negócios grátis pelo menos um segmento de cliente substancial é capaz de se beneficiar continuamente de uma oferta livre de custos. Clientes não pagantes são financiados por outra parte do modelo de negócios ou por outro segmento de cliente. Exemplos são o Metro (jornal gratuito), Flickr, Software Livre, Skype e Google. Diferentes modelos tornam a gratuidade possível e McGrath[104] distingue entre (a) **advertising** (anúncios), como um dicionário grátis ou vídeos no YouTube que obrigam o usuário a assistir a anúncios para ter acesso aos seus conteúdos, (b) **cross-subsidization** (subsídio cruzado), também conhecido como "isca e anzol", como vender impressoras a baixo custo e lucrar altas margens vendendo cartuchos, (c) **promotion** (Promoção), um produto de baixo custo é oferecido (um bicho de pelúcia, música ou software digital) para promover algo inteiramente diferente – como uma marca, cota em uma comunidade/clube/associação ou show de rock. Um exemplo disso são os brinquedos inseridos no McLanche Feliz do McDonald's; (d) **freemium,** palavra que combina "*free*" (gratuito) com "*premium*" (prêmio), em que uma versão básica é oferecida de graça, na expectativa de que um número razoável de clientes optará por uma versão mais avançada da oferta, como o LinkedIn, (e) **barter (escambo)**, no qual também é dado sem custo a clientes que proveem em retorno algo valioso para a organização patrocinadora. Exemplos são companhias farmacêuticas que fornecem drogas sem custo algum para médicos e hospitais para testes clínicos. Em troca, estes últimos fornecem pacientes para seus testes clínicos, (f) **grátis**, quando algo valioso é dado de graça simplesmente porque aqueles envolvidos apreciam a interação ou mesmo fazer uma contribuição. A Wikipédia é um bom exemplo.

- **Modelo de negócios aberto:** Pode ser utilizado por companhias para criar e capturar valor sistematicamente colaborando com parceiros externos. Isso pode acontecer de "fora para dentro", explorando ideias externas dentro da empresa, ou de "dentro para fora", fornecendo a grupos externos ideias e recurso internos. Exemplos são a Natura, P&G, GlaxoSmithKline e InnoCentive.

Para os inovadores interessados em ir além da classificação de Osterwalder e Pigneur, sugiro conhecer o trabalho de Gassmann et al.,[105] que se propuseram a classificar 55 diferentes tipos de modelo de negócios a partir da seguinte lógica: (1) nominação do padrão, (2) descrição dos componentes afetados do modelo de negócios, (3) companhias que exemplificam cada um dos 55 tipos de modelos de negócios e uma (4) descrição sucinta de cada um dos padrões dos modelos de negócios. O Quadro 15 a seguir apresenta a relação dos 55 tipos de modelos de negócio:

QUADRO 15 – 55 tipos de modelos de negócios

ADD-ON	E-COMMERCE	INTEGRATOR	ORCHESTRATOR	SELF-SERVICE
AFFILIATION	EXPERIENCE SELLING	LAYER PLAYER	PAY PER USE	SHOP IN SHOP
AIKIDO	FLAT RATE	LEVERSAGE CUSTOMER DATA	PAY WHAT YOU WANT	SOLUTION PROVIDER
AUCTION	FRACTIONAL OWNERSHIP	LICENSING	PEER TO PEER	SUBSCRIPTION
BARTER	FRANCHISING	LOCK-IN	PERFORMANCE-BASED CONTRACTING	SUPERMARKET
CASH MACHINE	FREEMIUM	LONG TAIL	RAZOR AND BLADE	TARGET THE POOR
CROSS-SELLING	FROM PUSH TO PULL	MAKE MORE OF IT	RENT INSTEAD OF BUY	TRASH TO CASH
CROWDFUNDING	GUARANTEED AVAILABILITY	MASS CUSTOMIZTION	REVENUE SHARING	TWO-SIDED MARKET
CUSTOMER LOYALTY	HIDDEN REVENUE	NO FRILLS	REVERSE ENGINEERING	ULTIMATE LUXURY
DIGITALISATION	INGREDIENT BRANDING	OPEN BUSINESS	REVERSE INNOVATION	USER DESIGN
DIRECT SELLING	CROWDSOURCING	OPEN SOURCE	ROBIN HOOD	WHITE LABEL

Fonte: Gassmann et al. (2014)

A modelagem dos 55 tipos é mais cristalina quando apresentada com os elementos dispostos no Quadro 16, no qual escolhi, a título de ilustração, apenas 3 dos 55 tipos de modelo de negócios:

QUADRO 16 – Três dos 55 modelos de negócios explicados

NOME DO PADRÃO/TIPO DE MODELO DE NEGÓCIOS	COMPONENTES AFETADOS DO MODELO DE NEGÓCIOS	EXEMPLOS DE ORGANIZAÇÕES	DESCRIÇÃO DO PADRÃO/MODELO DE NEGÓCIOS
AIKIDO	- O QUÊ? (Proposta de valor) - POR QUÊ? (Mecanismo de lucro)	CIRQUE DU SOLEIL (1984) NINTENDO (2006)	O aikido é uma arte marcial japonesa na qual a força de quem ataca é usada contra o próprio atacante. Como modelo de negócios, o aikido permite que uma organização algo diametralmente oposto em relação à imagem e modelo mental da concorrência. A novidade da proposta de valor atrai o tipo de cliente que prefere ideias ou conceitos que divergem do mainstream.
PAY WHAT YOU WANT (pague o que/o quanto quiser)	- O QUÊ? (Proposta de valor) - POR QUÊ? (Mecanismo de lucro)	RADIOHEAD (2007) PANERA BREAD BAKERY (2010) "CASAS BAHIA"	O comprador paga a quantia que deseja por um dado commodity, algumas vezes até mesmo zero. Em alguns casos, um preço mínimo pode ser estabelecido como guia para o comprador. A atratividade para o cliente é a habilidade de influenciar o preço, ao passo que o vendedor se beneficia de um número maior de clientes.
TARGET THE POOR (pobres como alvo)	- O QUÊ? (Proposta de valor) - COMO? (Cadeia de valor) - POR QUÊ? (Mecanismo de lucro) - QUEM? (Cliente)	GRAMMEN BANK (1983) TATA NANO (2009) WALMART (2012) NESTLÉ ATÉ VOCÊ	O produto ou serviço oferecido tem como alvo o cliente posicionado na base da pirâmide em detrimento do cliente premium. Os clientes de baixo poder aquisitivo se beneficiam de produtos que cabem em seus bolsos. Embora as organizações conquistem lucros mais baixos com cada venda unitária, ela se beneficia com o volume de vendas unitárias associadas à escala da larga base.

Fonte: adaptado de Gassmann et al. (2014)

Gassmann et al. também elaboraram um "mapa de inovação em modelo de negócios", que se encontra disponível para download em <https://www.bmilab.com/resources/>.

Por fim, Osterwalder et al.[106] publicaram também outra obra sobre como construir propostas de valores inovadoras. Tal obra concentra-se em dois dos nove elementos do *canvas* do modelo de negócios (**proposta de valor e segmento de clientes**) e é intitulada **Canvas da Proposta de Valor**. O Canvas da Proposta de Valor apresenta duas dimensões: (1) o "**Perfil do cliente**", que esclarece a compreensão do cliente e (2) o "**Mapa de valor**", no qual se descreve como se pretende criar valor para aquele cliente. Esses autores afirmam que o encaixe é conseguido entre os dois quando um atende o outro, conforme a figura 34.

FIGURA 34 – O canvas da proposição de valor

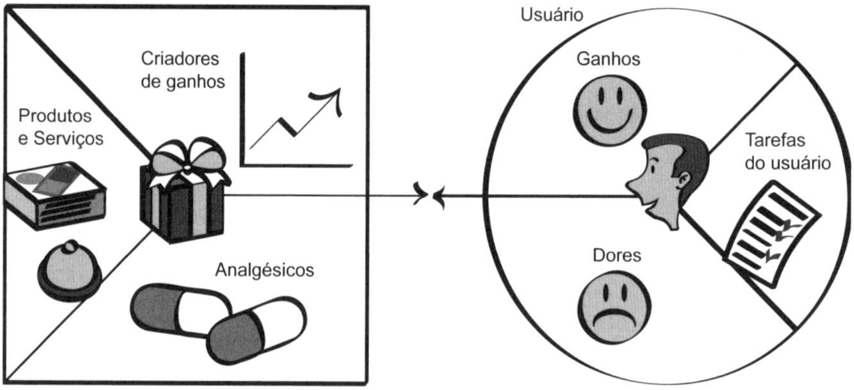

Fonte: Osterwalder et al. (2014)

O **mapa do perfil do cliente** – ou perfil de segmento de cliente – descreve um segmento de cliente específico em seu modelo de negócio de maneira mais estruturada e detalhada, definindo três questões fundamentais:

(1) **Tarefas do cliente** – Descrevem aquilo que os clientes estão tentando realizar no trabalho e na vida em geral, conforme suas próprias palavras; descrevem os problemas que estão tentando resolver e/ou as tarefas que estão tentando executar;

estas últimas podem ser funcionais (cortar a grama ou aspirar a casa), sociais (boa aparência, *status* ou poder) ou ainda pessoais/emocionais (sentir-se bem ou em segurança).

(2) **Dores** – Descrevem os resultados ruins, os riscos e os obstáculos relativos às tarefas do cliente e qualquer coisa que aborreça seus clientes antes, durante e depois de tentar realizar uma tarefa, ou simplesmente que os impeçam de realizar uma tarefa. Três tipos de riscos são identificados pelos autores: (a) resultados, problemas e características indesejadas – dores funcionais (uma solução que não funciona ou funciona mal), dores sociais ("fico com má aparência fazendo isso"), dores emocionais ("sinto-me mal sempre que faço isso") ou secundárias ("é chato ter de ir a loja por causa disso"); também pode haver características das quais os clientes não gostam ("correr na academia é um tédio" ou "este design é feio"). O que está tirando o sono dos clientes?

(3) **Ganhos** – Descrevem os resultados que os clientes querem alcançar ou os benefícios completos que estão procurando; alguns são esperados ou desejados e outros os surpreendem; incluem utilidade funcional, ganhos sociais, emoções positivas e economias de custo; quatro tipos de ganhos são identificados: (a) necessários – ganhos sem os quais determinada função não funcionaria (fazer uma ligação com um smartphone), (b) esperados – ganhos relativamente básicos que esperamos de uma solução, mesmo que ela funcione sem esses ganhos (celulares com design, qualidade e bonito), (c) desejados – ganhos que estão além daquilo que esperamos de uma solução, mas que gostaríamos de ter se pudéssemos (integração de smartphones a outros dispositivos), e (d) inesperados – ganhos que superam as expectativas e os desejos do cliente (a introdução da tela sensível ao toque e da loja de aplicativos da Apple).

O **mapa de valor ou mapa da proposta de valor** (lado esquerdo da figura anterior) descreve os aspectos de uma proposta de valor específica em seu modelo de negócios, dividindo a proposta de valor em:

(1) **Produtos e serviços** – Lista de todos os produtos e serviços em torno dos quais uma proposta de valor é construída; trata-se simplesmente de uma lista daquilo que você tem a oferecer. Esse conjunto de produtos e serviços ajuda os clientes no cumprimento de suas tarefas funcionais, sociais ou emocionais e a satisfazer suas necessidades básicas. É essencial reconhecer que produtos e serviços não criam valor por si – apenas em relação a um segmento de cliente específico e suas tarefas, dores e ganhos; sua proposta de valor tende a compreender vários tipos de produtos e serviços: físicos/tangíveis (produtos), intangíveis (serviços), digitais (download de músicas) e financeiros (fundos de investimento e seguros); em relação à sua relevância, variando de (+) fundamental até (–) bom de ter.

(2) **Analgésicos** – Descrevem como seus produtos e serviços aliviam dores específicas dos clientes; esclarecem como você pretende eliminar ou reduzir algumas das coisas que aborrecem seus clientes antes, durante ou depois de tentarem cumprir uma tarefa, ou os impedem de fazê-la; propostas de valor de destaque muitas vezes focam apenas algumas dores que conseguem aliviar bem (lembre-se da regra de Pareto dos 20/80). Será que seus produtos e serviços (1) poderiam gerar economias (tempo, dinheiro ou esforços)?; (2) fazer seus clientes se sentirem melhor (ao dar fim a frustrações, aborrecimentos, coisas que trazem dores de cabeça)?, (3) consertar soluções que deixam a desejar?, (4) eliminar consequências sociais negativas (perda de respeito, poder, confiança ou *status*)?, (5) eliminar riscos temidos pelos clientes (financeiros, sociais ou técnicos, ou ainda coisas que poderiam dar errado)?, (6) ajudar seus clientes a terem melhores noites de sono

(diminuindo preocupações e eliminando aborrecimentos)? Em relação à sua relevância, variam de (+) fundamental até (−) bom de ter.

(3) **Criadores de ganhos** – Descrevem como seus produtos e serviços criam ganhos para o cliente; delineiam explicitamente de que forma você pretende produzir os resultados e benefícios que seu cliente espera, deseja ou que o surpreenderia, incluindo utilidade funcional, ganhos sociais, emoções positivas e economia de custos; concentre-se naqueles relevantes para os clientes e nos quais seus produtos e serviços poderiam fazer a diferença. Será que seus serviços e produtos poderiam: (1) acarretar economias que agradam aos clientes (tempo, dinheiro e esforços)?, (2) produzir os resultados esperados pelos clientes ou que excedam as expectativas deles?, (3) superar as propostas de valor vigentes?, (4) facilitar o trabalho e a vida pessoal dos clientes?, (5) trazer consequências sociais positivas (boa aparência, poder e *status*)?, (6) realizar desejos que os clientes alimentam? Em relação à sua relevância, também podem variar de (+) fundamental até (−) bom de ter.

Segundo os autores, o encaixe se dá quando o mapa de valor coincide com o perfil do cliente ou, em outras palavras, quando seus produtos e serviços produzem analgésicos e criadores de ganhos importantes para seu cliente.

2.4.2.2 Teste da narrativa (*storytelling*) e teste dos números

Todas as vezes que enxergo alguma possibilidade de inovação em casa, no trabalho ou até mesmo em sala de aula, procuro transformá-la em alguma história com um enredo que possa catalisar a atenção e o interesse dos ouvintes. Sim, eu conto a inovação como se fosse um causo com um protagonista tentando resolver algum problema difícil. Ao narrar os percalços do protagonista e sua compulsão por resolver tal problema, procuro perceber quantas pessoas se engajam ou não na história e seguem comigo até o final. A contação de histórias é uma das formas mais interessantes de se vender sua intenção e sua causa. Magretta sugere que modelos de negócios são histórias que explicam como organizações funcionam:

> Como uma boa história, modelos de negócios robustos possuem personagens precisamente delineados, motivações plausíveis e uma trama que gira em torno de uma visão sobre valor. Responde a certas questões: Quem é o cliente? Como ganhamos dinheiro? Qual lógica econômica subjacente explica como podemos entregar valor aos clientes a um custo apropriado?[107]

Magretta afirma ainda que criar um modelo de negócios é, portanto, muito parecido com escrever uma história. Para essa autora, todas as novas histórias são variações das antigas, retrabalhos de todos os temas universais subjacentes a toda experiência humana:

> Similarmente, todos os novos modelos de negócios são variações da cadeia de valor genérica subjacente a todos os negócios. Em termos gerais, tal cadeia possui duas partes: a parte um inclui todas as atividades associados com a fabricação de alguma coisa: projeto, compra de insumos de fabricação, manufatura e daí por diante. A parte dois inclui todas as atividades associadas com a venda de alguma coisa: encontrar e alcançar clientes, negociar uma venda, distribuir o produto ou entregar o serviço. O enredo de um novo modelo de negócios pode ser a fabricação de um novo produto para uma necessidade atendida. Ou pode iniciar uma inovação de processo, uma melhor forma de fabricar ou vender ou distribuir um produto ou serviço já testado.[108]

Então, um novo modelo de negócios pode ser contado por meio de uma história. A história faz sentido? Ela tem início, meio e fim? Ela apresenta uma solução eficaz para o(s) problema(s) enfrentado(s)? A solução é viável? Podemos ganhar algum dinheiro se adotarmos essa inovação no modelo de negócios?

Primeiro deve-se compreender se as pessoas se envolveram com a história, se se colocaram no lugar do protagonista e se acharam ou não a solução única e interessante. Se sua história fez sentido, é bem provável que vários seguidores se uniram a você com o intuito de ajudá-lo a fazer acontecer. Histórias são formas excepcionais de vender ideias pela estrutura de uma organização e se desarmar as armadilhas culturais, de política e poder. Toda organização é uma arena política. Se sua história convenceu, agora resta saber se os números que você precisará amarrar à sua história também farão algum sentido.

Ao amarrar a narrativa aos números, Magretta[109] nos adverte que o termo "modelo de negócios" só foi amplamente divulgado com o advento do computador pessoal e da planilha financeira. Foi a planilha financeira que permitiu modelar negócios antes de eles serem lançados ou iniciados: "o modelo de negócios, nesse sentido, é o equivalente gerencial do método científico – você inicia com uma hipótese, a qual você testa em ação e revisa quando necessário".[110]

Se a história cativa a audiência e os números são interessantes, eis a combinação perfeita para confirmar a viabilidade de seu modelo de negócios. Magretta[111] afirma que, quando os modelos de negócios não funcionam, é porque eles fracassaram ou no teste da narrativa (a história não faz nenhum sentido) ou no teste de números (os números não fazem sentido – lucros ou demonstração de resultados).

Uma forma de testar seu modelo de negócios é aplicar o teste da narrativa (a história é boa? Faz sentido?) juntamente com o teste dos números (há lucro nessa história, a demonstração de resultados faz sentido?). Magretta[112] narra dois casos para nos guiar pelo teste da narrativa e o teste dos números. O primeiro deles é o caso da Priceline Webhouse Club, empresa oriunda da Priceline, no qual o cliente é quem decide quanto quer pagar por uma passagem aérea. O entusiasmo inicial de Wall Street com a Priceline encorajou o CEO Jay Walker a levar esse mesmo conceito para o setor de mantimentos/supermercado: nasce a Priceline Webhouse Club e eis a história/proposta de inovação contada por Jay Walker:

Através da Web, milhões de consumidores podem nos dizer o quanto querem pagar, digamos, por um pote de manteiga de amendoim. Os consumidores podem especificar o preço, mas não a marca. A Webhouse então agregaria/consolidaria as ofertas/lances e se dirigiria a empresas como a P&G e Bestfoods para tentar fazer um acordo: tire 50 centavos do preço do pote de sua manteiga de amendoim e colocaremos uma ordem de compra de um milhão de potes nesta semana. A Webhouse queria ser uma corretora poderosa para consumidores individuais: representando milhões de compradores, negociaria descontos e depois os passaria para seus clientes, cobrando uma taxa/comissão no processo. O que estava errado com a história? Supôs que empresas como a P&G, Kimberly-Clark e a Exxon queriam jogar esse jogo. As grandes empresas de consumo passaram décadas e bilhões de dólares construindo lealdade à marca. O modelo da Webhouse ensina os consumidores a comprar apenas pelo preço. Então, por que os fabricantes ajudariam a Webhouse a minar tanto seus preços quanto as identidades de marca que eles trabalharam tanto para construir? Eles não ajudariam. A história simplesmente não faz sentido. Para ser uma corretora, a Webhouse precisava de uma enorme base de clientes leais. Para obter esses clientes, primeiro precisava oferecer descontos. Como as empresas de produtos de consumo se recusaram a jogar o jogo, a Webhouse teve que pagar esses descontos de seu próprio bolso. Algumas centenas de milhões de dólares depois, em outubro de 2000, a empresa ficou sem dinheiro e sem investidores que ainda acreditavam na história.[113]

Para ilustrar uma história que faz sentido para boa parte das pessoas, mas cujos números não fecham, eu criei uma história baseada em um caso real, o da WEB VAN. Esse caso é contado em minhas aulas e palestras e ao final eu pergunto aos participantes quantos topariam investir nessa minha nova empresa comigo. É mais ou menos assim:

Imaginem que eu criei uma rede de supermercados na qual eu levarei as prateleiras desses supermercados diretamente para a tela dos notebooks, tablets e smartphone de vocês. Vocês terão acesso – sem sair de casa – a todos os produtos de qualidade que estão acostumados a comprar, além dos últimos lançamentos da indústria alimentícia. Sem sair de casa, vocês escolhem os produtos que querem comprar e os colocam em seu carrinho virtual. O preço dos produtos será um pouco mais caro do que vocês estão acostumados a pagar, mas eu prometo que entrego suas compras em seu local de escolha em até 90 minutos. É isso, você fará suas compras em minutos na tela de algum dispositivo e receberá em casa com toda a tranquilidade.

Ao final desse caso, em média pelo menos dois terços dos presentes topam investir em minha nova empresa, ou seja, a história fez sentido e eu angariei uma enorme quantidade de seguidores que topam desenvolver essa inovação comigo. Eis o poder do *storytelling* ou da contação de casos: você supera as barreiras da estrutura da organização e dos círculos de poder, trazendo as pessoas que podem ajudar para perto de você. De volta ao caso, o próximo *slide* que eu mostro é uma planilha de Excel fictícia na qual eu mostro que, embora a história da empresa faça muito sentido, os números não fecham: margens supermercadistas são baixas e meu custo é inflado por custos inerentes à tecnologia de informação e logística de entrega. A narrativa é boa, mas os números a derrubam. O encaixe perfeito na criação de novos modelos de negócios se dá quando o teste da narrativa e o teste dos números fazem sentido conjuntamente.

Discutidas as ferramentas mais populares para a inovação no modelo de negócios, é importante também fazer o mesmo no que diz respeito às ferramentas mais populares para a inovação tecnológica.

2.4.3 Ferramentas para a inovação na tecnologia: de processos de design thinking ao LEGO Serious Play (LSP)

Em setembro de 2015 participei do Innovation Bootcamp, um campo de treinamento da inovação da Universidade Stanford, em Palo

Alto, Califórnia. Um grande fator de decisão para a minha participação no programa foi o fato de ela não acontecer na escola de negócios, mas na escola de design de Stanford, a d.school, um espaço para exploradores e experimentadores, que ajuda as pessoas a desenvolver suas habilidades criativas. É um lugar, uma comunidade e uma mentalidade, como descrito no site da instituição.[114]

Criada para ser um campo de treino – e prática – da inovação, a d.school é totalmente experiencial – baseada em projetos – e requer colaboração radical, projetos do mundo real e uma cultura de pessoas que livremente optaram por ali estar. Os participantes da minha turma vieram de vários lugares do mundo, como Itália, Tailândia, França, Emirados Árabes Unidos, Espanha, Índia, Japão, Suíça, Reino Unido, México, Turquia, além, é claro, dos Estados Unidos. É também um ambiente totalmente diferente da sala de aula que você conhece e mais se parece com uma oficina de experimentação: layout aberto e flexível para vários formatos, mesas colaborativas e estoque ilimitado de matérias-primas para que você possa conversar com as suas ideias construindo protótipos. Nos intervalos, *food trucks* e até bebidas alcoólicas contribuíam para um ambiente leve, descontraído e com menos barreiras mentais entre os participantes. Dois membros da minha equipe de trabalho lá constituída são hoje meus colegas de trabalho na Arizona State University.

O desafio imposto à nossa turma durante o programa na d.school começa com a presença de um dos principais executivos de um banco americano que nos colocava um "*wicked problem*" (problema complexo) com o qual sua instituição lidava sem sucesso. Era algo como entender como as pessoas usariam instrumentos de crédito (como cartões de crédito) em um cenário de dez anos. Depois da contextualização de um problema complexo, do mundo real, fomos introduzidos ao método de *design thinking* da d.school. Trata-se de um processo criativo e não linear de cinco elementos, representados na Figura 35 e detalhados em seguida.

FIGURA 35 – O processo de design da d-school

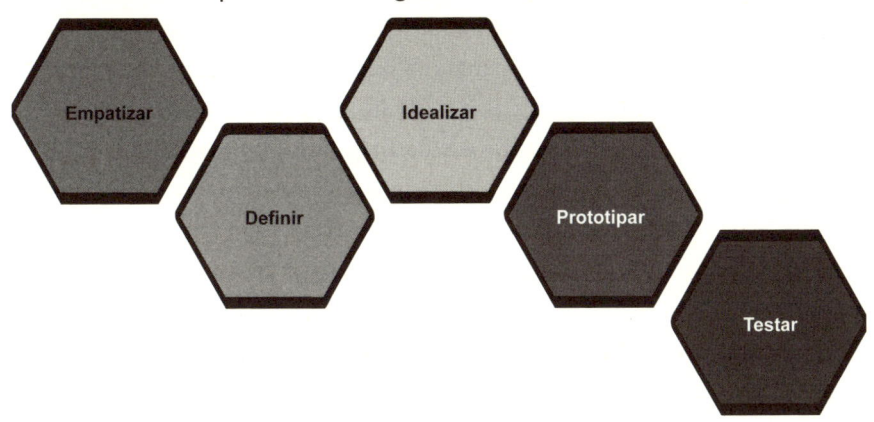

[Empatizar] [Definir] [Idealizar] [Prototipar] [Testar]

Fonte: d-school, Universidade de Stanford

(1) **Empatia**: Que problema seu cliente (*prospect* ou *suspect*) está tentando resolver? Que tarefas ele quer executar? Como podemos tornar a vida do cliente mais fácil, simples, barata e conveniente? A empatia é a base do processo de design centrado em gente. A lição aqui é que você não desenhe ou construa para você. É necessário observar usuários e seus comportamentos no contexto de sua vida, interagir em encontros ao vivo e se colocar no lugar deles. Esqueça a pesquisa de mercado ou o roteiro de entrevistas; deixe que os usuários guiem a conversa e expressem suas emoções. Use sondas para iniciar o papo e ganhar a confiança dos envolvidos.

(2) **Definição**: É o retorno dos encontros de empatia com "gente de verdade" com vistas a desdobrar e sintetizar as descobertas. O objetivo aqui é focar e gerar um bom ponto de vista que permita emoldurar o problema.

(3) **Ideação**: É a geração de ideias rápidas e em grandes volumes tentando identificar soluções para o problema definido na etapa anterior. Embarque na Hellmann's Airlines (viagem na maionese)! Não permita a censura ou o julgamento precipitado.

(4) **Prototipação**: É o "prototipando" que interessa! Transforme as explorações e as ideias das fases anteriores em algo do mundo físico. Pode ser qualquer coisa que se materialize: uma parede de *post-its*, um objeto, uma narrativa ou até um desenho. O protótipo só tem valor se as pessoas puderem interagir e experimentá-lo. Protótipos nos permitem uma conversa com as nossas ideias e propiciam feedback imediato sobre o que funciona e o que não funciona. Não tenha medo de errar: se fracassar terá sido um fracasso honesto e de baixíssimo custo.

(5) **Teste**: O objetivo aqui é coletar inúmeros feedbacks sobre os protótipos construídos. Observe a utilização e o engajamento dos primeiros a experimentarem. Lembre-se de que aqui você pode descobrir que ou a solução ainda não é boa o bastante, ou o problema não foi definido corretamente.

Importante trabalhar com as equipes para construir ativamente a confiança criativa que possibilita que seu time colabore, ultrapassando as fronteiras. O design é utilizado para descobrir as suposições escondidas nos problemas a serem resolvidos: lembre-se de que a inovação é um esporte de contato e demanda de nós o melhor que temos para dar todos os dias. Para você que deseja colocar em prática, que tal experimentar o processo criando um curso rápido para outras pessoas? O site da d.school oferece instruções passo a passo.[115]

Outro trabalho que merece muita atenção é *Designing for Growth*, de Jeanne Liedtka e Tom Ogilvie. Conheci Jeanne Liedtka em um workshop de *design thinking* na Darden School of Business e pude experimentar o funcionamento de sua modelagem de "**4 perguntas e 10 ferramentas**". Essa autora abre qualquer atividade de educação executiva deixando claro que o processo de design é algo totalmente diferente do mundo em que os executivos vivem. Eu acrescento que não se trata de um processo linear, mas iterativo. Os participantes aprendem fazendo ao abraçar a ambiguidade e a incerteza, aceitando que o erro e o fracasso são partes importantes da experiência. Iterar significa repetir em não linearidade e Tim Brennan da Apple assim ilustra a natureza do processo (Figura 36).

FIGURA 36 – A natureza interativa do processo de design

Fonte: Liedtka e Ogilvie (2011)

Liedtka e Ogilvie[116] sugerem que o processo de design lida com quatro questões básicas (Figura 37), que, por sua vez, correspondem às quatro etapas do processo, a saber:

FIGURA 37 – As quatro questões básicas e etapas do processo de design

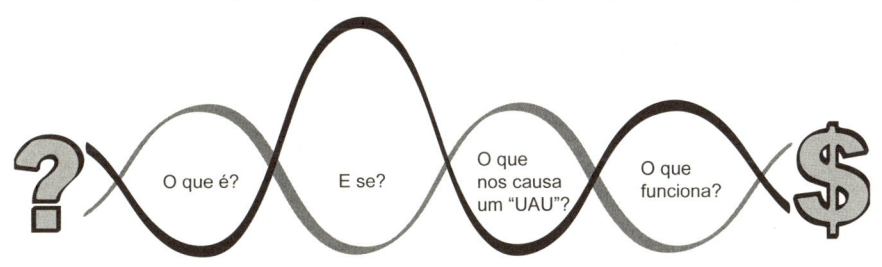

O que é?   E se?   O que nos causa um "UAU"?   O que funciona?

Fonte: Liedtka e Ogilvie, 2011

(1) ***What is it?*** (O que é?) – É o estágio de exploração da realidade atual, descreve o que vemos e temos no presente. Observe que essa fase é a menor – ou menos ampla – entre todas as outras. Caso você esteja pensando acerca de um produto

específico, tente também classificar seus atributos distintivos entre técnicos e funcionais.

(2) **What if?** (E se?) – É o estágio no qual se imagina e se visualiza um novo futuro. A mais ampla das quatro etapas, com espaço para deixar a criatividade e a imaginação correrem soltas. Vale tudo: não há regras, censura ou julgamento precipitado. Espera-se aqui um volume considerável de sugestões. Se o processo for bem facilitado, é também a etapa na qual os participantes mais se divertirão.

(3) **What wows?** (O que nos causa um "UAU!"?) – É uma etapa menos ampla que a segunda, embora ainda maior que a primeira. Com base no resultado criativo da etapa 2, é necessário começar a fazer algumas escolhas. O critério de escolha principal é a escolha daquelas contribuições da etapa anterior que nos causam impacto, admiração e excitação. É quando você se depara com uma ideia e diz "uau, isso é sensacional!".

(4) **What works?** (O que funciona?) – É a etapa final, menor em termos de amplitude que as etapas 2 e 3, ainda que um pouco maior que a etapa 1. É a etapa que representa as nossas escolhas e nos leva para o mercado. A Figura 38 a seguir ilustra os critérios norteadores para as escolhas que "costuram" três importantes perspectivas na resolução sistemática de problemas: humana (desejável), tecnológica (possível) e negócios (viável).

Para endereçar as quatro questões/etapas do processo de design, Liedtka e Ogilvie[117] acrescentam as dez ferramentas essenciais representadas no Quadro 17.

FIGURA 38 – Perspectivas humana, tecnológica e de negócios aplicadas ao *design thinking*

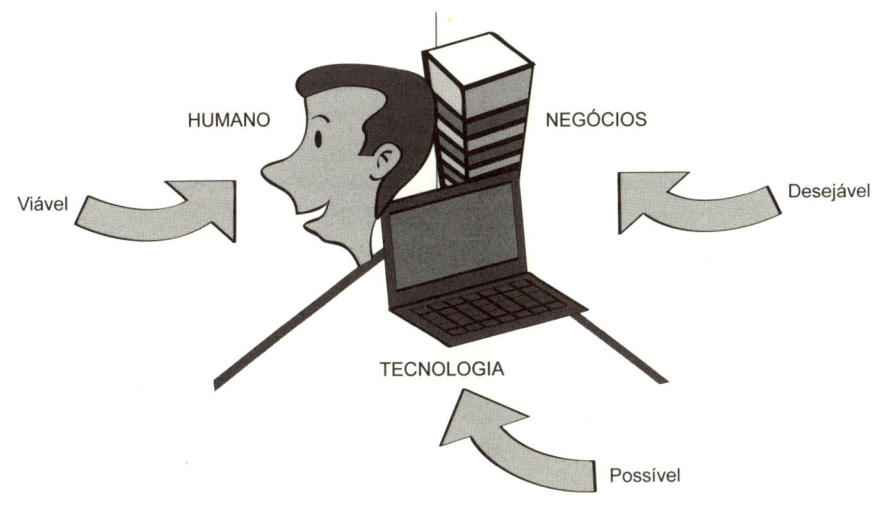

HUMANO

NEGÓCIOS

Viável

Desejável

TECNOLOGIA

Possível

Fonte: Liedtka e Ogilvie, 2011

QUADRO 17 – As dez ferramentas do processo de *design thinking*

10 FERRAMENTAS

1. Visualização
"Usar imagens para visualizar possibilidades e lhes dando vida."

2. Mapeamento da jornada
"Avaliar a experiência existente através dos olhos dos clientes."

3. Análise da cadeia de valor
"Avaliar a cadeia de valor existente que dá suporte à jornada do cliente."

4. Mapas mentais
"Gerar insights através das atividades de exploração e usá-los para criar critérios de design."

5. Brainstorming
"Gerar novas possibilidades e novos modelos de negócios alternativos."

6. Desenvolvimento de conceito
"Montar elementos inovadores em uma solução alternativa coerente que pode ser explorada e avaliada."

7. Teste de suposições
"Isolar e testar as suposições-chave que conduzirão ao sucesso ou fracasso do conceito."

8. Prototipação rápida
"Expressar o novo conceito em uma forma tangível para exploração, teste e refinamento."

9. Cocriação com clientes
"Envolver clientes para que participem da criação da solução que melhor se adapte às necessidades desses mesmos clientes."

10. Lançamento de aprendizado
"Criar um experimento de baixo custo que permite aos clientes experimentar a nova solução por um período maior de tempo com vistas a testar suposições-chave com dados de mercado."

Fonte: adaptado de Liedtka e Ogilvie (2011)

Observe na Figura 39 que as dez ferramentas se distribuem pelas quatro etapas do processo:

FIGURA 39 – Design thinking – 4 perguntas e 10 ferramentas

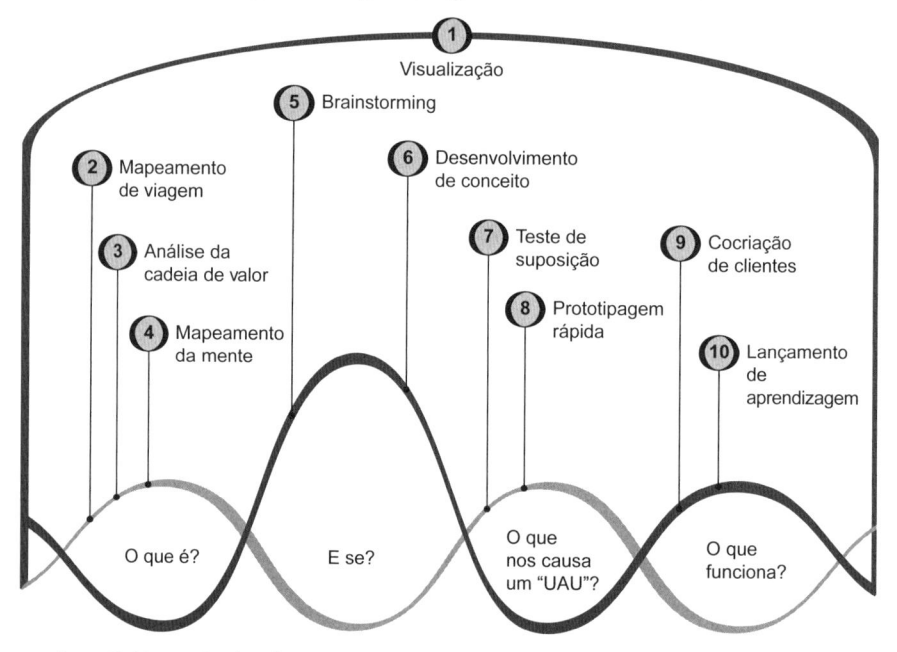

Ferramentas distribuídas pelas etapas:
- 1. Visualização
- 2. Mapeamento de viagem
- 3. Análise da cadeia de valor
- 4. Mapeamento da mente
- 5. Brainstorming
- 6. Desenvolvimento de conceito
- 7. Teste de suposição
- 8. Prototipagem rápida
- 9. Cocriação de clientes
- 10. Lançamento de aprendizagem

Etapas: O que é? | E se? | O que nos causa um "UAU"? | O que funciona?

Fonte: Liedtka e Ogilvie (2011)

Uma dica para começar a experimentar esse processo de design é pensar na criação de um novo produto ou serviço, por exemplo, a nova geração de smartphones da Apple ou da Samsung. Com as quatro perguntas do processo de design afixadas em uma parede e *post-its* à mão, proponha aos participantes 2 minutos para experimentarem cada uma das quatro etapas. Você evoluirá no processo à medida que pratica com regularidade o uso das ferramentas supracitadas. Apresentei apenas conceitos e premissas básicas e incentivo que na sua experimentação você vá incluindo seu toque pessoal e anotando os aprendizados sobre o processo.

Por último e não menos importante, participei em 2016 de um treinamento para facilitadores/instrutores da metodologia LEGO Serious Play (LSP) em Munique, Alemanha. O programa foi conduzido por Robert Rasmussen, ex-executivo da Lego e um dos principais arquitetos da metodologia LEGO Serious Play. Ao acessar o site da Rasmussen Consulting,[118] você encontrará a proposta de valor da empresa:

> Nossa competência essencial na resolução de problemas é o design customizado e a facilitação do LEGO Serious Play para desafios relacionados à estratégia e desenvolvimento organizacional, desenvolvimento de produto, garimpagem da criatividade, desenvolvimento de equipes, desenvolvimento individual e inovação na educação.[119]

Rasmussen enfatiza que a vantagem do método LSP se manifesta pelo engajamento no jogo que visa à construção de um produto, algo externo aos sujeitos. O ato de jogar é uma atividade voluntária limitada no tempo e no espaço – mas também estruturada por normas, convenções ou acordos entre os participantes – que envolve a imaginação criativa e a fantasia. Para Kristiansen e Rasmussen (2014),[120] o método LSP cria valor de três formas sequenciais:

a. criando engajamento;
b. desbloqueando novos conhecimentos;
c. quebrando o pensamento convencional.

Pela consulta ao material fornecido por Rasmussen nas sessões de Munique, é mister salientar que o método LSP é baseado em um conjunto de crenças acerca da liderança e organizações:

- os líderes não têm todas as respostas. O sucesso dos líderes é dependente da escuta de todas as vozes envolvidas;
- as pessoas naturalmente querem contribuir, ser parte de algo maior e assumir autoria;
- permitir que cada membro contribua e converse sobre resultados é um modelo de negócios mais sustentável;
- muito frequentemente, as equipes trabalham aquém do esperado, deixando o conhecimento dos membros da equipe inexplorado;
- vivemos em um mundo que pode ser mais bem descrito como complexo e adaptativo.

Não obstante os questionamentos acerca dessas crenças por parte dos participantes, em sua maioria professores universitários, Rasmussen dizia que era importante "confiar no método". A metodologia é baseada em um processo central e sete técnicas de aplicação. Eis o processo central do LSP (Quadro 18):

QUADRO 18 – O processo central do LEGO Serious Play (LSP)

Passo 1: FAZENDO A PERGUNTA O desafio – que não pode ter solução óbvia ou correta – é apresentado aos participantes. A proposição ou enquadramento do desafio deve ser claro e conciso para que os participantes se conectem.
Passo 2: CONSTRUÇÃO Os participantes constroem significado acerca do que sabem e daquilo que podem imaginar. Eles fazem isso construindo um modelo usando peças/partes de LEGO e construindo uma história que confere sentido ao modelo. Através desse processo, os participantes constroem novo(s) conhecimento(s) em sua mente.
Passo 3: COMPARTILHANDO As histórias são compartilhadas entres os participantes.
Passo 4: REFLEXÃO Como forma de internalizar e fundamentar a história, os participantes são encorajados a refletir acerca do que ouviram ou viram no modelo (LEGO).

Fonte: Rasmussen, 2016 – notas de curso

Já as sete técnicas de aplicação se utilizam do processo central e são listadas em nível da complexidade dos problemas que se propõe a resolver (Quadro 19):

QUADRO 19 – As 7 técnicas de aplicação do LEGO Serious Play (LSP)

Construindo modelos e histórias individuais.
Construindo modelos e histórias compartilhadas.
Criando um cenário.
Fazendo conexões.
Construindo um sistema.
Jogando com eventos emergentes e decisões.
Extraindo princípios-guia simples.

Fonte: Kristiansen e Rasmussen (2014)

A proposta de "brincadeira séria" do LSP explora o poder do "conhecimento manual" que acontece quando usamos nossas mãos no processo de aprendizado. Rasmussen sempre enfatizava que nossos pensamentos e ideias que são construídos com nossas próprias mãos tendem a ser expressos mais detalhadamente, além de serem mais facilmente entendidos e lembrados.

Em meus workshops, costumo aplicar o método LSP sempre para algum problema real apresentado pela organização contratante. O problema pode envolver desde os "elementos que compõem o ambiente de uma grande empresa para trabalhar" até "construir o melhor *campus* para uma universidade xyz". Eis a estrutura que proponho aos participantes, espelhando-me na modelagem de Rasmussen e já me permitindo alguma liberdade criativa (Quadro 20):

QUADRO 20 – Roteiro para atividades em um workshop de LSP

Propósitos em etapas	Duração	Orientações, problematização e/ou desafio, entregas
1. Visão geral do workshop e regras	10 minutos	Estabeleça o menor número de regras para se certificar de que a liberdade criativa dos participantes estará garantida.

Propósitos em etapas	Duração	Orientações, problematização e/ou desafio, entregas
2. Construção de habilidades e "aquecimento" com blocos de Lego	60 minutos	Participantes devem construir uma torre de LEGO ou algum modelo dos manuais que acompanham cada kit de LSP.
3. Construção baseada na técnica de aplicação número 1 "construindo modelos e histórias individuais"	30 minutos	Introduza o problema a ser resolvido que normalmente é formulado pelo grupo gestor de uma organização ou seu principal líder. Exemplo: "construa algo que represente um ou mais elementos de uma grande empresa para se trabalhar" (uma ou duas rodadas podem ser necessárias).
4. Construção baseada na técnica de aplicação número 2 "construindo modelos e histórias compartilhadas"	30 minutos	Tente agrupar ou estabelecer conexões, similaridades e ou diferenças entre as propostas individuais ao formar grupos de participantes. Exemplo: em grupos de x participantes, busquem conexões entre cada um dos modelos criados para a construção coletiva e ampliada do que o grupo entende como uma grande empresa para se trabalhar.
5. Apresentação	3 minutos para cada grupo	Cada grupo apresenta sua história baseada nos clusters de blocos de LEGO. Apresentador e participantes devem ouvir e manter seus olhos nas peças/blocos que descrevem a história sendo contada.
6. *Debriefing*	10 minutos	Rápida sessão de brainstorming para se apurar o que os participantes aprenderam com a atividade. Explore não apenas os pontos positivos da experiência mas também pontos negativos, frustrações e ansiedades para com o método.

Fonte: desenvolvido pelo autor a partir de Rasmussen (2016, notas de aula)

A melhor forma de aprender os processos de design e a metodologia do LSP é colocando as mãos à obra. Então, reúna um grupo de interessados, alunos ou colegas de trabalho e comece a experimentar. Você perceberá que, quanto mais praticar, mais rápido dominará a metodologia e começará a criar com base em seus próprios insights e experiências. Não deixe de compartilhar seus resultados e lições aprendidas.

Na última parte do nosso modelo de inovação estratégica de quatro elementos, exploraremos nas próximas páginas o quarto e último componente pela discussão de métricas, indicadores e resultados da inovação.

> ***Takeaways*** do leitor
>
> – Uma vez que você tenha definido uma estratégia e compreendido os fatores de execução que influenciarão o processo, é importante que a ferramenta – ou o conjunto de ferramentas e práticas de gestão – esteja em sintonia com a estratégia definida e com suas habilidades de facilitação para a boa execução.
> – O denominado "Método do Inovador" é uma metaferramenta que decompõe o processo de inovação em etapas para que seja possível associar as ferramentas que você dispõe a cada uma das etapas de seu processo de inovação.
> – Ferramentas para inovação abundam e há inúmeras publicações que procuram organizá-las e sintetizá-las.
> – A "jornada do cliente" ou "experiência do cliente" é a soma de todas as interações entre um cliente e sua organização. É uma mistura da performance física da sua organização e das emoções que você cria, todas medidas a partir das expectativas dos clientes em todos os seus pontos de interação.
> – Para facilitar a escolha das ferramentas com maior capacidade de adequação aos objetivos estratégicos da organização, recomenda-se a classificação das ferramentas de inovação mais populares em:
>
> (1) ferramentas para a inovação no modelo de negócios (*canvas* do modelo de negócio e da proposta de valor, teste da narrativa e dos números).
>
> – O *canvas* (ou tela) do Modelo de Negócios possui nove elementos (segmentos de clientes, proposta de valor, canais, relacionamento com clientes, fonte de receitas, recursos-chave, atividades-chave, parcerias-chave e estrutura de custos) que cobrem as quatro principais áreas de um negócio: clientes, oferta, infraestrutura e viabilidade financeira.
> – Entre os padrões mais populares de modelos de negócios, destaque para os "negócios desagregados", "cauda longa", "grátis" e "abertos".

– O *canvas* da proposição de valor apresenta duas dimensões: (1) o "Perfil do Cliente" (tarefas do cliente, dores e ganhos), que esclarece a compreensão do cliente, e (2) o "Mapa de Valor" (produtos e serviços, analgésicos e criadores de ganho), no qual se descreve como se pretende criar valor para aquele cliente. O encaixe é conseguido entre os dois quando um atende o outro.
– Uma forma de testar seu modelo de negócios é aplicar o teste da narrativa (a história é boa? Faz sentido?) juntamente com o teste dos números (Há lucro nessa história? A demonstração de resultados faz sentido?).

(2) ferramentas para a inovação tecnológica (*design thinking* e Lego Serious Play – LSP)

– O método de *design thinking* da d.school é um dos mais populares do mundo e é composto de cinco etapas: empatia, definição, ideação, prototipação e teste.
– O método "Designing for Growth" é estruturado por 4 perguntas e 10 ferramentas. As 4 perguntas são "O que é?", "E se?", "O que nos causa um UAU?" e "O que funciona?".
– LEGO Serious Play é uma metodologia baseada em um processo central e sete técnicas de aplicação, a saber: (1) construindo modelos e estórias individuais; (2) construindo modelos e estórias compartilhadas; (3) criando um cenário; (4) fazendo conexões; (5) construindo um sistema; (6) jogando com eventos emergentes e decisões; (7) extraindo princípios-guia simples.

CADERNO DE APLICAÇÃO

– **Aplicação 1**: Utilize a aplicação relatada no desafio "*eu penso, consequentemente eu compro*". Quais são suas principais propostas? Por que você acredita que elas dariam resultados? Há alguma lógica implícita de cocriação com os clientes?
– **Aplicação 2**: Utilize a aplicação descrita no Quadro 20 e convide sua equipe ou colegas para a prototipação da construção de uma grande empresa para trabalhar.

– **Aplicação 3**: Reúna vários grupos de até quatro participantes e proponha a dinâmica denominada "Marshmalow Challenge". Siga as instruções no link: <https://www.tomwujec.com/design-projects/marshmallow-challenge/>.

2.5 MIR – Métricas, Indicadores e Resultados

Mensure o que é mensurável e torne mensurável o que não é assim.
GALILEU GALILEI

FIGURA 40 – Métricas, indicadores e resultados

	A	B	C	D	E
1	0,23	1,20	0,23	1,24	3,12
2	8,40	2,40	7,13	5,30	8,40
3	24,35	4,35	2,37	12,04	16,35
4	6,30	1,00	9,12	3,30	0,10
5	1,00	15,00	1,00	3,20	12,9
6	15,00	3,60	31,00	5,00	5,00

PROPOSTA DE VALOR

– *Pesquisas acerca da mensuração da inovação: o que pensam os executivos?*
– *O BSC (Balanced Score Card): traduzindo a estratégia em termos operacionais.*
– *Empresas que criam suas próprias métricas: como criar as suas métricas?*
– *Um BSC para inovação: métricas de insumo-processo-produto--resultado.*

O último componente do nosso modelo de inovação estratégica diz respeito a métricas, indicadores e resultados (MIR). "Como medir a inovação?" é a preocupação central de gestores responsáveis pela inovação em suas organizações. A pergunta faz todo o sentido, afinal, não só a esses gestores foi atribuída a responsabilidade de liderar a inovação, bem como deles se espera não apenas uma estratégia ou um caminho a ser trilhado mas também execução cuidadosa e resultados substanciais ao final do processo. Espera-se que resultados venham a refletir fontes de crescimento para a organização, seja através de novos modelos de negócios – na organização existente ou em *spin-offs* – e/ou através da inovação tecnológica de produtos, serviços e processos.

Na maioria das vezes, a inquietação dos que lideram a inovação – ou equipes de inovação – advém da constatação de que a inovação é um processo em que há um ou alguns pontos de partida, mas não necessariamente um ponto de chegada. É comum também esperar um resultado final e chegar a outro por acidente. Se isso é verdade, será que é possível medir a inovação apenas por métricas convencionais como ROI (retorno sobre o investimento), número de patentes ou lucratividade de novos produtos inseridos no portfólio nos últimos anos?

A resposta é "depende". Pode ser que você tenha sucesso no uso de métricas convencionais ou pode ser que a organização em que você trabalha não preste lá muita atenção na mensuração e avaliação do processo. Eu me lembro de uma das entrevistas que fiz no Centro de Tecnologia Canavieira (CTC) à época de meu doutoramento, na qual o diretor executivo me disse que não se preocupava com métricas e que tinha "fé no processo". Por mais que você possa dizer que isso não funciona assim, o CTC é ainda líder na inovação no setor sucroalcooleiro no Brasil.

Um relatório do Boston Consulting Group publicado em 2009 revela que na pesquisa acerca da mensuração da inovação:

(1) apenas 32% dos executivos se diziam satisfeitos com as práticas de mensuração da inovação em suas companhias;
(2) 73% dos executivos acreditam que a inovação deva ser rastreada rigorosamente como as outras operações do negócio, mas apenas 46% afirmaram que suas empresas realmente fazem isso;

(3) 52% dos respondentes afirmaram que suas companhias usam cinco ou poucas métricas;
(4) os componentes mais rastreados de inovação pelas empresas são a lucratividade geral da companhia (79%), satisfação geral dos clientes (75%) e novas receitas oriundas da inovação (73%);
(5) "novas receitas oriundas da inovação" e "satisfação geral dos clientes" são as métricas que maior impacto têm no comportamento e atitudes em relação aos esforços de inovação da organização;
(6) as companhias da pesquisa se consideram mais eficazes ao medir os *outputs* (resultados) da inovação (como crescimento de receita, retorno ao acionista e impacto de marca) e menos bem-sucedidas ao rastrear as entradas/insumos da inovação (recursos dedicados como pessoas, financiamento) e os processos de inovação.

O mesmo relatório sugere que uma empresa necessita de várias métricas em cada área e que a escolha é baseada no contexto. A título de exemplo na pesquisa em questão, sugere-se um conjunto de métricas baseado no processo ***inputs*(entradas)-*processes*(processos)--*outputs*(saídas/resultados)**, conforme a Figura 41 a seguir:

FIGURA 41 – Uma companhia de tecnologia escolhe uma cesta de métricas para otimizar sua proposta

INSUMOS	PROCESSOS	SAÍDAS
• Número de novas ideias • Investimentos em unidades de negócio por tipo de inovação • P&D como um percentual das vendas • Equipe técnica em tempo integral e como (e onde) ela é utilizada	• Da ideia ao tempo de decisão • Decisão do tempo de lançamento • Projetos por tipo e data de lançamento • Soma dos valores presentes líquidos dos projetos	• Patentes concedidas • Lançamentos por segmentos de negócios • Percentual de vendas e lucros oriundos de novos produtos • Retorno sobre o investimento em inovação

Fonte: Boston consulting group (2009)

Recomendo também a leitura dos relatórios da Organização para a Cooperação e o Desenvolvimento Econômico (OCDE) sobre "estratégia de inovação",[121] nos quais os retornos decorrentes da inovação podem ser medidos em termos de (1) colaboração científica (análise de citações, tipos de colaboração), (2) ligações/conexões entre ciência e indústria (patentes), (3) *cluster* de conhecimento (intensidade e capilaridade de P&D por região), (4) comercialização, (5) circulação do conhecimento (royalties e licenciamento).

É verdade que a gestão do conhecimento e da inovação custa caro, mas a ignorância custa muito mais. É importante medir e gerenciar. No passado, muito me aprofundei na pesquisa acerca das questões do gerenciamento e mensuração dos ativos intangíveis de uma organização, em especial o conhecimento. Na década de 1990, acadêmicos europeus já publicavam resultados de suas pesquisas que versavam sobre as principais ferramentas para a mensuração de ativos intangíveis existentes, como a contabilidade de recursos humanos, o EVA (valor econômico agregado), o capital intelectual e o BSC – *Balanced Score Card* (Marcador Balanceado).

Sistemas de avaliação e mensuração são úteis para traduzir a estratégia em números que permitem compreender os objetivos da estratégia, a alocação de recursos, a execução e os resultados alcançados. Além de monitoração e acompanhamento, tais sistemas também se traduzem em oportunidades de aprendizado e aperfeiçoamento. Contudo, é preciso ir além das métricas tradicionais de resultado para se criar uma cesta de indicadores e métricas que incluam métricas de insumo, processo, produto e resultado. Além da lógica puramente quantitativa de acompanhamento e avaliação, sugiro que se abra espaço também para avaliações qualitativas. Essa cesta de métricas pode ser traduzida em algum tipo de índice que permita à empresa avaliar os resultados de seus investimentos em inovação. Curiosamente, o BSC se apresenta com uma das ferramentas mais sólidas para a construção de um sistema de avaliação. Davila et al.[122] afirmam que, embora o conceito original do BSC focasse a estratégia, sua ideia central é aplicável a qualquer processo de negócio, incluindo-se aí também a inovação.

O BSC ou "Marcador Balanceado" é um modelo proposto por Kaplan e Norton[123] que advoga que os gerentes precisariam de um sistema de mensuração multidimensional que os guiariam em suas decisões. O BSC organiza seu sistema de mensuração com base em quatro perspectivas:

(1) a perspectiva financeira, que inclui as tradicionais medidas contábeis;
(2) a perspectiva do cliente, que inclui a identificação de público-alvo, medidas de satisfação, fidelização e retenção dos clientes, entre outros;
(3) a perspectiva dos processos internos de negócios, diretamente relacionada ao conceito da cadeia de valor e que inclui todos os processos relacionados à realização de produtos e serviços para a satisfação das necessidades dos clientes;
(4) a perspectiva do aprendizado e do conhecimento, que inclui todas as medidas relacionadas a empregados e serviços dos quais a empresa dispõe para facilitar o aprendizado e a difusão do conhecimento.

Uma das virtudes do BSC como sistema gerencial é que ele deixa claro que as medidas financeiras e não financeiras devem fazer parte do sistema de informações para funcionários de todos os níveis da organização. Espera-se que o BSC seja capaz de traduzir a missão e a estratégia de unidades de negócio em objetivos e medidas tangíveis. Kaplan e Norton[124] afirmam que um BSC significa a estratégia em ação, visto que deixa de ser um sistema de medidas e se transforma em um sistema de gestão estratégica.

O BSC pode ser utilizado para (1) esclarecer e obter consenso em relação à estratégia, (2) comunicar a estratégia para toda a empresa, (3) alinhar as metas departamentais e pessoais à estratégia, (4) associar os objetivos estratégicos com metas de longo prazo e orçamentos anuais, (5) identificar e alinhar as iniciativas estratégicas, (6) realizar revisões estratégicas periódicas e sistemáticas e (7) obter feedback para aprofundar o conhecimento da estratégia e aperfeiçoá-la.[125]

A Figura 42 mostra que o BSC fornece a estrutura necessária para a tradução da estratégia em termos operacionais, ao passo que a Figura 43 apresenta o BSC como estrutura para a ação estratégica:

FIGURA 42 – O BSC fornece a estrutura necessária para a tradução da estratégia em termos operacionais

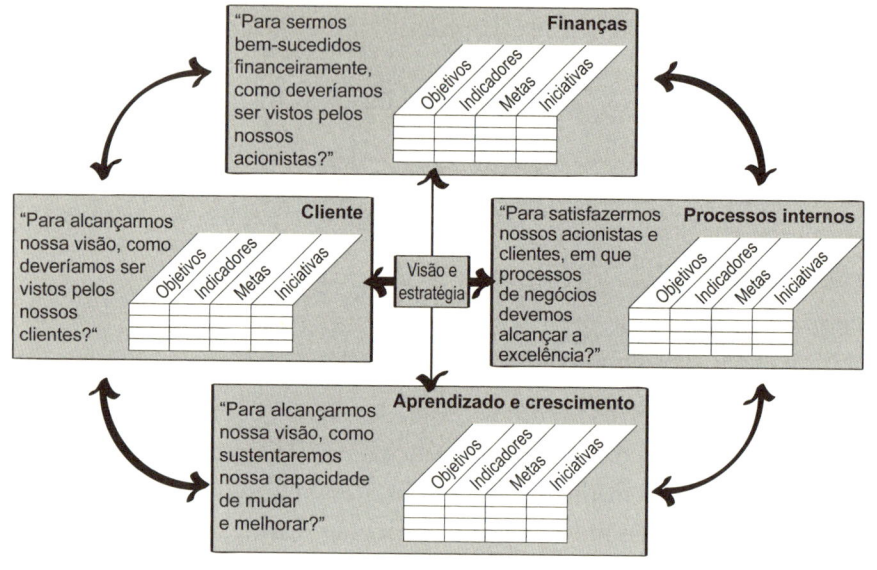

Finanças
"Para sermos bem-sucedidos financeiramente, como deveríamos ser vistos pelos nossos acionistas?"
Objetivos | Indicadores | Metas | Iniciativas

Cliente
"Para alcançarmos nossa visão, como deveríamos ser vistos pelos nossos clientes?"
Objetivos | Indicadores | Metas | Iniciativas

Visão e estratégia

Processos internos
"Para satisfazermos nossos acionistas e clientes, em que processos de negócios devemos alcançar a excelência?"
Objetivos | Indicadores | Metas | Iniciativas

Aprendizado e crescimento
"Para alcançarmos nossa visão, como sustentaremos nossa capacidade de mudar e melhorar?"
Objetivos | Indicadores | Metas | Iniciativas

Fonte: Kaplan e Norton, 1997, p. 10

FIGURA 43 – O BSC como estrutura para a ação estratégica

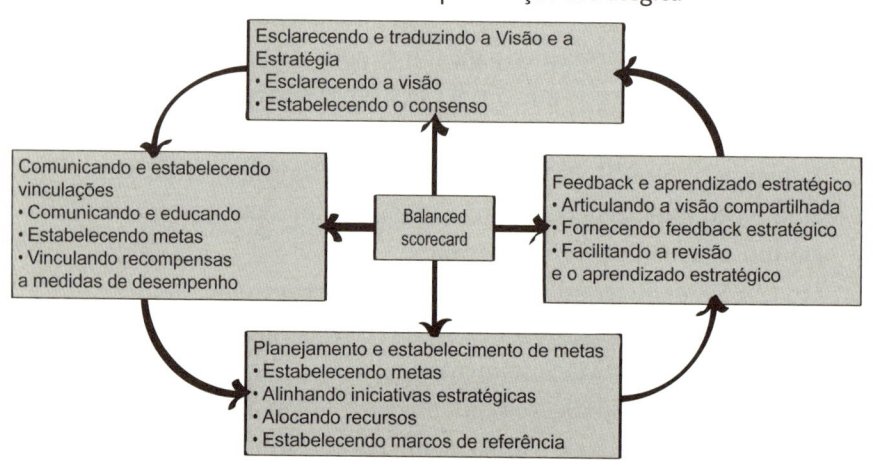

Esclarecendo e traduzindo a Visão e a Estratégia
• Esclarecendo a visão
• Estabelecendo o consenso

Comunicando e estabelecendo vinculações
• Comunicando e educando
• Estabelecendo metas
• Vinculando recompensas a medidas de desempenho

Balanced scorecard

Feedback e aprendizado estratégico
• Articulando a visão compartilhada
• Fornecendo feedback estratégico
• Facilitando a revisão e o aprendizado estratégico

Planejamento e estabelecimento de metas
• Estabelecendo metas
• Alinhando iniciativas estratégicas
• Alocando recursos
• Estabelecendo marcos de referência

Fonte: Kaplan e Norton, 1997, p. 12

O BSC é assim útil para o desdobramento da estratégia em componentes e essa mesma lógica se aplica ao processo de inovação. Caso entendamos a inovação como um processo organizacional,

é possível representá-lo na sequência INSUMO-PROCESSO-
-PRODUTO-RESULTADO. Em vez de nos concentrarmos apenas na avaliação e métricas da etapa "RESULTADO", faz sentido desenvolvermos também métricas para cada uma das outras etapas do processo, ou seja, precisamos de uma cesta com métricas de INSUMO, métricas de PROCESSO, métricas de PRODUTO e métricas de RESULTADO. Se você utilizar o Google para uma rápida pesquisa sobre métricas de inovação, observará que os resultados encontrados espelham, de alguma forma, as etapas do processo de inovação aqui descritos. Há uma infinidade de autores – acadêmicos, gestores, praticantes e inventores – que propõem suas próprias métricas em uma infinidade de blogs e sites. Ao escrever este capítulo, executo uma busca rápida e eis alguns resultados. Em um site denominado Brainzooming, o autor Mike Brown[126] considera três tipos distintos de métricas relacionadas à inovação, a saber: métricas de cultura, métricas de processo e métricas de retorno. Cada um dos três tipos de métrica é avaliado em termos quantitativos e também qualitativos, conforme o Quadro 21:

QUADRO 21 – Três tipos distintos de métricas relacionadas à inovação

	QUANTITATIVO	QUALITATIVO
CULTURA	números de participantes, % treinado	histórias de participantes, buzz/ruído
PROCESSOS	número de ideias em desenvolvimento, razões de pipeline, numero de patentes	aprendizados, protótipos
RETORNOS	ROI, percentual de vendas	histórias de sucesso, aprendizados

Fonte: <http://brainzooming.com/innovation-metrics-a-whole-brain-strategy/3018/>. Acesso em: nov. 2017.

Em uma apresentação atribuída a Glenn Wintrich,[127] líder de inovação na fabricante de computadores Dell, as métricas de inovação da companhia são estruturadas em um processo de três etapas formado por INSUMOS – GESTÃO DA IDEIA – RESULTADOS, conforme a Figura 44:

FIGURA 44 – Métricas de inovação na Dell

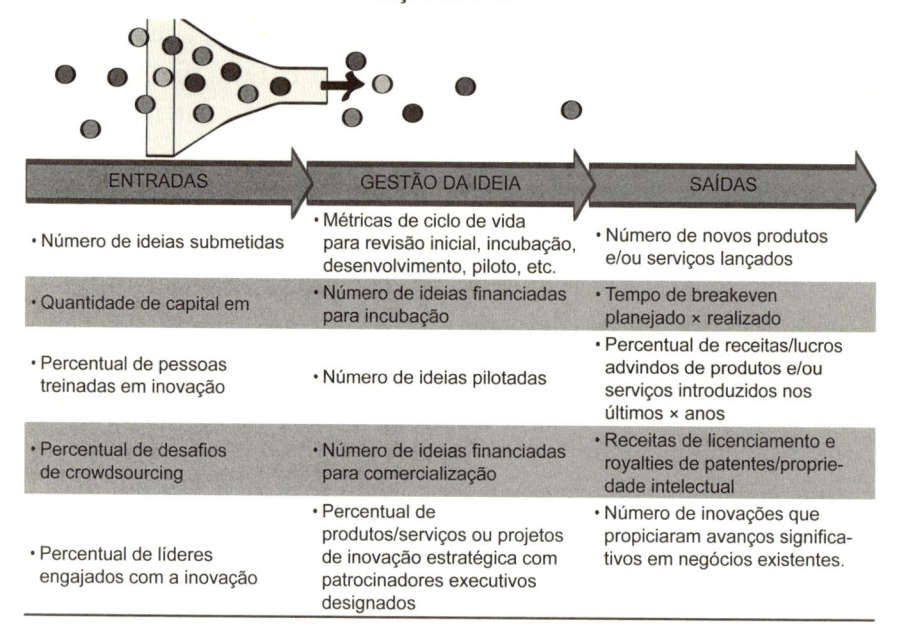

ENTRADAS	GESTÃO DA IDEIA	SAÍDAS
• Número de ideias submetidas	• Métricas de ciclo de vida para revisão inicial, incubação, desenvolvimento, piloto, etc.	• Número de novos produtos e/ou serviços lançados
• Quantidade de capital em	• Número de ideias financiadas para incubação	• Tempo de breakeven planejado × realizado
• Percentual de pessoas treinadas em inovação	• Número de ideias pilotadas	• Percentual de receitas/lucros advindos de produtos e/ou serviços introduzidos nos últimos × anos
• Percentual de desafios de crowdsourcing	• Número de ideias financiadas para comercialização	• Receitas de licenciamento e royalties de patentes/propriedade intelectual
• Percentual de líderes engajados com a inovação	• Percentual de produtos/serviços ou projetos de inovação estratégica com patrocinadores executivos designados	• Número de inovações que propiciaram avanços significativos em negócios existentes.

Fonte: <https://www.slideshare.net/whitaker_Institute/20140130-innovation-overview-by-glenn-wintrich>. Acesso em: nov. 2017

O que eu quero demonstrar aqui pela utilização do Quadro 21 e da Figura 44 é que você deve tentar criar seu próprio sistema de métricas baseado em sua estratégia e na compreensão do processo de inovação na sua organização. Crie um sistema de acompanhamento e mensuração idiossincrático que faça sentido e seja compreendido por todos os membros da organização e demais *stakeholders*.

Para finalizar o capítulo, retomo a discussão de Davila et al.[128] acerca da utilização do BSC para medir a inovação. Ao desdobrar o processo em quatro componentes de (1) **insumos** (recursos tangíveis e intangíveis), (2) **processos** (combinam e transformam insumos), (3) **produtos** (resultados dos esforços de inovação) e (4) **resultados**, temos na Figura 45 exemplos de métricas para cada um dos componentes do processo de inovação estratégica.

Eis que agora nosso modelo de inovação estratégica se encontra meticulosamente detalhado, permitindo-nos navegar por estratégia, execução, ferramentas e métricas. Caminharemos para o próximo capítulo, no qual apresentarei as conclusões e as considerações finais.

FIGURA 45 – Métricas e recompensas: um BSC para a inovação

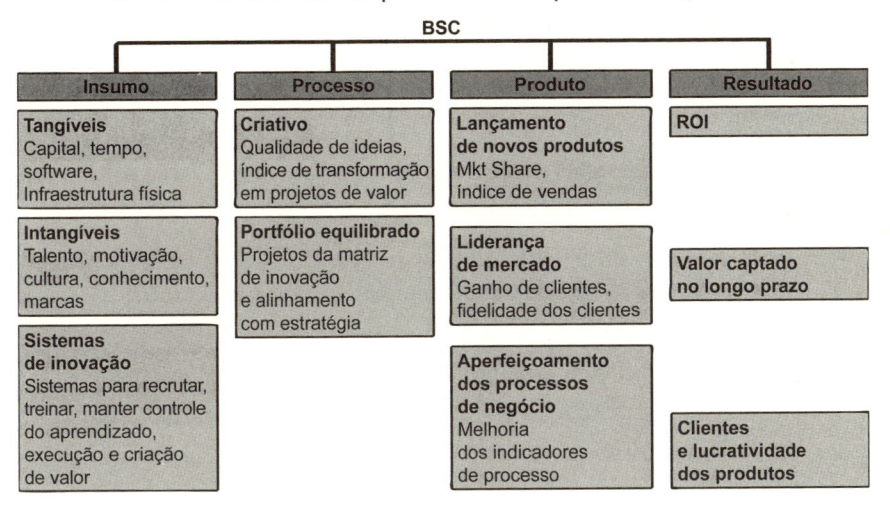

BSC

Insumo	Processo	Produto	Resultado
Tangíveis Capital, tempo, software, Infraestrutura física	**Criativo** Qualidade de ideias, índice de transformação em projetos de valor	**Lançamento de novos produtos** Mkt Share, índice de vendas	**ROI**
Intangíveis Talento, motivação, cultura, conhecimento, marcas	**Portfólio equilibrado** Projetos da matriz de inovação e alinhamento com estratégia	**Liderança de mercado** Ganho de clientes, fidelidade dos clientes	**Valor captado no longo prazo**
Sistemas de inovação Sistemas para recrutar, treinar, manter controle do aprendizado, execução e criação de valor		**Aperfeiçoamento dos processos de negócio** Melhoria dos indicadores de processo	**Clientes e lucratividade dos produtos**

Fonte: adaptado de Davila et al (2007)

Takeaways do leitor

– A leitura dos relatórios da Organização para a Cooperação e o Desenvolvimento Econômico (OCDE) sobre "estratégia de inovação" sugere que os retornos decorrentes da inovação podem ser medidos em termos de (1) colaboração científica (análise de citações, tipos de colaboração), (2) ligações/conexões entre ciência e indústria (patentes), (3) *cluster* de conhecimento (intensidade e capilaridade de P&D por região), (4) comercialização, (5) circulação do conhecimento (royalties e licenciamento).

– Um BSC pode ser utilizado na mensuração dos processos de inovação de uma organização.

– Ao se desdobrar o processo de inovação em quatro componentes de (1) **insumos** (recursos tangíveis e intangíveis), (2) **processos** (combinam e transformam insumos), (3) **produtos** (resultados dos esforços de inovação) e (4) **resultados**, *tem-se um sistema de mensuração robusto e refinado,* inspirado na proposta metodológica do BSC.

CADERNO DE APLICAÇÃO

– Investigue e descreva as métricas utilizadas na sua organização para a mensuração da inovação.

– Entreviste os gestores envolvidos com o processo de inovação para compreender o que pensam sobre métricas de inovação, de quais dispõem e quais gostariam de incluir.

– Compare esses resultados e apure as semelhanças com as métricas de inovação no contexto do BSC.

– Crie um painel com uma proposta de métricas de inovação para sua organização. Explique em que você se baseou e quais são seus componentes. Avalie se as métricas espelham as questões fundamentais de estratégia, execução e ferramentas.

3. CONSIDERAÇÕES FINAIS

Você vê as coisas como elas são e pergunta:
Por quê?
Mas eu sonho com coisas que nunca existiram e pergunto:
Por que não?
George Bernard Shaw

> **PROPOSTA DE VALOR:**
>
> *– Síntese do Modelo: a Figura 46 é a síntese do modelo de inovação estratégica apresentado neste livro. São quatro os seus componentes: (1) estratégia, (2) execução, (3) ferramentas e (4) métricas/indicadores/resultados (MIR).*
> *– O futuro começou ontem e já estamos atrasados! A Quarta Revolução Industrial já bate à nossa porta e seus drivers são físicos (veículos autônomos, impressão 3D, robótica avançada, novos materiais), digitais (IoT - a internet de todas as coisas,* blockchain*) e biológicos (biologia sintética, medicina de precisão).*

3.1 Síntese do modelo

Entre os inúmeros conceitos e definições existentes para o termo "inovação", escolhi o seguinte recorte para fornecer aos leitores um quadro de referência comum ao longo de toda esta obra:

> Quando o assunto é inovação, esqueça seu produto, sua tecnologia e demais atributos. Concentre-se em responder à seguinte pergunta: qual é o problema que seu cliente (ou aquele que pode vir a ser seu cliente) quer resolver? Quais tarefas ele quer executar? Como podemos ajudar esse cliente – de forma lucrativa –, tornado sua vida mais fácil, simples, barata, conveniente e produtiva?

Partindo do princípio de que a escolha do conceito de inovação nos permite falar a mesma língua, apresentei o **Modelo de inovação estratégica** – objetivo central deste livro –, composto de quatro componentes ou pilares, a saber:

(1) *Estratégia* – Inovação estratégica é a geração de mais valor na interface entre a tecnologia e o modelo de negócios.

(2) *Execução* – A construção de contextos capacitantes (ou "Ba") é fundamental para evitar as armadilhas da inovação, promovendo condições facilitadoras para a criação de conhecimento e da inovação no ambiente organizacional.

(3) *Ferramentas* – Dada a grande quantidade de ferramentas disponíveis, é mister a compreensão de que a escolha de uma ferramenta deve levar em conta a estratégia delineada e os desafios de execução/implementação, além do domínio da metodologia e técnicas de facilitação que o uso da ferramenta (ou prática de gestão) pressupõe.

(4) *Métricas, indicadores e resultados (MIR)* – Um conjunto de métricas oriundas do BSC (Marcador Balanceado),

baseado nos componentes do próprio processo de inovação, permite a apuração mais precisa de métricas de insumo, processo, produto e resultados.

A Figura 46 é uma metassíntese do modelo de inovação estratégica, ao passo que o Quadro 22 reapresenta a síntese de todos os conceitos e teorias discutidos em cada uma das quatro etapas do modelo de inovação estratégica:

FIGURA 46 – Síntese do modelo de inovação estratégia

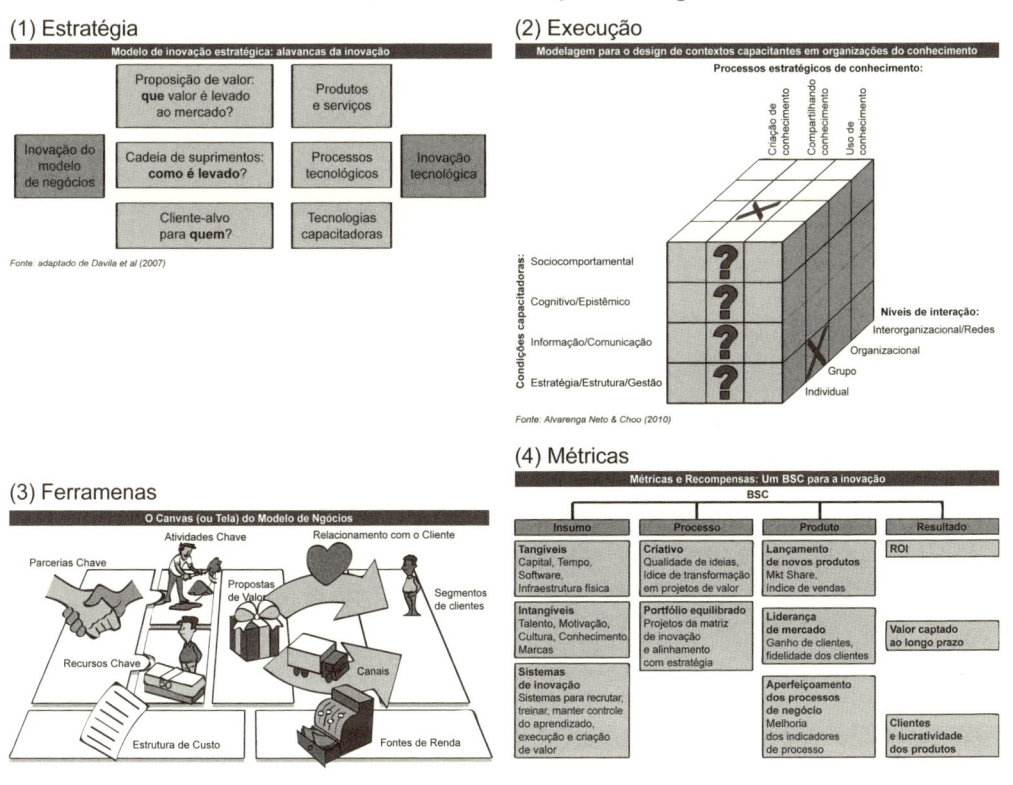

(1) Estratégia

(2) Execução

(3) Ferramenas

(4) Métricas

Fonte: desenvolvido pelo autor

QUADRO 22 – Síntese do modelo de inovação estratégica

COMPONENTES DO MODELO	CONCEITOS/AUTORES
ESTRATÉGIA	- Estratégias deliberadas e emergentes em dez escolas de pensamento estratégico: Mintzberg et al. (2000); Besanko et al. (2006) - Organizações ambidestras: O'Reilly III e Tushman (2004) - Construção de sentido ou Sensemaking: Choo (1998); Daft e Weick (1984); Satell (2017) - Inovação estratégica - criação de valor na interface entre tecnologia e modelo de negócios, alavancas da inovação e matriz da inovação: Davila et al. (2007); - Dez tipos de inovação: Keeley et al. (2013); - Portfólio de inovação: Nagji e Tuff (2012) - Inovação aberta e start-ups: Chesbrough (2003); Ries (2012); Blank (2013)
EXECUÇÃO	- Implementação/execução de estratégias: Noble (1999), CREST (Centro de Referência em Estratégia da Fundação Dom Cabral) - Armadilhas da inovação: Kanter (2006), Galbraith (2017) - Contextos capacitantes e o "Ba" japonês: Choo e Alvarenga Neto (2010), Nonaka e outros (1998, 2000, 2002, 2006)

FERRAMENTAS	- "O método do Inovador": Furr e Dyer (2014)
	- 101 ferramentas de design, 80 desafios de design e o Manifesto Maker: Kumar (2013), Sherwin (2010), Hatch (2014)
	- Jornada do Cliente: Barnes e Kelleher (2015), Osterwalder (2010)
	- Ferramentas para inovação no modelo de negócios:
	    (1) canvas do modelo de negócio, canvas da proposição de valor, padrões de modelos de negócios: Osterwalder e Pigneur (2010); Osterwalder et al. (2015); Gassmann et al. (2014)
	    (2) teste da narrativa e teste dos números: Magretta (2010)
	- Ferramentas para a inovação tecnológica:
	    (1) Innovation Bootcamp e o Processo de Design (d.school, Universidade Stanford)
	    (2) Design para o crescimento: Liedtka e Ogilvie (2011)
	    (3) LEGO Serious Play: Kristiansen e Rasmussen (2014)

MÉTRICAS	- Pesquisas acerca da mensuração da inovação: Boston Consulting Group (2009), OCDE (2011) - BSC (Balanced Score Card): Kaplan e Norton (1997) - Métricas e Indicadores para a inovação: Davila et al. (2007)

Fonte: desenvolvido pelo autor

Tendo concluído a amarração do modelo de inovação estratégica deste livro, é hora de olhar para a frente e tentar compreender o futuro que já começou ontem.

3.2 O futuro começou ontem, já estamos atrasados...

No início dos anos 1980, meu pai me deu de presente um computador. Tratava-se de um Apple II da Milmar Indústria e Comércio Ltda. O Brasil experimentava sua "reserva de mercado" – uma política governamental que impedia legalmente o acesso e importação de equipamentos de informática –, que objetivava proteger a nascente indústria da computação dos ataques de concorrentes estrangeiros. Raríssimas eram as famílias que podiam se dar ao luxo de ter um computador. Era comum pessoas visitarem nossa casa para conferir o tal computador doméstico. Meu pai não se importava com a curiosidade dos amigos e me fazia de mestre de cerimônias: "Mostra aí aquele seu programa para fazer cálculos, filho!". As pessoas ficavam bastante impressionadas com aquele novo utensílio doméstico. Não demorou muito para as primeiras aulas de computação e programação em linguagem Basic.* Em pouco tempo eu já rodava meus programinhas nos disquetes de 5¼ – dupla face, dupla densidade – fabricados pelas empresas Verbatim e Niponic. Superada a alegria dos três meses, lá estava eu entediado com as limitações daquela máquina de escrever moderna.

É que herdei do meu pai a paixão pela ficção científica. Eu caminhava para a escola perdido na minha imaginação sobre as cidades do futuro, o carro do futuro, os robôs e o teletransporte. Na televisão Telefunken de minha casa, conectada a uma antena externa, havia no máximo uns quatro ou cinco canais de televisão. Eu não perdia nenhum episódio de *Jornada nas Estrelas* e achava fascinante as tecnologias utilizadas pelo Capitão James T. Kirk e o Senhor Spock: havia um protótipo do que viria a ser o telefone celular – e curiosamente um dos aparelhos pioneiros da Motorola foi batizado de Startac; o transporte entre a nave no espaço e a superfície do planeta visitado se dava pelo teletransporte; e o médico da nave espacial *Enterprise*, dr. McCoy,

---

* Acrônimo para *Beginner's All-purpose Symbolic Instruction Code*; em português: Código de Instruções Simbólicas de Uso Geral para Principiantes.

escaneava o corpo de seus pacientes em busca de diagnóstico para doenças ou problemas graves – uma versão portátil e miniaturizada dos atuais tomógrafos e aparelhos de ressonância magnética. Já citei no início desta obra meu fascínio pelo desenho animado *Jetsons* e a empregada doméstica robô Rosie. Havia também o divertido Agente 86, Maxwell Smart – interpretado pelo ator americano Don Adams –, que usava seu "sapato-fone" para ouvir mensagens que se autodestruiriam em alguns segundos. É para mim impossível não associar o sapato-fone à rede social Snapchat, sucesso entre os adolescentes de hoje.

Um dia o meu tédio foi transformado em excitação. Ganhei de presente de meu pai um modem da Tropical Sistemas de Belo Horizonte, cuja sede ficava no bairro da Pampulha. Era um trambolho gigante de cor azul, que emulava e demodulava dados via acesso discado – sim, telefone fixo; celulares não existiam! – a uma velocidade de 300 bits por segundo. Para se ter uma ideia de grandeza, a internet em nossas residências opera hoje em média a 60 megabits por segundo. A origem da excitação é que aquele modem me dava acesso ao mundo fora da minha casa e eu poderia me conectar a outros computadores ou a uma BBS (*Bulletin Board System*, um sistema de boletins e quadro de avisos). Em Belo Horizonte, havia a BBS Horizontes, cuja turma promovia de vez em quando um encontro presencial em pizzarias. Era a oportunidade de conhecer pessoalmente aquelas pessoas com as quais você trocava apenas mensagens virtuais. Contudo, era impossível se conectar com pessoas fora do Brasil, já que você teria que arcar com os altíssimos custos das chamadas internacionais. Tentei conexões internacionais algumas vezes e, além do insucesso, levava bronca do meu pai quando chegava a conta do telefone pelo correio. Eis que no final dos anos 1980 descubro o Projeto Cirandão da Embratel. O Cirandão visava a popularizar o uso da Renpac, a primeira rede brasileira de transmissão de dados. Eu me tornei o usuário "**2130 Riva Neto**" e pelo Cirandão usava correio eletrônico, quadro de anúncios e alguns fóruns de discussão. Fiz amigos não apenas de Minas Gerais mas também de São Paulo, Rio de Janeiro, Distrito Federal e Rio Grande do Sul. Muitos são amigos até os dias de hoje. Eu entendia profundamente o funcionamento da rede e todas as funcionalidades do Cirandão, tendo ganhado a oportunidade de ser "demonstrador do Cirandão" nos *stands* da Embratel em feiras de informática Brasil afora. Daí um salto para 1995 e o início da internet pública no Brasil. Fato é que a internet mudou o mundo – uma revolução em si própria – e cá chegamos ao século XXI.

"**A melhor forma de prever o futuro, é criá-lo**", citação creditada a Peter Drucker, mas que também me lembro de ter lido em alguma obra sobre o presidente americano Abraham Lincoln. E não é que acabamos sempre criando o futuro no qual desejávamos viver? Não seriam os telefones celulares, as torres como o Space Needle em Seattle, EUA (ou a Altavila em Nova Lima, MG), o teletransporte quântico, os robôs aspiradores de pós e as redes sociais como o Facebook e o Instagram a materialização do futuro com que um dia sonhamos? A imaginação e a criatividade são combustíveis para a inovação. Minha filha Sophia, na alegria dos seus 9 anos, me apresenta toda semana uma invenção que ela diz servir para melhorar o mundo. O último protótipo construído com cadeira de boneca, garrafas PET, plástico de supermercado, canudinho e fita adesiva é, nas palavras dela, "a melhor solução para fazer os cadeirantes voltarem a andar: eles poderão voar e ir para qualquer lugar – sem a ajuda de ninguém, papai! – com esse sistema de minifoguetes controlados pelo cérebro!". Eu a incentivo a continuar criando o mundo no qual ela quer viver, talvez uma forma de recompensá-la por nosso sistema educacional criticado no filme *The Wall*, do Pink Floyd. Ela já escreve seus poemas e apresenta certa rebeldia precoce contra as escolas pelas quais passou. Já espero a qualquer momento viver a cena na qual ela abre a porta da frente de nossa casa aos berros de *"we don't need no education, we don't need no thought control, teacher leave the kids alone"*...

O filósofo dinamarquês Soren Kierkegaard escreveu que a vida é vivida olhando-se para a frente, mas só pode ser compreendida olhando-se para trás. A mim me agrada a metáfora do espelho retrovisor e a visão daquilo que somos, construímos e aprendemos. O passado é fonte de reflexão, regozijo, dor, conquistas, derrotas e um oceano de tantos outros sentimentos. O problema é que ainda não podemos viajar ao passado para mudar as coisas que queremos, além do fato de que o sucesso no passado não é garantia de sucesso no futuro nem para você nem para as organizações às quais você é filiado e muito menos para o país no qual você vive. O futuro está a sua frente, mas é uma estrada para a qual nossa visão ainda é embaçada. A caminhada é sempre mais importante que o destino final, e como nos ensinou o escritor mineiro Guimarães Rosa, "quem elegeu a busca não pode recusar a travessia".

Eis que pauso por alguns minutos a escrita deste capítulo de encerramento e observo as coisas ao meu redor. Minha filha corrige seu dever de casa de matemática conferindo os resultados com a Alexa, um dispositivo de inteligência artificial acionado por voz. Em vez de bonecas, ela passa o tempo se divertindo com a montagem de robôs controlados por algum aplicativo em seu tablet. Minha esposa está no quarto ao lado tendo aulas de inglês por Skype e acessando centenas de exercícios gramaticais em cursos de educação a distância. Isso me faz lembrar que estou atrasado com as tarefas de um curso on-line sobre *data science* em que me matriculei, já admitindo que aprender a linguagem de programação Python vai me demandar mais tempo do que imaginava. Escrevo este livro com o auxílio luxuoso da internet e posso rapidamente consultar infinitas bases de dados de artigos científicos, buscar imagens em bancos de dados do Creative Commons e acessar uma rede de especialistas com os quais posso discutir temas de interesse comum. Nada disso estava disponível para os estudantes que, como eu, ingressaram na universidade no fim da década de 1980 e início da década de 1990.

Retomo estas linhas depois de uma rápida pesquisa sobre tecnologias emergentes no Google cujos resultados foram um sem-fim de *buzz words* como *blochchain*, criptomoedas, *big data, analytics*, computação em nuvem, *smart cities, machine learning* e singularidade, entre vários outras. Tudo isso traz à tona meu sentimento dual de fascínio e apreensão com o que vem por aí.

Vivemos novos tempos e a Quarta Revolução Industrial (Figura 47), também denominada "Indústria 4.0", bate às nossas portas.

Uma revolução que acontece em uma velocidade exponencial e cujo escopo, alcance e impacto sistêmico nem sequer conseguimos imaginar. Schwab[1] afirma que estamos à beira de uma revolução tecnológica que alterará fundamentalmente a maneira como vivemos, trabalhamos e nos relacionamos uns com os outros:

> As possibilidades de bilhões de pessoas conectadas por dispositivos móveis, com capacidade de processamento sem precedentes, capacidade de armazenamento e acesso ao conhecimento, são ilimitadas. E essas possibilidades serão multiplicadas por avanços tecnológicos emergentes em campos como inteligência artificial, robótica, Internet das Coisas, veículos autônomos, impressão 3D, nanotecnologia, biotecnologia, ciência de materiais, armazenamento de energia e computação quântica.[2]

FIGURA 47 – As quatro revoluções industriais

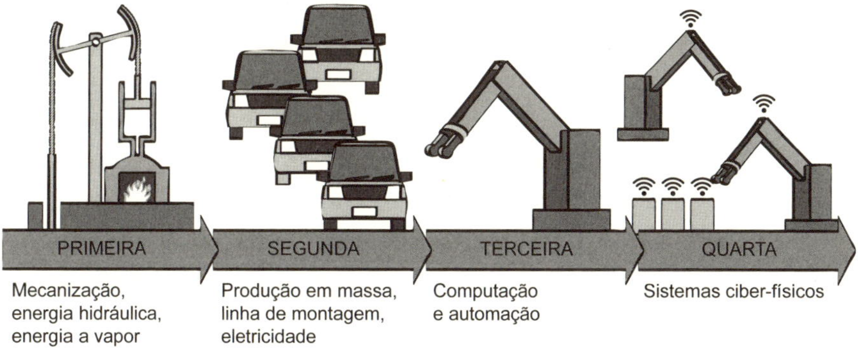

PRIMEIRA	SEGUNDA	TERCEIRA	QUARTA
Mecanização, energia hidráulica, energia a vapor	Produção em massa, linha de montagem, eletricidade	Computação e automação	Sistemas ciber-físicos

Fonte: <htttps://www.allaboutlean.com/industry-4-0/>. Acesso em: dez. 2017.

Os drivers e magetendências da Indústria 4.0 são clusterizados por Schwab[3] em três distintos grupos, respectivamente:

(1) **Físicos (de natureza tangível):**
   a. veículos autônomos – incluem caminhões, *drones*, aeronaves e barcos. A agricultura de precisão já avança no Brasil pela combinação do uso de *drones* e *big data*, que

possibilitarão um controle mais preciso e eficiente do uso de insumos como água e fertilizante.

b. impressão 3D – também denominada "manufatura aditiva", permite impressão camada a camada, altamente customizada. A previsão é que sua difusão inclua componentes eletrônicos integrados como placas de circuito e até mesmo células e órgãos humanos.

c. robótica avançada – robôs se tornam cada vez mais adaptativos e flexíveis, com seu design funcional e estrutural inspirado em estruturas biológicas complexas. Esqueça os robôs C3PO e R2D2 dos filmes de *Guerra nas Estrelas*; falo de robôs que se parecerão cada vez mais com seres humanos, como os dos filmes *Blade Runner*.

d. novos materiais – com atributos que seriam inimagináveis há poucos anos, os novos materiais são mais leves, mais fortes, recicláveis e adaptativos. Nanomateriais avançados como o grafeno são aproximadamente duzentas vezes mais fortes que o aço, além de eficientes condutores de calor e eletricidade.

(2) **Digitais:** uma das principais pontes entre as aplicações físicas e digitais é a "internet das coisas (IoT)", também denominada "internet de todas as coisas". Trata-se da relação entre coisas (produtos, serviços, lugares) e pessoas, possibilitada por tecnologias conectadas e várias plataformas. Um exemplo é o *blockchain*, que permite que transações sejam ao mesmo tempo seguras e anônimas ao manter um inviolável livro-razão de valor. Trata-se de um protocolo seguro no qual uma rede de computadores coletivamente verifica uma transação antes que ela possa ser gravada e aprovada. Penso que o *blockchain* pode expandir-se para inúmeras outras aplicações, em que segurança e descentralização sejam a tônica. Imagine sua utilização em nossos documentos de identificação ou até mesmo nas eleições brasileiras. Tapscott e Tapscott[4] enumeram sete princípios de design da economia *blockchain*, entre eles

integridade da rede, poder distribuído, segurança, privacidade e inclusão. Inovações como o *blockchain* vêm modificando aspectos de nossa vida e impondo certa destruição criativa a inúmeras organizações, como cartórios, escolas, sistema bancário, transportes e até mesmo legislação e emissão de papel moeda. A própria ideia de economia de compartilhamento (*sharing economy/gig economy*, em que o Uber é o melhor representante) só é possível via plataformas tecnológicas exponenciais, a exemplo do próprio *blockchain*. Em um mundo de organizações exponenciais, conceito disseminado por Ismail et al.,[5] nos percebemos cercados por organizações que – nas palavras desses autores – possuem "propósito transformador massivo (PTM)". São organizações cujo impacto é desproporcionalmente grande se comparado ao de seus pares. No que essas organizações diferem das que conhecemos? Ismail et al. sugerem que eles conseguem resultados pelo menos dez vezes maiores, visto que se utilizam de novas técnicas organizacionais que alavancam suas tecnologias aceleradas. Com uso intensivo de tecnologias digitais, essas organizações são realidade nos nossos dias e incluem o varejista chinês Alibaba e os MOOCs (*Massive Open Online Courses*, ou curso on-line aberto e massivo) como o Coursera.

(3) **Biológicos:** inovações nos domínios da biologia – e genética em particular – são impressionantes. O Projeto Genoma Humano demorou dez anos e custou 2,7 bilhões de dólares. Nos tempos atuais, um genoma pode ser sequenciado em algumas horas e por menos de mil dólares. Eu utilizei os serviços da 23andMe para testes genéticos e de ancestralidade a um custo abaixo de 200 dólares. Os campos da biologia sintética, medicina de precisão, bioimpressão e neurotecnologia são bastante promissores.

De acordo com o Fórum Econômico Mundial de 2015, é altamente provável que até 2025 10% das pessoas vistam roupas conectadas à internet e que tenhamos mais de um trilhão de sensores conectados à internet.

Em *As indústrias do futuro*, Alec Ross, conselheiro sênior de inovação para o secretário de Estado dos Estados Unidos, descreve as indústrias (ou setores da economia) que dirigirão os próximos vinte anos de mudança em nossas economias e sociedades. Sua aposta está organizada em robótica, *advanced life sciences*, a codificação do dinheiro, cibersegurança e *big data*, bem como os contextos geopolíticos, culturais e geracionais dos quais todos esses temas emergem. Seu capítulo sobre ciberataques e ciberterrorismo merece o escrutínio do leitor.

Stephens-Davidowitz[6] nos leva a pensar o *big data* ao reimaginarmos o próprio conceito de dados, "o valor desproporcional de dados novos e não convencionais". Seus exemplos de dados novos e não convencionais incluem corpos, palavras e imagens. Os resultados de suas pesquisas sobre o que as pessoas pesquisam no Google e no site adulto PornHub são ao mesmo tempo divertidos e assustadores. Eu me lembro de quão impressionado fiquei com um artigo intitulado "Measuring economic growth from outer space" [Medindo o crescimento econômico do espaço sideral], no qual os autores[7] se propuseram a medir o crescimento de uma dada região geográfica pela utilização de imagens de satélite (dados) desses locais iluminados no período da noite.

Diamandis e Kotler[8] afirmam que o futuro é muito melhor do que imaginamos. Segundo esses autores, criar abundância global significa (1) suprir necessidades fisiológicas simples (água, alimento e abrigo), (2) prover energia, educação e informação/comunicação e, por fim, (3) prover saúde e ampla liberdade. A Figura 48 representa a "Pirâmide da Abundância" proposta pelos autores a partir da hierarquia de necessidades de Maslow.[9]

Encerro com minhas dúvidas a respeito do futuro da educação. Parte do meu trabalho na Universidade Estadual do Arizona é compreender – no âmbito global – como novas tecnologias aplicadas ou em desenvolvimento no campo da educação irão influenciar o futuro do ensino superior pelo mundo. De design instrucional, passando por aprendizado adaptativo (*adaptive learning*) e chegando à aplicação de *big data*, *analytics* e *IoT* (internet das coisas), nosso compromisso aqui é com a inclusão e o sucesso do aluno em um mundo cuja mudança é a tônica.[10]

FIGURA 48 – "A pirâmide da abundância"

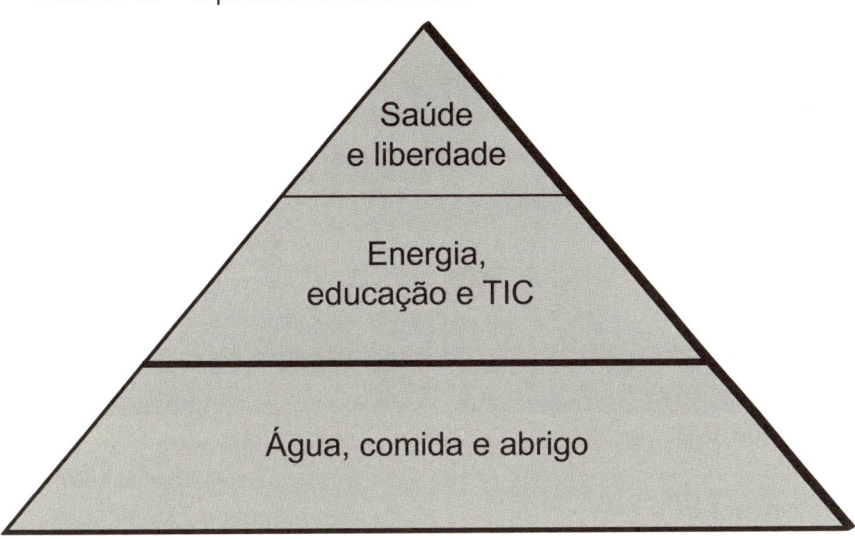

```
                 Saúde
               e liberdade
              ─────────────
                Energia,
              educação e TIC
           ──────────────────
             Água, comida e abrigo
```

Fonte: adaptado de Diamandis e Kotler (2012)

A Escola de Negócios da Universidade Harvard acaba de lançar seu HBX Live com o conceito de sala de aula virtual ao vivo (Figura 49), na qual participantes de todas as partes do globo podem se unir concomitantemente para aulas que se utilizam do famoso método de estudos de caso lá desenvolvido. No estúdio construído para o HBX Live, uma parede de alta resolução imita as salas de aula em formato de anfiteatro e 60 participantes são mostrados simultaneamente, podendo interagir entre si e com o professor. Embora a ideia seja bastante inovadora, tenho cá meus questionamentos sobre o futuro do ensino superior – e da educação – e o que fazer para criar modelos como esse em escala para servir milhões de estudantes pelo mundo inteiro. Fato é que a revolução que estamos vivendo na educação ainda está em sua infância. Grandes transformações radicais e disruptivas estão por vir em um mundo onde a educação do futuro será cada vez mais híbrida. Faz-se necessário um modelo de educação exponencial.

FIGURA 49 – A sala de aula virtual ao vivo da Escola de Negócios de Harvard – HBX Live

Fonte: <https://hbx.hbs.edu/blog/post/hbx-live-the-first-year-infographic>. Acesso em: dez. 2017.

Contudo, para onde estará a tecnologia nos levando? O conceito da singularidade tecnológica correlaciona crescimento tecnológico a impactos na civilização humana, quando a superinteligência artificial poderá ultrapassar toda a inteligência humana. Muitos autores afirmam que a singularidade é a resposta concomitantemente confortante e assustadora. Não me assusto, pois, como diria Ariano Suassuna, "o otimista é um tolo. O pessimista, um chato. Bom mesmo é ser um realista esperançoso".

Eu acredito que o século XXI é e será infinitamente melhor que os séculos anteriores a ele. Inovações extraordinárias nos permitem viver mais, com mais saúde e mais conforto. Contudo, temos vários problemas complexos ainda a serem resolvidos. Quais as perguntas complexas que tiram seu sono e que você não tem a menor ideia de como resolver? Eu tenho várias, mas as que mais me incomodam dizem respeito ao futuro da educação e ao combate à desigualdade obscena do Brasil. Não acredito ser possível que alguém se regozije com seu sucesso pessoal ou de sua organização ao se perceber rodeado por favelas, violência e esse contingente de miseráveis sem acesso a saúde, educação e moradia. Nos últimos anos me dediquei a escrever um pouco sobre esses temas, incluindo também temas que muito me interessam, como as indústrias criativas e do entretenimento. Nos anexos deste livro você encontrará três desses artigos publicados na revista *HSM Management*. O primeiro trata do tema da inovação social, o segundo é um relato de minhas reflexões sobre o futuro da educação executiva, e o terceiro discute o Rock In Rio Academy, uma experiência única de criação daquilo que denominei "estudo de caso ao vivo" sobre um dos maiores festivais de rock do mundo.

Ufa! Agradeço por você ter chegado até aqui.

Desde muito encerro minhas aulas provocando meus alunos sobre a vida deles. Não será diferente aqui: "O que é o sucesso para você?". Repito que não há sucesso profissional sem sucesso pessoal. Sucesso para mim é acordar todos os dias e dar o melhor de mim, construindo meu legado, agindo com integridade e me lembrando do afeto para com as pessoas que realmente importam em minha vida. Meus votos, leitor, é de que você viva uma vida plena e de muito sucesso, transformando o mundo com suas ideias, criatividade e **INOVAÇÃO**!

Takeaways do leitor

– O **Modelo de Inovação Estratégica** – objetivo central deste livro – é composto de quatro componentes ou pilares, a saber:

1. Estratégia – Inovação estratégica é a geração de mais valor na interface entre a tecnologia e o modelo de negócios.

2. Execução – A construção de contextos capacitantes é fundamental para evitar as armadilhas da inovação, promovendo condições facilitadoras para a criação de conhecimento e inovação no ambiente organizacional.

3. Ferramentas – Dada a grande quantidade de ferramentas disponíveis, é mister a compreensão de que a escolha de uma ferramenta deve levar em conta a estratégia delineada e os desafios de execução/implementação, além do domínio da metodologia e técnicas de facilitação que o uso da ferramenta (ou prática de gestão) pressupõe.

4. Métricas, Indicadores e Resultados (MIR) – Um conjunto de métricas oriundas do BSC (Marcador Balanceado), baseado nos componentes do próprio processo de inovação, permite a apuração de métricas de insumo, processo, produto e resultados.

– As megatendências e *drivers* da Quarta Revolução Industrial são físicos (veículos autônomos, impressão 3D, robótica avançada, novos materiais), digitais (IoT, a internet de todas as coisas, *blockchain*) e biológicos (biologia sintética, medicina de precisão).

CADERNO DE APLICAÇÃO

– Utilize o modelo de inovação estratégica apresentado neste livro para descrever o modelo de inovação estratégica de sua organização. Relate suas conclusões a partir de cada um dos componentes do modelo, ressaltando seus pontos fortes e apontando oportunidades de melhoria.

– A partir dos *drivers* e megatendências da Indústria 4.0, descreva os avanços de sua organização rumo à Quarta Revolução Industrial.

4. ANEXOS

4.1 Inovação social: combinando lucro social com lucro empresarial

Há algum tempo conheci (e me interessei) pelo Wharton Societal Wealth Program (WSWP), da Wharton School da Universidade da Pensilvânia. Duas coisas chamaram a minha atenção:

(1) o objetivo do WSWP, fundamentado no empreendedorismo social e cuja hipótese norteadora estabelece que o empreendedorismo e a inovação podem servir como ferramentas para o combate de problemas sociais por parte de organizações comprometidas com uma declaração de missão dupla (lucro social e lucro empresarial), operando um modelo de negócios com fins lucrativos;

(2) a inovação na educação para a gestão e os negócios, orientada pela criação de condições favoráveis ao aprendizado experiencial na perspectiva do enfrentamento dos desafios da pobreza e da miséria humana por meio da criação de riqueza social.

Em condições de incerteza, os participantes do WSWP, liderados pelo professor Ian MacMillan, utilizam seis princípios que os impelem a (1) estabelecer o escopo, (2) mapear as questões sociopolíticas, (3) prototipar um modelo de negócios social, (4) planejar uma abordagem realista de desengajamento e saída, (5) antecipar consequências indesejadas (negativas e positivas) e (6) adotar uma abordagem de aprendizado baseada em descobertas, em detrimento da orientação clássica ao planejamento.

Entre os projetos ativos do WSWP, destaco um projeto multidisciplinar na Zâmbia que já emprega mais de cem trabalhadores na produção de alimentos para aves. Os alimentos destinam-se a mais de 1.200 novas granjas que produzem o equivalente a 2,5 milhões de porções diárias de proteínas por mês, em uma região considerada pobre e nutricionalmente deficiente. O projeto gera emprego, renda, consumo, dignidade, desenvolvimento social e leva esperança às pessoas, a partir de uma nova causa ou propósito de vida.

Destaco aqui um ponto relevante para a nossa reflexão: paradoxos estratégicos. Como você lida com eles? Na base do "OU uma coisa OU outra"? Paradoxos estratégicos envolvem estratégias associadas a tensões contraditórias (ainda que integradas) que nos desafiam todos os dias em nossas organizações, por meio de questões como *learning organizations* (tensões entre aprendizado E performance, estabilidade E mudança, controle E flexibilidade), organizações ambidestras (capazes de "explotar" oportunidades/recursos já existentes e "explorar" o desconhecido em busca de oportunidades totalmente novas), inovação em custos (fazer melhor e mais barato) e empreendimentos sociais (combinar lucro social e empresarial). Em vez de vivermos na restrição do "OU", estamos aprendendo a abraçar a dialética do "E".

Um dos maiores inovadores em modelos de negócios sociais é Muhammad Yunus, prêmio Nobel da Paz em 2006, a quem devemos o crédito dos conceitos centrais deste artigo. Yunus é um notório questionador da sabedoria convencional (termo cunhado pelo economista Galbraith para iluminar a mistura de meias verdades com conveniência), além de um grande desafiador das regras do jogo estabelecidas nos paradoxos estratégicos. Segundo ele, "é possível criar negócios com uma missão social, gerenciados em uma lógica organizacional COM fins lucrativos".

Boa parte dos projetos de sustentabilidade aos quais já fui apresentado me causava a impressão de que uma máxima apócrifa fazia sentido: "sustentabilidade é igual ao reino dos céus: todo mundo quer ir para lá, mas não agora". A experiência de sucesso liderada por Yunus é uma resposta à sua própria crítica de que as organizações advogam o *triple bottom line* (métricas e resultados das organizações nas perspectivas financeiras, sociais e ambientais), mas que na verdade é apenas o *single bottom line* (resultados unicamente financeiros) que importa.

A esta altura, você já deve estar se perguntando como fazer isso acontecer. Os temas "inovação social", "empreendedorismo social" e "modelos de negócios sociais" estão entre os que mais despertam a minha curiosidade atualmente e fica aqui o meu alerta de que tais conceitos ainda estão em construção. Em recente artigo de Yunus e colegas no prestigiado periódico acadêmico *Long Range Planning*, temos uma compreensão maior da temática. Yunus, pioneiro do microcrédito, fundou o Grameen Bank em 1976, depois de se indignar com a exploração de mulheres pobres por agiotas nos muitos vilarejos de Bangladesh. Os dados auditados (cerca de 2010) me causam alegria e esperança:

- o banco oferece empréstimos para mais de 7,5 milhões de pessoas pobres de Bangladesh, das quais 97% são mulheres;
- entre o universo das famílias que contraíram um empréstimo do "Banqueiro dos Pobres", 68% já cruzaram a linha da pobreza;
- 98,4% dos empréstimos são honrados e o banco tem sido lucrativo em todos os anos de sua existência, exceto os anos de 1983, 1991 e 1992;
- hoje o Grupo Grameen é uma rede de quase trinta organizações irmãs ligadas ao Banco Grameen.

Relato três pequenos casos de sucesso construídos por Yunus com empresas multinacionais estabelecidas:

(1) **Grameen Phone** (com a norueguesa Telenor) – Possibilita a geração de empregos para as denominadas "*Grameen telephone*

ladies". Os clientes que demandam serviços de telecomunicações pagam por minutos de uso, evitando o custo de aquisição de aparelhos e assinatura.

(2) **Grameen Veolia** (com a francesa Veolia Water) – Utiliza sistemas de tratamento de água de superfície para a provisão de água potável às populações rurais, distribuída em garrafas ou bebedouros. Os usuários utilizam o sistema de cartões pré-pagos.

(3) **Grameen Danone** (com a espanhola Danone) – Fornece um iogurte desenvolvido para atender às necessidades nutricionais de crianças de Bangladesh a preços módicos. O iogurte é produzido localmente e distribuído de porta em porta pelas *Grameen Ladies*.

Yunus, Moingeon e Lehmann-Ortega[1] nos deixam cinco lições importantes acerca desses três casos. As três primeiras lições se aplicam a quaisquer tipos de inovações em modelos de negócios, ao passo que as duas últimas são específicas para modelos de negócios sociais. A primeira é desafiar continuamente a sabedoria convencional: você emprestaria dinheiro para pessoas pobres que não podem apresentar nenhum tipo de garantia? A segunda lição nos remete ao imperativo de buscar parceiros complementares que possam contribuir com os recursos faltantes ou cuja construção demandaria um custo de oportunidade imponderável. A parceria Grameen-Telenor é mutuamente benéfica, visto que a primeira detém grande conhecimento do país/mercados emergentes e a segunda possui grande expertise na construção de redes para a telefonia celular. A terceira lição é abraçar a experimentação contínua e o aprendizado baseado em descobertas. A Grameen-Danone aprendeu, durante a implementação, que fazia sentido a produção local de seu iogurte e a distribuição de porta em porta. O novo desafio é aprender como produzir um copo comestível para seu iogurte, que funcione como mais um complemento nutricional. Já a quarta lição advoga o favorecimento de acionistas orientados ao lucro social. A escolha da Danone é bastante ilustrativa e tangibilizada na desvinculação do *funding* para a Grameen-Danone do mercado de capitais, conferindo o direito aos acionistas da Danone de investir ou não. A última lição de Yunus aponta para a condição indispensável de se especificarem claramente os objetivos do lucro social. No momento em que escrevo, acabo de consultar o site Grameen-Danone, de onde me permito reproduzir uma declaração de missão inequívoca: "prover nutrição saudável diária para populações com privações nutricionais em Bangladesh, aliviando a pobreza através da implementação de um modelo de negócios único".

A minha conclusão é de que os campos da inovação social e do empreendedorismo social são campos ainda em construção, que demandam mais experiências, mais projetos e mais reflexões. Há (boas) experiências em andamento no Brasil que não devem ser confundidas com a proposta de inovação na base da pirâmide. Contudo, cultivo a minha esperança de um mundo melhor com organizações melhores, porque não aceito mais viver a vida em ilhas de prosperidade cercadas por desigualdades de todos os lados. Eu quero um Brasil melhor para as próximas gerações, e você?*

4.2 Inovação na educação: o futuro da educação executiva e do MBA – críticas, remendos e tendências

Iniciei minha carreira de professor ainda na adolescência e a caminhada da vida me brindou com as múltiplas facetas da profissão nas curvas da estrada. Tal escolha nunca foi deliberada e intencional, visto que jamais encarei o "ser professor" como uma opção de carreira. Por quê?

Explico: já na década de 1980 eu lia nos jornais acerca da penúria das condições de trabalho e dos pífios salários dos professores brasileiros. Além disso, como todo adolescente de classe média no Brasil, ouvia os repetidos conselhos dos mais velhos nos quais as carreiras

---

* Orientei uma dissertação de mestrado acerca de modelos de negócios sociais no Brasil. O autor, Bruno Silva Quirino, compara o modelo de negócios sociais proposto por Muhammad Yunus com o Programa "Minha Casa Minha Vida" da Caixa Econômica Federal. Leia na íntegra o artigo da dissertação publicado em: <https://rgsa.emnuvens.com.br/rgsa/article/view/1031>. Acesso em: maio 2018.

tradicionais de direito, economia, engenharia e medicina dominavam toda a retórica sobre futuro e profissões. Soava como se nossos pais tivessem uma receita de bolo, uma fórmula mágica para o sucesso na vida profissional que nos aguardava. O que ficava ao final era a ideia de que ser professor no Brasil não era uma boa. Isso tudo aguçava a minha capacidade de questionamento: "Quer dizer então que é importante ser médico, advogado ou engenheiro, mas não é importante ser professor? Que país do futuro vai ser este se a profissão de professor é vista como algo de menor valor?". Questões filosóficas à parte, encarei o desafio aos 16 anos de idade simplesmente porque o enxergava como uma forma de ganhar uma graninha e conquistar alguma independência no despotismo esclarecido das relações financeiras com os meus pais.

Fui professor de inglês e de música nos primeiros anos. Já me incomodavam o desconhecimento sobre didática e a escassez de bons materiais de estudo. A mim me estranhava conviver com a abundância de gente não vocacionada para a educação cujo ofício era – pasmem! – a educação e não tive alternativa a não ser de me jogar no mundo. Não foi necessário muito tempo para entender que o desafio era mais de cunho metodológico e menos teórico. Soa estranho dizer isso. Não estou dizendo que a teoria não é importante e prego o evangelho de que "não há nada mais prático do que uma boa teoria". O que quero dizer é que eu já percebia – ainda de forma incipiente e desestruturada – que o desafio era propiciar aos alunos um ambiente de aprendizado mais engajador, estimulante e criativo no qual eles também fossem protagonistas no processo de construir uma "experiência" de sala de aula em conjunto com o professor. O como ensinar era tão ou mais importante do que aquilo que era ensinado. Tal era a minha inquietude que ousei mesmo escrever um rascunho de um livro sobre teoria musical com vistas a poupar meus alunos da aridez didática dos livros disponíveis no Brasil. Durante a faculdade, fui também professor do ensino fundamental e médio, cursos pré-vestibulares e ingressei no ensino superior à época do meu mestrado. Eu não tinha muita escolha e precisava complementar o escasso orçamento doméstico: "Você dá aulas de teoria geral da administração?", perguntou-me a diretora de uma renomada faculdade cujas aulas já avançavam pelo semestre ainda sem professores recrutados. Respondi com um tremulante "sim", incerto das implicações da irresponsabilidade daquele meu ato súbito. Comecei a me perguntar como resolveria aquela enrascada com a qual acabava de me comprometer por necessidade.

Uma forma de você aprimorar a sua didática é assistir a aulas de outros professores ou até mesmo rabiscar um guardanapo com as críticas que você e seus colegas faziam acerca de seus próprios professores da faculdade (esta última seria a lista do que NÃO fazer, já que a negação de uma coisa às vezes pode contribuir para a afirmação dela). Outra é ouvir os alunos com a sabedoria de separar a agenda de questões relevantes do chororô dominante utilizado pelos alunos como subterfúgios na obtenção de seus diplomas. Era interessante observar no meu universo de experiências que, em ambos os casos, como aluno e professor de cursos superiores no campo da administração, a grande maioria das aulas era unicamente expositiva e raros eram os professores que se preocupavam em fazer de suas aulas uma ponte entre o que era preciso ensinar com algo vitaminado pelo prazer de aprender. Quanto mais legitimidade em suas áreas de pesquisa os professores buscavam, mais distantes eles ficavam da aplicação pela qual os alunos – e gestores – ansiavam. Eram comuns comentários do tipo "interessante isso aí, mas quantas vezes você já aplicou isso obtendo resultados minimamente satisfatórios?".

Eis que minha carreira desemboca em uma escola de negócios – "é, o correr da vida embrulha tudo" – e não demoro muito para descobrir que o conflito entre o academicismo da formação dos professores que nela atuavam e a natureza orientada à resolução de problemas dos gestores que a procuravam por vezes se tornava tenso e mal resolvido. A insatisfação afetava os dois lados da moeda. Jamais me arrependi das incontáveis e incansáveis horas que dediquei às questões relevantes da sociologia das organizações e das teorias da firma. Tais campos de investigação científica foram fundamentais para a formação do meu repertório e para uma visão muito mais crítica e sistêmica das organizações. Contudo, ali eu me encontrava frente a frente com gestores e executivos de organizações de classe mundial, absolutamente desconfortável com a frágil conexão entre o mundo acadêmico e o mundo empresarial. Afinal, a administração é uma ciência social *aplicada*! Era preciso questionar, nas palavras do economista John K. Galbraith, a sabedoria convencional, a mistura de meias verdades com conveniência. Daí surgem novos questionamentos contrários à lógica imperialista do PowerPoint que tudo aceita: "Será que é mesmo possível ensinar jovens de 17 anos – que nunca administraram coisa alguma – a administrar uma empresa? Como ensinar temas como liderança, criatividade, globalização e outras realidades organizacionais como poder, política e implementação? O que os gestores desprezam: o academicismo ou as teorias que deveriam informas suas práticas?".

Afinal, o que a educação executiva não é e como ela deveria ser? Já há algum tempo me debruço sobre o problema e tive a oportunidade de conhecer experiências na Europa, América do Norte, Ásia e África, atuando como professor/consultor e também participando de colóquios e seminários exclusivos no tema, como o MBA Roundtable, na Darden School of Business da Universidade da Virginia, e o Global Colloquium on Participant-Centered Learning, da Harvard Business School. Na tentativa de tecer um conjunto de críticas relevantes, recorrerei também ao auxílio luxuoso de autores como Henry Mintzberg (McGill University), David Garvin (Harvard Business School), Jeffrey Pfeffer (Stanford Graduate School of Management) e Johan Roos (Jönköping International Business School), entre outros colegas de várias partes do globo.

Mintzberg é categórico ao afirmar que "as escolas de negócios treinam as pessoas erradas, de formas equivocadas e com consequências indesejadas":[2]

> O gerenciamento é uma prática que deve mesclar uma boa quantidade de habilidade (experiência) com alguma quantidade de arte (insight) e alguma ciência (análise). [...] usar a sala de aula para ajudar a desenvolver gente que já exerce a gerência é uma ótima

ideia, mas pretender formar gerentes a partir de pessoas que nunca gerenciaram é pura fantasia. [...] nunca é tarde para se aprender alguma coisa, mas às vezes é cedo demais.[3]

O cerne das críticas de Mintzberg aos programas de MBA refere-se ao recrutamento de jovens ou gestores com nenhuma ou pouca experiência gerencial (as pessoas erradas), para quem se enfatiza a análise e a técnica como substitutos quase perfeitos para a falta de experiência (formas equivocadas) e que assim são levados a tomar decisões que prejudicam a própria prática gerencial, as organizações e as instituições sociais (consequências indesejadas). Por sua vez, Datar, Garvin e Cullen[4] apresentam críticas contundentes ao expor problemas recorrentes da encruzilhada na qual se encontra a educação executiva, a saber: (1) o choque das duas culturas de legitimidade e aplicação – quanto mais legitimidade se busca na produção científica da administração, maior o distanciamento da aplicação tão demandada pelos gestores, e vice-versa; (2) o declínio do envolvimento dos participantes/alunos, mais preocupados com o networking e atividades sociais e menos envolvidos com o processo de aprendizado; (3) o desequilíbrio na composição do corpo de professores (acadêmicos e profissionais de mercado); e (4) o domínio (quase) absoluto de aulas unicamente expositivas, em detrimento das possibilidades do guarda-chuva denominado "*participant-centered learning*" (PCL), ou "aprendizado centrado no participante". Esses autores reconhecem avanços na educação executiva depois da crise de 2008, mas apontam inação em tópicos como comunicação, criatividade, inovação e habilidades de implementação.

A natureza do trabalho gerencial envolve papéis distintos e imbricados que são ao mesmo tempo interpessoais, informacionais e decisórios. Simplesmente falar com participantes de programas de educação executiva sobre esses papéis causa pouco ou nenhum impacto em suas rotinas e vidas profissionais. Aprendi nesses longos anos de estrada que, nesses casos, a fala dificilmente leva à mudança de comportamentos. Talvez seja a experiência uma das formas mais interessantes de promover mudanças de comportamento nos participantes. Assim, é fundamental que planejar a educação executiva na tríplice perspectiva do saber-fazer-ser.

O saber refere-se aos conceitos, teorias, modelos e estilos de pensamento que conformam o repertório de uma profissão ou prática. O fazer são as capacidades e técnicas que possibilitam envolver os participantes em atividades de execução/prática com vistas a desenvolver algo que se leve para a vida pessoal e profissional no dia seguinte, como um processo, protótipo, serviço, produto ou, por exemplo, uma nova perspectiva para atender os clientes de uma empresa. Já a perspectiva do ser é aquela na qual levamos os envolvidos a refletir sobre os compromissos e propósitos que constituem seu caráter, além de sua identidade, valores e visão de mundo.

Suponha que eu esteja discutindo com os participantes de um MBA a importância de compreender a delicada relação entre estratégia e estrutura. Penso que a completude do processo de ensino-aprendizagem envolveria teorias sobre as diversas escolas de estratégia (estratégia como posicionamento ou como aprendizado), além de conceitos e tipologias de estrutura organizacional (divisão do trabalho *versus* coordenação, estruturas funcionais, divisionais, matriciais e redes). Isso configuraria a perspectiva única – e monocórdica! – do SABER. Contudo, compreenda que ela não é suficiente quando se trata da educação de executivos. Percebo que a maioria dos participantes de programas de educação executiva são pessoas bastante inteligentes para rapidamente aprender esses conceitos sem nunca ter lido sobre eles antes. É fundamental prosseguir no processo pela perspectiva do FAZER. Certa vez, utilizei a experiência de uma empresa de telecomunicações no Japão que era líder de mercado e havia se tornado operacionalmente uma máquina de desempenho. Contudo, depois da desregulamentação do setor no Japão e a entrada de novos concorrentes, a empresa em questão começa a padecer de lucros decrescentes em virtude da ampla guerra de preços. Sua direção decide então buscar novas frentes de crescimento e lucratividade pela inovação (uma estratégia de diferenciação?), enfrentando os entraves de uma cultura organizacional já bem estabelecida com processos, lógica de alocação de recursos e valores usados para a tomada de decisões com pouca ou nenhuma flexibilidade. Os participantes tinham que se colocar no lugar do CEO da empresa e, perante o conselho de administração, defender suas propostas de alteração na estrutura organizacional presente e/ou introdução de uma nova estrutura para perseguir a nova estratégia de crescimento pela inovação. Deveria ser a iniciativa de inovação um departamento, setor, unidade de negócios ou *spin-off*? É exatamente aqui que promovemos o encontro entre os conceitos e a aplicação deles e colocamos os participantes para viver a quase completude do processo. Depois da aplicação dos conceitos nas atividades de execução, o método socrático é extremamente útil para a perspectiva do ser. É nessa perspectiva que os alunos são levados a questionar suas verdades e visões de mundo e aprendem, por exemplo, que problemas organizacionais não respeitam barreiras funcionais ou disciplinares. Em outras palavras, um problema de inovação ou marketing dificilmente é apenas um problema de inovação e marketing. Tais problemas envolvem dilemas de estratégia, comportamento humano em organizações e gestão do capital intelectual de uma organização. Por meio da experiência e do exercício do autoconhecimento, o participante é capaz de compreender sua dificuldade de visão sistêmica ou reconhecer sua dificuldade de ação nas questões concernentes à cultura organizacional.

Por fim, chamo a atenção do leitor para tendências que causarão impactos significativos na educação executiva e na educação do futuro de forma ampla, geral e irrestrita, respectivamente:

— Redução do tempo de integralização, flexibilidade curricular e importância crescente de rankings, reputação e certificações guiando critérios de escolha.
— Necessidade imperativa de modelos mais centrados no participante, compreendendo-se o novo cenário de protagonismo e aprendizado experiencial. Chamo atenção para a significativa mudança das práticas pedagógicas nas quais os alunos passam a ser criadores e executores em vez de meros consumidores de conteúdo.

– Um profundo repensar sobre a prática docente em quesitos como sólida formação acadêmica, experiência profissional relevante, amplo repertório de técnicas e práticas pedagógicas/metodológicas (para além da aula unicamente expositiva) e a introdução do conceito do entretenimento (a educação revigorada pelo prazer) pela criação de ambientes de aprendizado engajadores, estimulantes e criativos.

As novas tecnologias nos ambientes de aprendizado estão embarcadas em conceitos como *flipped classroom* (sala de aula invertida), *blended learning* (a combinação presencial com o virtual), *adaptative learning* (aprendizado adaptativo) e *gamification* (a utilização de princípios de jogos para a resolução de problemas e aprendizado). A educação do futuro será híbrida em virtude de inúmeras razões que passam por inúmeras questões como mobilidade urbana, custos crescentes e a grande dificuldade de executivos e gestores em abandonar suas empresas. Atenha-se principalmente ao número de horas que já dedicamos à internet ao longo do nosso dia e reflita sobre o quão revolucionária ela é, comparando seu poder de transformação na sociedade no mesmo patamar do que foi a máquina a vapor e a eletricidade.

Para que se tenha uma ideia da crescente ubiquidade no uso de mídias e redes sociais, alguns autores estimam em quase 6,5 bilhões o número de usuários de mídias sociais no mundo. Escolas em todo o mundo vêm experimentando novos formatos: a London School of Business and Finance (LSBF) oferece um MBA através de mídias sociais, o Insead (França) vende conteúdos educacionais pela Itunes Store da Apple, a Sloan School of Management (MIT) disponibiliza conteúdos on-line sem custo algum pela internet, e Harvard e o MIT se uniram em torno de um MOOC denominado EDX. O resultado é um conteúdo mais dinâmico, flexível e amplamente disponível para um grande número de alunos espalhados pelo planeta.

Diante de todas as questões que aqui exponho, a grande conquista é a ampliação da discussão curricular, tradicional e simploriamente associada ao "sequenciamento de disciplinas". Currículo também significa um conjunto de escolhas nas seguintes dimensões:

- **Conteúdo**: conceitos, teorias, técnicas e estilos de pensamento.
- **Pedagogia**: métodos e processos, aulas expositivas, estudos de caso, simulações, jogos e trabalhos de campo/em equipe.
- **Arquitetura**: estrutura e sequenciamento de disciplinas, percurso formativo do aluno, certificações e *joint-degrees* (dupla diplomação).
- **Proposta de valor**: propósitos educacionais aos quais o currículo serve de perfil do egresso.

Imagine uma escola de negócios que seja integradora de uma tríplice perspectiva na qual se: (1) agregue conteúdo de vanguarda estimulando uma dinâmica conversacional sem fronteiras; (2) fomente relacionamentos, conexões, insights e inspiração com quem de melhor exista no Brasil e no mundo; e (3) propicie a experiência transformadora de ambientes híbridos de aprendizado com protagonismo. Falo de um espaço físico, mental ou virtual, mais provavelmente os três. Um lócus integrador que seja ao mesmo tempo uma incubadora de ideias, uma aceleradora de negócios e novas empresas, um espaço de aprendizado individual e coletivo, sem jamais perder de vista os valores transcendentais da ética, sustentabilidade e da construção de um mundo melhor. Precisamos resgatar as humanidades na educação de nossos gestores, executivos e empresários.

4.3 Inovação e rock'n'roll: confiança criativa, *design thinking* e inovação na colaboração interorganizacional – o caso Rock in Rio Academy

O Rock in Rio Academy representou uma proposta ousada, inédita e altamente colaborativa na educação executiva brasileira. Ao juntarmos os times da HSM Educação Executiva e do Rock in Rio, levamos nossa confiança criativa ao limite: "E se fizéssemos um estudo de caso ao vivo no qual os participantes pudessem interagir diretamente com os protagonistas do caso?". Compartilho com os leitores o processo criativo e não linear de cinco elementos que utilizamos com sucesso na solução, tendo como inspiração a d.school de Stanford:

(1) **Empatia**: Inovação é responder a uma pergunta simples: Que problema seu cliente (*prospect* ou *suspect*) está tentando resolver? Que tarefas ele quer executar? Como podemos tornar a vida do cliente mais fácil, simples, barata e conveniente? A empatia é a base do processo de design centrado em gente. A lição aqui é que você **não** desenhe ou construa para você! É necessário observar usuários e seus comportamentos no contexto de sua vida, interagir em encontros ao vivo e se colocar no lugar deles. Esqueça a pesquisa de mercado ou o roteiro de entrevistas: deixe que os usuários guiem a conversa e expressem suas emoções. Use sondas para iniciar o papo e ganhar a confiança dos envolvidos.

(2) **Definição**: É o retorno dos encontros de empatia com "gente de verdade" com vistas a desdobrar e sintetizar as descobertas. O objetivo aqui é focar e gerar um bom ponto de vista que permita emoldurar o problema.

(3) **Ideação**: É a geração de ideias rápidas e em grandes volumes tentando identificar soluções para o problema definido na etapa anterior. Embarque na Hellmann's Airlines (viagem na maionese)! Não permita a censura ou o julgamento precipitado.

(4) **Prototipação**: É o "prototipando" que interessa! Transforme as explorações e ideias das fases anteriores em algo do mundo físico. Pode ser qualquer coisa que se materialize: uma parede de *post-its*, um objeto, uma narrativa ou até um desenho. O protótipo só tem valor se as pessoas puderem interagir e experimentá-lo. Protótipos nos permitem uma conversa com as nossas ideias e propiciam feedback imediato sobre o que funciona e o que não funciona. Não tenha medo de errar: se fracassar, terá sido um fracasso honesto e de baixíssimo custo.

(5) **Teste**: O objetivo aqui é coletar inúmeros feedbacks sobre os protótipos construídos. Observe a utilização e o engajamento dos primeiros a experimentarem. Lembre-se de que aqui você pode descobrir que ou a solução ainda não é boa o bastante, ou o problema não foi definido corretamente.

Amarrando o tripé: Construa ativamente a confiança criativa para que seu time colabore ultrapassando as fronteiras; use o design para descobrir as suposições escondidas nos problemas a serem resolvidos; lembre-se de que a inovação é um esporte de contato e demanda de nós o melhor que temos para dar todos os dias. Preparados?

A Figura 50 apresenta o *canvas* do modelo de negócios do Rock in Rio que foi construído ao vivo com mais de quinhentos participantes na Cidade do Rock durante o Rock in Rio de 2015. A condução dessa parte ficou a cargo do Luis Justo, CEO do Rock In Rio. O "Rock in Rio Academy by HSM Educação Executiva" foi o primeiro estudo de caso ao vivo do Brasil e a experiência já se repetiu no Rock in Rio Lisboa e na edição 2017 do festival.

FIGURA 50 – O *canvas* do modelo de negócios do Rock in Rio

Parceiros	Atividades-chave	Proposta de valor	Relacionamento	Clientes
Agencia de bandas	Seleção artística	Experiência	Canais RIR (site, redes sociais)	Público fã de música
Media Partners	Concepção de experiências e campanhas	Plataforma de comunicação	Cidade do Rock	Patrocinadores apoiadores e licenciantes
Fornecedores de infraestrutura e serviço	Gestão de projetos e infraestrutura		Canais	
Entidades governamentais	**Recursos-chave** Bandas Cidade do Rock	Conteúdo exclusivo com a marca Rock In Rio	Mídias próprias de parceiros / Cidade do Rock	Empresas mídia
Custos Bandas	Serviços de produção	Infraestrutura cidade do rock	**Receitas** Ingressos / Produtos licenciados	Patrocínio

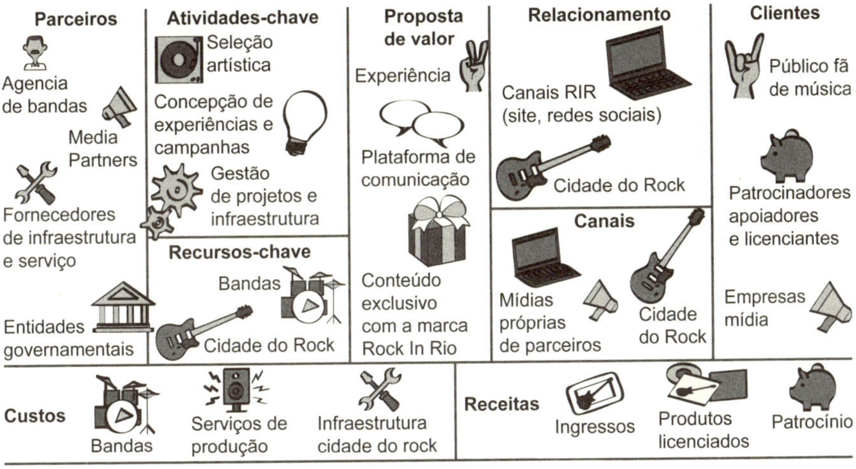

Fonte: adaptado a partir do arquivo de Luis Justo, CEO do Rock in Rio

AGRADECIMENTOS

Dedico este livro à minha filha Anna Sophia, meu amor incondicional.

A Carem, "*my love & partner in crime*".

A meu pai, Anisio, quem primeiro me ensinou a fazer perguntas e aquele que sempre estimulou minha capacidade crítica.

À minha mãe, Maria do Socorro, que me mostrou que mudar é preciso e que a vida é agora.

A Ken e Fran Fish, meus "pais americanos", outra família que a vida me deu.

A Chun Wei Choo, amigo, mentor e referência.

A meus professores, pela inspiração, provocações e "grandes perguntas".

A meus alunos, com quem venho aprendendo – e me divertindo! – há décadas.

A Aida Veiga, minha editora, pela paciência e auxílio luxuoso.

A Marco Antônio Machado, Renato Rocha Souza, Rodrigo Neiva, Fernanda Oliveira, Helivane Evangelista, Angela Fleury, Marcos Arrais, Ronaldo Brandão, Antonio Machado, Alcione Alves, André Araújo, Bruno Quirino, Márcio Spagnolo e Livia Horta – amigos que pacientemente criticaram capítulos deste livro e me presentearam com valiosos comentários.

Aos colegas da Arizona State University, em especial a Sean Hobson, Lynsi Freitag, Jeffrey Goss, Kevin Corley e Brent Sebold.

Aos colegas da The Hong Kong Polytechnic University, em especial a Eric Tsui.

REFERÊNCIAS

ACEMOGLU, D.; ROBINSON, J. *Why Nations Fail: The Origins of Power, Prosperity, and Poverty.* Nova York: Crown Publishing Group, 2012.

ALVARENGA NETO, R. C. D. *Gestão do conhecimento em organizações:* proposta de mapeamento conceitual integrativo. Tese de doutorado. Escola de Ciência da Informação: UFMG, 2005.

ALVARENGA NETO, R. C. D.; CHOO, C. W. *Beyond the Ba:* Managing Enabling Contexts in Knowledge Organizations. Journal of Knowledge Management, 2010, 14(4): 592-610.

ALVARENGA NETO, R. C. D.; DIEGUES, S. *Alair Martins do Nascimento:* a aposta na confiança e no relacionamento. Rio de Janeiro: Elsevier, 2013.

ALVARENGA NETO, R. C. D.; SOUZA, R.R.; QUEIROZ, J.G.; CHIPP, H. *Implementation of a Knowledge Management Process Within the Brazilian Organizational Context: The ONS Experience.* 6th International Conference on Intellectual Capital, Knowledge Management and Organizational Learning, McGill University, Montreal, Canada, Academic Conferences, 2009.

ANAND, B. *The Content Trap:* A Strategist's Guide to Digital Change. Boston: Random House, 2016.

ANDERSON, C. *A cauda longa*: do mercado de massa para o mercado de nicho. Rio de Janeiro: Elsevier, 2006.

BADEN-FULLER, C.; MORGAN, M. S. "Business Models as Models". In: *Long Range Planning*, 43 (2010), 156-171.

BARNES, R.; KELLEHER B. *Customer Experience for Dummies.* Hoboken: Wiley, 2015.

BESANKO, D.; DRANOVE, D.; SHANLEY, M.; SCHAEFER, S. *A economia da estratégia.* Porto Alegre: Bookman, 2006.

BINZ-SCHARF, M. C. *Exploration and Exploitation*: Knowledge Sharing in Digital Government Projects. 2004.

BLANK, S. G. *The Four Steps to the Epiphany:* Successful Strategies for Products that Win, 2007.

_____. "Why the Lean Star-Up Changes Everything". In: *Harvard Business Review*, maio 2013.

BOSTON CONSULTING GROUP. *Measuring innovation 2009:* the need for action. Disponível em: <https://www.bcgperspectives.com/content/articles/innovation_operations_measuring_innovation_2009/>. Acesso em: maio 2018.

CASADESUS-MASANELL, R.; RICART, J. E. "From Strategy to Business Models and onto Tactics". In: *Long Range Planning*, 43 (2010), 195-215.

CHAKRAVORTI, B.; TUNNARD, C.; SHNKAR, R. "Where the Digital Economy Is Moving the Fastest". In: *Harvard Business Review*, fev. 2015.

CHESBROUGH, H. *Modelos de negócios abertos*: como prosperar no novo cenário da inovação. Porto Alegre: Bookman, 2012.

_____. *Open Innovation: The New Imperative for Creating and Profiting from Technology.* Boston: Harvard Business School Press, 2003.

CHOO, C. W. *The Knowing Organization:* How Organizations Use Information to Construct Meaning, Create Knowledge, and Make Decisions. Nova York: Oxford University Press, 1998.

_____. *The Inquiring Organization*: How Organizations Acquire Knowledge & Seek Information. Nova York: Oxford University Press, 2016.

CHRISTENSEN, C.M. *The Innovator's Dilemma:* The Revolutionary National Bestseller that Changed the Way We Do Business. Nova York: HarperCollins Publishers, 2006.

CHRISTENSEN, C. M.; ALLWORTH, J.; DILLON, K. *How Will You Measure Your Life? Finding Fulfilment Using Lessons from Some of the World's Greatest Businesses.* Londres: HarperCollins Publishers, 2012.

CHRISTENSEN, C. M.; HALL, T. DILLON, K.; DUNCAN, D. S. *Competing Against Luck:* The Story of Innovation and Customer Choice. Nova York: HarperCollins Publishers, 2016.

CHRISTENSEN, C. M.; RAYNOR, M. E. *The Innovator's Solution*: Creating and Sustaining Successful Growth. Boston: Harvard Business School Press, 2003.

DAFT, R. L.; WEICK, K. E. "Toward a model of organizations as interpretation systems". In: *Academy of Management Review*, v. 9, n. 2, 1984, 284-5.

DATAR, S. M.; GARVIN, D. A.; CULLEN, P. G. *Rethinking The MBA:* Business Education at a Crossroad. Boston: Harvard Business Press, 2010.

DAVILA, T.; EPSTEIN, M. J.; SHELTON, R. *As regras da inovação*: como gerenciar, como medir e como lucrar. Porto Alegre: Bookman, 2007.

DIAMOND, J. *Guns, Germs, and Steel:* The Fates of Human Societies. Nova York: W. W. Norton & Company, Inc., 1997.

DIAMANDIS, P.; KOTLER. S. *Abundância*: o futuro é melhor do que você imagina. São Paulo: HSM Editora, 2012.

_____. *Bold:* How to Go Big, Create Wealth and Impact the World. Nova York: Simon & Schuster Paperbacks, 2016.

ERICSSON, A.; POOL, R. *Peak:* Secrets from the New Science of Expertise. Nova York: Houghton Mifflin Harcourt Publishing, 2016.

FURR, N., DYER, J. *The Innovator's Method*: Bringing the Lean Start-up into Your Organization. Boston: Harvard Business Review Press, 2014.

GALBRAITH, J.R. *The Star Model*. Disponível em: <https://pdfs.semanticscholar.org/6ecd/ffec764a041bbd68716b788e783e6aa8d669.pdf>. Acesso em: out. 2017.

GASSMANN, O.; FRANKENBERGER, K.; CSIK, M. *The Business Model Navigator:* 55 Models that Will Revolutionise Your Business. Harlow: Pearson, 2014.

GLADWELL, M. *Fora de série (Outliers):* descubra por que algumas pessoas têm sucesso e outras não. Rio de Janeiro: Sextante, 2008.

GOVINDARAJAN, V.; TRIMBLE, C. "Building breakthrough businesses within established organizations". In: *Harvard Business Review on Business Model Innovation*. Boston: Harvard Business Press, 2010.

GRANT, A. *Originals*: How Non-Conformists Move the World. Nova York: Penguin Books, 2016.

GRANT, R. M. *Toward a Knowledge-Based Theory of the Firm*. Strategic Management Journal (17), 1996, Winter Special Issue, 109-122.

GRUBER T. *A Translation Approach to Portable Ontologies*. Knowledge Acquisition, 1993, 5(2): 199-220.

HARVARD BUSINESS REVIEW STAFF. "The Charts that Changed the World". Dez. 2011.

HATCH, M. *The Maker Movement Manifesto*: Rules for Innovation in the New World of Crafters, Hackers and Tinkerers. Nova York: McGraw-Hill, 2014.

HENDERSON, J. V.; STOREYGARD, A.; WEIL, D. N. "Measuring economic growthfrom outer space". In: *American Economic Review*, v. 102, n. 2., abr. 2012, 994-1028.

ISMAIL, S.; MALONE, M. S.; VAN GEEST, Y. *Organizações exponenciais:* porque elas são 10 vezes melhores, mais rápidas e mais baratas que a sua (e o que fazer a respeito). São Paulo: HSM Editora, 2015.

KANTER, R. M. "Innovation: The Classic Traps". In: *Harvard Business Review*, nov. 2006.

KAPLAN, R. S.. NORTON, D. P. *A estratégia em ação*: balanced scorecard. Rio de Janeiro: Campus, 1997.

KEELEY, L.; PIKKEL, R.; QUINN, B.; WALTERS, H. *Ten Types of Innovation:* The Discipline of Building Breakthroughs. Hoboken: Wiley, 2013.

KELLEY, T., KELLEY, D. *Creative Confidence:* Unleashing the Creative Potential Within Us All. Nova York: Crown Publishing Group, 2013.

KELLEY, T.; LITTMAN, J. *The Ten Faces of Innovation:* IDEO's Strategies for Beating the Devil's Advocate & Driving Creativity Throughout Your Organization. Nova York: Random House, 2005.

KRISTIANSEN, P.; RASMUSSEN, R. *Building a Better Business Using the Lego Serious Play Method.* Hoboken: Wiley, 2014.

KUMAR, V. *101 Design Methods:* A Structured Approach for Driving Innovation in Your Organization. Hoboken: Wiley, 2013.

LAKOFF, G. *Women, Fire and Dangerous Things*: What Categories Reveal about the Mind. Chicago: The University of Chicago Press, 1987.

LASTRES, H. M. M.; ALBAGLI, S. *Informação e globalização na era do conhecimento.* Rio de Janeiro: Campus, 1999.

LEVITT, S. D.; DUBNER, S. J. *Freakonomics:* A Rogue Economist Explores the Hidden Side of Everything. Nova York: HarperCollins Publishers, 2005.

_____. *Superfreakonomics: Global Cooling, Patriotic Prostitutes & Why Suicide Bombers Should Buy Life Insurance.* Londres: Penguin Books, 2009.

LEVVIT, T. "Marketing Myopia". In: *Harvard Business Review*, 1960.

LIEDTKA, J.; OGILVIE, T. *Designing for Growth*: A Design Thinking Toolkit for Managers. Nova York: Columbia University Press, 2011.

MAGRETTA, J. "Why business models matter". In: *Harvard Business Review on Business Model Innovation.* Boston: Harvard Business School Publishing Corporation, 2010.

MARCH, J. G; SIMON, H. A. "Limites cognitivos da racionalidade". In: *Teoria das organizações.* Rio de Janeiro: Fundação Getúlio Vargas, 1975.

MARCH, J. G. "Exploration and exploitation in organizational learning". In: *Organization Science*, 2, (1991), 71-87.

McGRATH, R. G. *The End of Competitive Advantage*: How to Keep Your Strategy Moving As Fast As Your Business. Boston: Harvard Business Review Press, 2013.

_____. "Business models: a discovery driven approach". In: *Long Range Planning*, 43 (2010), 247-261.

MILES, M.; HUBERMAN, A. *Qualitative Data Analysis:* A Sourcebook of New Methods. Newbury Park: Sage Publications, 1984.

MILLER, G.A. "The magic number seven plus or minus two: some limits on our capacity for processing information". In: *Psychology Review*, mar. 1956.

MINTZBERG, H. *MBA? Não, obrigado. Uma visão crítica sobre a gestão e o desenvolvimento de gerentes.* Porto Alegre: Bookman, 2006.

_____. *Mintzberg on Management:* Inside Our Strange World of Organizations. Nova York: Free Press, 1989.

MINTZBERG, H.; AHLSTRAND, B.; LAMPEL, J. *Safári de estratégia*: um roteiro pela selva do planejamento estratégico. Porto Alegre: Bookman, 2000.

NAGJI, B.; TUFF, G. "Building your innovation portfolio". In: *Harvard Business Review*, maio 2012.

NOBLE, C. H. "The eclectic roots of strategy implementation research". In: *Journal of Business Research*, v. 45, n. 5, (1999),119-134.

NONAKA, I. "The knowledge-creating company". In: *Harvard Business Review*, 1991, v. 69, 96-104.

NONAKA, I.; KONNO, N. "The concept of 'ba': Building a foundation for knowledge creation". In: *California Management Review*, 40, (1998), 40-54.

NONAKA, I.; TOYAMA, R. "A firm as a dialectical being: towards a dynamic theory of a firm". In: *Industrial and Corporate Change*, 11, (2002), 995-1009.

_____. "The knowledge-creating theory revisited: knowledge creation as a synthesizing process". In: *Knowledge Management Research & Practice*, 1, (2003), 2-10.

_____. "Strategic management as distributed practical wisdom (phronesis)". In: *Industrial and Corporate Change*, 16, (2007), 371-394.

NONAKA, I.; VON KROGH, G. "Tacit Knowledge and Knowledge Conversion: Controversy and Advancement in Organizational Knowledge Creation Theory". In: *Organization Science*, 20, n. 3, maio/jun. 2009, 635-52.

NONAKA, I.; TOYAMA, R.; KONNO, N. "SECI, ba and leadership: a unified model of dynamic knowledge creation". In: *Long Range Planning*, 33, (2000), 5-34.

NONAKA, I., VON KROGH, G.; VOELPEL, S. "Organizational knowledge creation theory: Evolutionary paths and future advances". In: *Organization Studies*, 27, (2006), 1179-1208.

O'REILLY III, C. A.; TUSHMAN, M. L. "The ambidextrous organization". In: *Harvard Business Review*, abr. 2004.

OSTERWALDER, A. (2004) *The Business Model Ontology*: a proposition in a design science approach – PhD Thesis, HEC, University of Lausanne, Switzerland.

OSTERWALDER, A.; PIGNEUR, Y. *Business Model Generation*: A Handbook for Visionaries, Game Changers, and Challengers. Hoboken: Wiley, 2010.

OSTERWALDER, A.; PIGNEUR, Y.; BERNARDA, G.; SMITH, A. *Value Proposition Design*: como construir propostas de valor inovadoras. São Paulo: HSM do Brasil, 2014.

PELTOKORPI, V.; NONAKA, I.; KODAMA, M. "NTT DoCoMo's launch of i-mode in the Japanese mobile phone market: A knowledge creation perspective". In: *Journal of Management Studies*, 44, (2007), 50-72.

PORTER, Michael. *Estratégia competitiva*: técnicas para análise de indústrias e da concorrência. Rio de Janeiro: Campus, 1986.

_____. *Vantagem competitiva*. Rio de Janeiro: Campus, 1990.

RIES, E. *A start-up enxuta (The Lean Start-up)*: como os empreendedores atuais utilizam a inovação continua para criar empresas extremamente bem-sucedidas. São Paulo: Lua de Papel, 2012.

ROAM, D. *Blah Blah Blah*: What to Do When Words Don't Work. Nova York: Penguin, 2011.

ROSS, A. *The Industries of the Future*. Nova York: Simon & Schuster Paperbacks, 2017.

SATELL, G. *Mapping Innovation: A Playbook for Navigating a Disruptive Age.* Nova York: McGraw-Hill, 2017.

SCOTT, W.R. *Organizations: Rational, Natural, and Open Systems.* Upper Saddle River: Prentice Hall, 2003.

SCHWAB, K. *The Fourth Industrial Revolution.* Nova York: Crown Business, 2016.

SENOR, D.; SINGER, S. *Nação empreendedora:* o milagre econômico de Israel e o que ele nos ensina. São Paulo: Évora, 2011.

SHERWIN, D. *Creative Workshop*: 80 Challenges to Sharpen Your Design Skills. Cincinnati: Library of Congress Cataloging-in-Publication Data, 2010.

SHIMIZU, H. "Ba-principle: new logic for the real-time emergence of information". In: *Holonics*, 5(1), (1995), 67-79.

SIMON, H. "Designing Organizations for an Information-Rich World". In: Donald M. Lamberton (org.), *The Economics of Communication and Information.* Cheltenham, Reino Unido: Edward Elgar, 1997.

STEPHENS-DAVIDOWITZ, S. *Everybody Lies*: Big Data, New Data and What the Internet Can Tell Us About Who We Really Are. Nova York: HarperCollins, 2017.

TAPSCOTT, D., TAPSCOTT, A. *Blockchain Revolution:* How the Technology Behind Bitcoin Is Changing Money, Business & the World. Nova York, Penguin Random House, 2016.

TAPSCOTT, Dan. *The Digital Economy*: Promise and Peril in the Age of Networked Intelligence. Nova York: McGraw-Hill, 1997.

TEECE, D. J. "Business models, business strategy and innovation". In: *Long Range Planning*, 43 (2010), 172-194.

THOMPSON, J. D.; MACMILLAN, I. C. "Business models: creating new markets and societal wealth". In: *Long Range Planning,* 43 (2010) 291-307.

TIGRE, Paulo B. *Gestão da inovação*: a economia da tecnologia no Brasil. Rio de Janeiro: Elsevier, 2006.

TSOUKAS, H. *Complex Knowledge*: Studies in Organizational Epistemology. Nova York: Oxford University Press, 2005.

VON KROGH, G. "Care in knowledge creation". In: *California Management Review*, 40, (1998), 133.

VON KROGH, G.; ICHIJO, K.; NONAKA, I. O. *Enabling knowledge creation:* how to unlock the mystery of tacit knowledge and release the power of innovation. Oxford; Nova York, Oxford University Press, 2000.

_____. "Develop Knowledge Activists!". In: *European Management Journal*, 15, (1997), 475-483.

WEBER, M. *A ética protestante e espírito do capitalismo.* São Paulo: Companhia das Letras, 2004.

WEICK, K. *Sensemaking in organizations.* Thousand Oaks: Sage Publications, 1995.

WORLD ECONOMIC FORUM (2015). *Deep Shift – Technology Tipping Points and Societal Impact.* Council on the Future of Software and Society, WEF, set. 2015.

WULFEN, G. V. *The Innovation Expedition*: A Visual Toolkit to Start Innovation. Amsterdã: Bis Publishers, 2013.

WUNKER, S.; WATTMAN, J.. FARBER, D. *Jobs to Be Done*: A Roadmap for Customer-Centered Innovation. Nova York: Amacon, 2017.

YUNUS, M., MOINGEON, B., LEHMANN-ORTEGA, L. "Building social business models: lessons from the Grameen Experience". *Long Range Planning*, 43 (2010), 308-325.

NOTAS

1. Introdução

1. DIAMOND, Jared. *Armas, germes e aço:* os destinos das sociedades humanas. Rio de Janeiro: Record, 1997.
2. LEVITT, Steven D.; DUBNER, Stephen J. *Freakonomics*: A Rogue Economist Explores The Hidden Side Of Everything. New York: HarperCollins Publishers, 2005.
3. _____. *Superfreakonomics:* Global Cooling, Patriotic Prostitutes and Why Suicide Bombers Should Buy Life Insurance. London: Penguin Books, 2009.
4. _____. *Freakonomics:* A Rogue Economist Explores the Hidden Side of Eeverything. Nova York: HarperCollins, 2005.
5. Ibidem.
6. ACEMOGLU, Daron; ROBINSON, James. *Why Nations Fail:* The Origins of Power, Prosperity, and Poverty. Nova York: Crown Publishing Group, 2012.
7. Ibidem.
8. SENOR, Dan; SINGER, Saul. *Nação empreendedora:* o milagre econômico de Israel e o que ele nos ensina. São Paulo: Évora, 2011.
9. GLADWELL, Malcolm. *Fora de série (Outliers):* descubra por que algumas pessoas têm sucesso e outras não. Rio de Janeiro: Sextante, 2008.
10. CHRISTENSEN, Clayton M. *The Innovator's Dilemma:* The Revolutionary National Bestseller That Changed The Way We Do Business. Nova York: HarperCollins Publishers, 2006.
11. Ibidem.
12. Cf. DIAMOND, 1997, p.43.
13. NAPSTER. *Wikipedia.* disponível em: <https://pt.wikipedia.org/wiki/Napster>. Acesso em: 30 jul. 2018.

14. GRANT, Adam, SANDBERG, Sheryl. *Originals:* How Non-Conformists Move the World. Nova York: Penguin, 2016.
15. THOMAS Alva Edison. *America's Story*. Disponível em: <http://www.americaslibrary.gov/aa/edison/aa_edison_fail_1.html>. Acesso em: 30 jul. 2018.
16. SUTTON, Robert apud GRANT, 2016, p. 37.
17. TAPSCOTT, Don. *The Digital Economy:* Promise and Peril in the Age of Networked Intelligence. Nova York: McGraw-Hill, 1997.
18. DIAMANDIS, Peter H.; e KOTLER, Steven. *Abundância:* o futuro é melhor do que você imagina. São Paulo: HSM Editora, 2012.
19. LEVITT, Steven D.; DUBNER, Stephen J. *Superfreakonomics:* Global Cooling, Patriotic Prostitutes & Why Suicide Bombers Should Buy Life Insurance. Londres: Penguin, 2009.
20. INNOCENTIVE. *Wikipedia.* disponível em: <https://en.wikipedia.org/wiki/InnoCentive>. Acesso em: 30 jul. 2018.
21. INNOCENTIVE. Disponível em: <http://www.innocentive.com>. Acesso em: 17 set. 2017.
22. ACEMOGLU; ROBINSON, op. cit.
23. MEASURING Innovation in Education. *OECD Library*. Disponível em: <http://www.oecd-ilibrary.org/education/measuring-innovation-in-education_9789264215696-en/>. Acesso em: 30 jul. 2018.
24. DATA. *OECD*. Disponível em: <http://www.oecd.org/pisa/data/> Acesso em: 30 jul. 2018.
25. LYMAN, Peter; VARIAN, Hal R. How much information 2003? *University of California at Berkeley*, 2003. Disponível em: <http://groups.ischool.berkeley.edu/archive/how-much-info-2003/>. Acesso em: 27 jul. 2018.
26. CHAKRAVORTI, Bashkar; TUNNARD, Christopher; CHATUVERDI, Ravi S. Where the Digital Economy Is Moving the Fastest. *Harvard Business Review*, Massachusetts, fev. 2015.
27. ABRIR UMA empresa demora 107 dias e pagamento de impostos rouba 2,6 mil horas no Brasil. *Estadão*. Disponível em: <http://pme.estadao.com.br/noticias/noticias,abrir-uma-empresa-demora-107-dias-e-pagamento-de-impostos-rouba-2-6-mil-horas-no-brasil,4650,0.htm>. Acesso em: 30 jul. 2018.
28. VERONESI, Luiza Belloni. Brasileiro demora 99 dias a mais para abrir uma empresa ao comparar com outros países. *Infomoney*, 2013. Disponível em: <http://www.infomoney.com.br/negocios/noticia/2967447/brasileiro-demora-dias-mais-para-abrir-empresa-comparar-com-outros>. Acesso em: 27 jul. 2018.
29. DOING BUSINESS. Disponível em: <http://www.doingbusiness.org/data/exploreeconomies/brazil#starting-a-business> Acesso em: 30 jul. 2018.
30. LEVITT, Theodore. Marketing Myopia. *Harvard Business Review*, Massachusetts, 1960.
31. Ibidem.

32. Ibidem.
33. Ibidem.
34. Ibidem.
35. Ibidem.
36. PELTOKORPI, Vesa; NONAKA, Ikujiro; KODAMA, Mitsuru. NTT DoCoMo's launch of i-mode in the Japanese mobile phone market: A knowledge creation perspective. *Journal of Management Studies*, 44, (2007), 50-72.
37. MINTZBERG, Henry. *Mintzberg on Management:* Inside Our Strange World of Organizations. Nova York: Free Press, 1989.
38. SCOTT, Richard W. *Organizations:* Rational, Natural, and Open Systems. Upper Saddle River: Prentice Hall, 2003.
39. CHRISTENSEN, Clayton; RAYNOR, Michael E. *The Innovator's Solution:* Creating and Sustaining Successful Growth. Boston: Harvard Business School Press, 2003.
40. WUNKER, Stephen; WATTMANN, Jessica; FARBER, David. *Jobs to Be Done:* A Roadmap for Customer-Centered Innovation. Nova York: Amacon, 2017.
41. Adaptado de WUNKER; WATTMANN; FABER, 2017.
42. CHRISTENSEN; RAYNOR, op. cit.
43. CHRISTENSEN et al.
44. CLAYTON CHRISTENSEN. *Flow resulting*, 2017. Disponível em: <https://www.youtube.com/watch?v=GdKjLAobLQk>. Acesso em: 30 jul. 2018.
45. ANAND, Brahat. *The Content Trap:* A Strategist's Guide to Digital Change. Boston: Random House, 2016.

2. Modelo de inovação estratégica

1. SIMON, Herbert A. Designing Organizations for an Information-Rich World. *The Economics of Communication and Information*. Cheltenham, Reino Unido: Edward Elgar, 1997.
2. MILLER, George A. The Magic Number Seven Plus or Minus Two: Some Limits on our Capacity for Processing Information. *Psychology Review*, mar. 1956.
3. LAKOFF, George. *Women, Fire and Dangerous Things:* What Categories Reveal about the Mind. Chicago: The University of Chicago Press, 1987.
4. Ibid.
5. GRUBER, Thomas R. *A Translation Approach to Portable Ontologies*. Knowledge Acquisition, 1993, 5(2): 199-220.
6. OSTERWALDER, Alexander. *The Business Model Ontology:* A Proposition in a Design Science Approach. Tese de doutorado, HEC, University of Lausanne, Suíça, 2004.
7. BADEN-FULLER, Charles; MORGAN, Mary S. Business Models as Models. *Long Range Planning*, 43 (2010), 156-171.
8. Ibidem.
9. DAVILA, Tony; EPSTEIN, Marc J.; SHELTON, Robert. *As regras da inovação:* como gerenciar, como medir e como lucrar. Porto Alegre: Bookman, 2007.

10. Ibidem.
11. BESANKO, D. et al. *A economia da estratégia*. Porto Alegre: Bookman, 2006.
12. Ibidem.
13. MINTZBERG, Henry. *Safári de estratégia: um roteiro pela selva do planejamento estratégico*. Porto Alegre: Bookman, 2000.
14. Ibidem.
15. Ibidem.
16. Ibidem.
17. McGRATH, Rita G.; GURLAY, Alex. *The End of Competitive Advantage:* How to Keep Your Strategy Moving as Fast as Your Business. Boston: Harvard Business Review Press, 2013.
18. PORTER, Michael E. *Estratégia competitiva:* técnicas para análise de indústrias e da concorrência. Rio de Janeiro: Campus, 1986.
_____. *Vantagem competitiva*. Rio de Janeiro: Campus, 1990.
19. O'REILLY III, Charles A; TUSHMAN, Michael L. The ambidextrous organization. *Harvard Business Review*. Massachusetts, abr. 2004.
20. MARCH, James G. Exploration and Exploitation in Organizational Learning. *Organization Science*, 2, (1991), 71-87.
21. BINZ-SCHARF, Maria Cristina. *Exploration and Exploitation:* Knowledge Sharing in Digital Government Projects. Berlim: Südwestdeutscher Verlag, 2004.
22. DAFTE, Ricard L.; WEICK, Karl E. Toward a model of organizations as interpretation systems. *Academy of Management Review*, v. 9, n. 2, 1984, 284-5.
23. CHOO, Chun Wei. *The Knowing Organization:* How Organizations Use Information to Construct Meaning, Create Knowledge, and Make Decisions. Nova York: Oxford University Press, 1998;
_____. *The Inquiring Organization:* How Organizations Acquire Knowledge & Seek Information. Nova York: Oxford University Press, 2016.
24. CHOO, op. cit., 1998.
25. DAFT; WEICK, op. cit.
26. DAFT; WEICK, op. cit.
27. CHOO, op. cit., 1998.
28. CHOO, op. cit., 1998.
29. MARY DOUGLAS, apud Choo, 1998.
30. CHOO, op. cit., 1998.
31. SATELL, Greeg. *Mapping Innovation:* A Playbook for Navigating a Disruptive Age. Nova York: McGraw-Hill, 2017.
32. Ibidem.
33. CHOO, op. cit., 1998.
34. CHOO (2008).
35. CHOO, op. cit., 1998.
36. MARCH, James G; SIMON, Herbert A. Limites cognitivos da racionalidade. *Teoria das organizações*. Rio de Janeiro: Fundação Getúlio Vargas, 1975.

37. CHOO, op. cit., 1998.
38. DONOFRIO, apud DAVILA; EPSTEIN; SHELTON, op. cit.
39. DAVILA; EPSTEIN; SHELTON, op. cit.
40. CASADESUS-MASANELL, Ramon; RICART, Joan E. From Strategy to Business Models and onto Tactics. *Long Range Planning*, 43 (2010), 195-215.
41. OSTERWALDER, op. cit.
42. McGRATH, Rita G. Business models: a discovery driven approach. *Long Range Planning*, 43 (2010), 247-261.
43. OSTERWALDER, op. cit.
44. DAVILA; EPSTEIN; SHELTON, op. cit.
45. Ibidem.
46. Ibidem.
47. Ibidem.
48. Ibidem.
49. Ibidem.
50. Ibidem.
51. Ibidem.
52. Ibidem.
53. TIGRE, Paulo B. *Gestão da inovação:* a economia da tecnologia no Brasil. Rio de Janeiro: Elsevier, 2006.
54. DAVILA; EPSTEIN; SHELTON.
55. CHRISTENSEN.
56. DAVILA; EPSTEIN; SHELTON.
57. KEELEY, Larry et al. *Ten Types of Innovation:* The Discipline of Building Breakthroughs. Hoboken: Wiley, 2013.
58. Ibidem.
59. Ibidem.
60. NAGJI; TUFF. Building your innovation portfolio. *Harvard Business Review*, Massachusetts, maio 2012.
61. BROWN, John S.; CHESBROUGH, Henry W. *Open Innovation:* The New Imperative for Creating and Profiting from Technology. Boston: Harvard Business School Press, 2003.
62. Ibidem.
63. RIES, Eric. *A startup enxuta (The Lean Startup):* como os empreendedores atuais utilizam a inovação continua para criar empresas extremamente bem-sucedidas. São Paulo: Lua de Papel, 2012.
64. Ibidem.
65. BLANK, Steve. Why the Lean Startup Changes Everything. *Harvard Business Review*. Massachusets, maio 2013.
66. Ibidem.
67. Ibidem.

68. NOBLE, Charles. The eclectic roots of strategy implementation research. *Journal of Business Research*, v. 45, n. 5, (1999), 119-134.
69. SCOTT, op. cit.
70. GALBRAITH, Jay R. *The Star Model*. Disponível em: <http://www.jaygalbraith.com/images/pdfs/StarModel.pdf >. Acesso em: jul. 2018.
71. KANTER, Rosabeth M. Innovation: The Classic Traps. *Harvard Business Review*. Massachusetts, nov. 2006.
72. NAGJI, Bansi; TUFF, Geoff. Managing your innovation portfolio. *Havard Business Review*, 2012. Disponível em: <https://hbr.org/2012/05/managing-your--innovation-portfolio>. Acesso em: jul. 2018.
73. KELLEY, Thomas; KELLEY, David. *Creative Confidence:* Unleashing the Creative Potential Within Us All. Nova York: Crown Publishing Group, 2013.
74. KELLEY, Thomas; LITTMAN, Jonathan. *The Ten Faces of Innovation:* IDEO's Strategies for Beating the Devil's Advocate & Driving Creativity Throughout Your Organization. Nova York: Random House, 2005.
75. CHOO, op. cit, 2016.
76. NONAKA, Ikujiro; KONNO, Nokuro. The concept of "ba": Building a foundation for knowledge creation. *California Management Review*, 40, (1998), 40-54. NONAKA, Ikujiro et al. SECI, ba and leadership: a unified model of dynamic knowledge creation. *Long Range Planning*, 33, (2000), 5-34; NONAKA, Ikujiro e TOYAMA, Ryoko. A firm as a dialectical being: towards a dynamic theory of a firm. *Industrial and Corporate Change*, 11, (2002), 995-1009; NONAKA, Ikujiro et al. Organizational knowledge creation theory: Evolutionary paths and future advances. *Organization Studies*, 27, (2006), 1179-1208.
77. ALVARENGA NETO, Rivadavia C. D. *Gestão do conhecimento em organizações:* proposta de mapeamento conceitual integrativo. São Paulo: Saraiva, 2008.
_____ et al. *Implementation of a Knowledge Management Process Within the Brazilian Organizational Context:* The ONS Experience. 6th International Conference on Intellectual Capital, Knowledge Management and Organizational Learning, McGill University, Montreal, Canadá, Academic Conferences, 2009.
78. NONAKA, KONNO, op. cit.
79. Ibidem.
80. MILES, Matthew; HUBERMAN, Michael. *Qualitative Data Analysis:* A Sourcebook of New Methods. Newbury Park: Sage Publications, 1984.
81. VON KROGH, Georg et al. *Enabling knowledge creation:* How to Unlock the Mystery of Tacit Knowledge and Release the Power of Innovation. Oxford; Nova York, Oxford University Press, 2000.
82. BUILD A TOWER, BUILD A TEAM. Ted Talks, 2010. Disponível em: <https://www.ted.com/talks/tom_wujec_build_a_tower>. Acesso em: jul. 2018.
83. AN INTRODUCTION to systems thinking and wicked problem solving. *DrawToast*. Disponível em: <https://www.drawtoast.com/>. Acesso em: 30 jul. 2018.

84. MARASHIAN, Chelsey. Stem for kids: egg drop project. *Buggy and Buddy*, 2016. Disponível em: <https://buggyandbuddy.com/stem-kids-egg-drop-project/>. Acesso em: jul. 2018.
85. FURR, Nathan et al. *The Innovator's Method:* Bringing the Lean Startup Into Your Organization. Boston: Harvard Business Review Press, 2014.
86. KUMAR, Vijai. *101 Design Methods:* A Structured Approach for Driving Innovation in Your Organization. Hoboken: Wiley, 2013.
87. SHERWIN, David. *Creative Workshop:* 80 Challenges to Sharpen Your Design Skills. Cincinnati: Library of Congress Cataloging-in-Publication Data, 2010.
88. KUMAR, op. cit.
89. Ibidem.
90. SHERWIN, op. cit.
91. Ibidem.
92. TIM BROWN, apud SHERWIN, op. cit.
93. Adaptado de SHERWIN, 2010, p. 170-1.
94. Adaptado de SHERWIN, 2010, p. 170-1.
95. BARNES, Roy; KELLEHER, Bob. *Customer Experience for Dummies.* Hoboken: Wiley, 2015.
96. HATCH, Mark. *The Maker Movement Manifesto:* Rules for Innovation in the New World of Crafters, Hackers and Tinkerers. Nova York: McGraw-Hill, 2014.
97. OSTERWALDER, Alexander; PIGNEUR, Yves. *Business Model Generation:* A Handbook for Visionaries, Game Changers, and Challengers. Hoboken: Wiley, 2010.
98. OSTERWALDER, op. cit.
99. OSTERWALDER; PIGNEUR, op. cit.
100. OSTERWALDER, op. cit.
101. OSTERWALDER; PIGNEUR, op. cit.
102. Ibidem.
103. Ibidem.
104. McGRATH, op. cit.
105. GASSMANN, Oliver et al. *The Business Model Navigator:* 55 Models that Will Revolutionise Your Business. Harlow: Pearson, 2014.
106. OSTERWALDER, Alexander et al. *Value Proposition Design:* como construir propostas de valor inovadoras. São Paulo: HSM do Brasil, 2014.
107. MAGRETTA, Joan. Why business models matter. *Harvard Business Review on Business Model Innovation.* Boston: Harvard Business School Publishing Corporation, 2010, p. 2.
108. Ibidem.
109. Ibidem.
110. Ibidem.
111. Ibidem.

112. Ibidem.
113. Adaptado de MAGRETTA, 2010.
114. ABOUT. *DSchool*. Disponível em: <https://dschool.stanford.edu/about/>. Acesso em: 30 jul. 2018.
115. A VIRTUAL crash course in Design Thinking. *DSchool*. Disponível em: <https://dschool.stanford.edu/resources-collections/a-virtual-crash-course-in-design-thinking>. Acesso em: 30 jul. 2018.
116. LIEDTKA, Jeanne; OGILVIE, Tim. *Designing for Growth:* A Design Thinking Toolkit for Managers. Nova York: Columbia University Press, 2011.
117. Ibidem.
118. WELCOME to Rasmussen Consulting and the Lego Serious Play Method. *Rasmussen Consulting*. Disponível em: <http://www.rasmussenconsulting.dk/>. Acesso em: 30 jul. 2018.
119. Ibidem.
120. KRISTIANSEN, Per; RASMUSSEN, Robert. *Building a Better Business Using the Lego Serious Play Method*. Hoboken: Wiley, 2014.
121. MEASURING Innovation: a new perspective. *OECD*. <https://www.oecd.org/site/innovationstrategy/measuringinnovationanewperspective-onlineversion.htm> Acesso em: 30 jul. 2018.
122. DAVILA; EPSTEIN; SHELTON. *As regras da inovação*: como gerenciar, como lucrar e como lucrar. Porto Alegre: Bookman, 2007.
123. KAPLAN, Robert; NORTON, David. *A estratégia em ação:* Balanced Scorecard. Rio de Janeiro: Campus, 1997.
124. Ibidem.
125. Ibidem.
126. BROWN, Mike. Innovation-metrics-a-whole-brain strategy. *Brainzooming*, 2010. Disponível em: <http://brainzooming.com/innovation-metrics-a-whole-brain-strategy/3018/>. Acesso em: jul. 2018.
127. WINTRICH; Glenn. *Innovation Overview*. Disponível em: <https://www.slideshare.net/Whitaker_Institute/20140130-innovation-overview-by-glenn-wintrich> Acesso em: 30 jul. 2018.
128. Davila et al. (2007).

3. Considerações finais
1. SCHWAB, Klaus. *The Fourth Industrial Revolution*. Nova York: Crown Business, 2016.
2. Ibidem.
3. Ibidem.
4. TAPSCOTT, Don; TAPSCOTT, Alex. *Blockchain Revolution:* How the Technology Behind Bitcoin Is Changing Money, Business & the World. Nova York: Penguin Random House, 2016.

5. SALIM, Ismail et al. *Organizações exponenciais:* porque elas são 10 vezes melhores, mais rápidas e mais baratas que a sua (e o que fazer a respeito). São Paulo: HSM Editora, 2015.
6. STEPHENS-DAVIDOWITZ, Seth. *Everybody Lies:* Big Data, New Data and What the Internet Can Tell Us About Who We Really Are. Nova York: HarperCollins, 2017.
7. HENDERSON, J. Vernon et al. Measuring Economic Growth from Outer Space. *American Economic Review*, v. 102, n. 2., abr. 2012, 994-1028.
8. DIAMANDIS; KOTLER, ibidem, 2012.
9. HIERARQUIA DE NECESSIDADES DE MASLOW. *Wikipedia*. Disponível em: <https://pt.wikipedia.org/wiki/Hierarquia_de_necessidades_de_Maslow>. Acesso em: 30 jul. 2018.
10. ASU CHARTER VIDEO. Arizona State University. Disponível em: <https://president.asu.edu/about/asucharter> Acesso em: 27 jul. 2018.

4. Anexos

1. YUNUS, Muhammad et al. Building social business models: lessons from the Grameen Experience. *Long Range Planning,* 43 (2010), p. 308-325.
2. MINTZBERG, Henry. *MBA? Não, obrigado:* uma visão crítica sobre a gestão e o desenvolvimento de gerentes. Porto Alegre: Bookman, 2006.
3. Ibidem.
4. DATAR, Srikant et al. *Rethinking The MBA:* Business Education at a Crossroad. Boston: Harvard Business Press, 2010.

Este livro foi composto em Adobe Garamond Pro e impresso pela Gráfica Santa Marta
para a Editora Planeta do Brasil em agosto de 2018.